「戦前歴史学」のアリーナ

歴史家たちの一九三〇年代

歴史学研究会［編］
加藤陽子［責任編集］

The Arena of
"Prewar Historiographies"
Historians in the 1930s

東京大学出版会

The Arena of "Prewar Historiographies":
Historians in the 1930s

The Historical Science Society of Japan, editor
Yoko KATO, responsible editor

University of Tokyo Press, 2023
ISBN 978-4-13-023082-7

まえがき

本書は、二〇二二年一二月一八日に開催された歴史学研究会創立九〇周年記念シンポジウムでの登壇者の報告を軸に、当日の質疑などをもふまえて文章化した八本の論考と五本のコラムからなる。シンポジウムのタイトルは、「「戦前歴史学」のアリーナ――1932：歴研が生まれた頃」であり、創立時の歴史学研究会〔以下、シンポジウムのタイトルは歴研と略記〕と黎明期の会誌『歴史学研究』〔以下、『歴研』と略記〕について、一九三〇年代の多様な歴史学の興隆、新たな担い手たちの誕生という、歴研をとりまく内外の学界状況や時代状況をふまえつつ検討を行った。

タイトルの「アリーナ」には、円形の闘技場や劇場を客席が取り囲む原義のイメージに加え、社会の置かれた客観的情勢と歴史家の実践的働きかけ、その双方があって初めて生み出される「歴史学のアクチュアリティ」に立ち会う場所という意味を込めた。歴研の創立八〇周年記念本『歴史学のアクチュアリティ』〔東京大学出版会、二〇一三年〕のコメントの中で松沢裕作氏は「歴史学が、言葉を用いてなされる営為であることを考えるならば、歴史学のアクチュアリティとは、言葉を用いた他者への話しかけであり、また、他者の言葉の傾聴という点にこそあるのではないか」とし、必要とされるのは「外に向かって開かれた言葉」だとまとめていた〔二三九頁〕。

本書を手にとられた読者におかれては、論考とコラムのかたちで文章となった「外に向かって開かれた言葉」を是非とも読み取っていただきたい。戦後の史学史の中で「戦後歴史学」の意味は、①発展段階や階級闘争を軸とする法則的理解であったり、②民主革命と民族革命を目指した歴史学であったり、③民衆史、社会史、国民国家論といった諸潮流が生成する根幹となる場所としての歴史学であったりした。私たちは「戦後歴史学」をゼロの地平に置き、そこから線対称として転写した像を、歴研の「戦前歴史学」だと考えてしまってはいなかったか。「外に向かって開かれた言葉」で改めて描き出したいのは、この「問い」に対する答えである。

各章の内容を簡潔に紹介しておこう。加藤陽子論文（第1章「一九三〇年代の歴史学の「刷新」と黎明期の『歴史学研究』」）は、当時の時代状況と時代の刻印を受けた歴史学のあり方から歴研創立を論ずる。この時代は近代天皇制の転換期に当たっていた。『日本資本主義発達史講座』の刊行等により天皇制への学問的批判の方法が生み出された一方、天皇の軍隊の根幹をなす青年将校中に天皇否認論や皇族不要論も生まれていた。このような時代状況のもとで、「正しき批評と正しき紹介」こそが歴史学に必須のものだとした羽仁五郎によって、事実上の「回顧と展望」の様式も生み出されていった。井上文則論文（第2章「「宮崎市定」の誕生――一九三〇年代の軌跡」）は、世界史への志向性を強く持った歴史家「宮崎市定」の誕生を豊かに描く。歴史哲学、唯物史観、文化史の隆盛とは距離を置き、西アジアの重要性に早くから自覚的であった宮崎。漢文の透徹した読みと常識に基づく分析で、東西の歴史を普遍的な視野で繋いで世界史とした宮崎。一九四二年の歴研創立一〇年目にあたる会員名簿に宮崎の名前を見出した井上氏は、当時の歴研を、全国規模の歴史家の集まりであり、歴史家で会員でない方が珍しい学会となっていたと位置づけた。

佐藤雄基論文（第3章「一九三〇年代の歴史系学会と史学史ブーム」）は、専門家集団としての学会・学術誌やその史学史へのまなざしを歴史的に意義づけた論考である。歴研創立に大きく関わった、天性のオーガナイザーといえた日本中世史家・秋山謙蔵の役割を実証的に解明し、課題が残されていた史学史上の歴研創立を意義づけた。佐藤氏もまた、一九四二年一二月時点の会員名簿を引きながら、個人会員八七六人、団体会員三二を擁していた歴研を「平泉派の掌握した史学会にかわるもう一つのアカデミズム」（六一頁）と位置づける。馬場哲論文（第4章「社会経済史学会の創立と一九三〇年前後の社会経済史研究」）は、一九三〇年前後の内外の社会経済史学の発展過程を、日本における社会経済史学会の創立と関わらせて論じた。ドイツ、イギリス、アメリカにおける社会経済史学の国際的動向が、経済史学の制度化、専門雑誌の刊行実態から精緻に跡付けられたのは、歴史研究者にとって極めて意義深い成果といえる。一方、同時代にあってドイツ歴史学派起源の古典理論に批判的立場をとりつつ、ヨーロッパの新しい実証研究を応用し、マルクスとヴェーバーの学説を縦横に用いた大塚久雄による史学も胚胎していた。社会経済史学会と大塚史学の動向が明確にされたことで、人的にも研究的にも接点の多かった歴研の「戦前歴史学」がカバーしていたものの大きさと広さを想像しうるようになった。

小嶋茂稔論文（第5章「戦前東洋史学の展開と歴史学研究会の創立者群像」）は、歴研創立を中心的に担った、三島一、志田不動麿、鈴木俊、野原四郎ら東京帝国大学文学部東洋史学出身者の研究や事績について初めて本格的に解明した論考である。歴研創立を促した当時の時代状況と学問的背景を、関係者らの回想や伝記はもとより、志田ら当事者の書いた研究論文の内容から分析した正攻法のアプローチは圧巻といえよう。大学間の垣根や日本史・東洋史・西洋史の垣根を超えた同人的な学会であった歴研。その歴研の黎明期の解散騒動にあって、最も尽力したのがこの東洋史グループであったことなど興味が尽きない。昆野伸幸論文（第6章「歴史学研究会と二つの皇国史観――平泉澄・吉田三郎を中心に」）は、後年の回想ではなく『歴研』誌面を読むことで、歴研と平泉相互の言及内容を分析した論考である。「編輯後記」などではさかんに平泉を批判していた『歴研』だったが、大正期における平泉の実証研究に対しては高い評価を与えていたことが確認された。次に昆野氏が光を当てたのは、戦前期に論じられていた「皇国史観」の内容の多様性である。戦後、分析概念・学術用語としての皇国史観が定着したが、歴研会員でありながら歴史の全体的・総合的把握を求め、浪漫主義を提唱するようになった吉田三郎を取りあげた。日本を主軸とする世界史を構想した吉田の「皇国史観」は、戦中に右旋回を遂げた秋山謙蔵の世界史観と近いものだった。

舘葉月論文（第7章「両大戦間期フランス歴史学界における危機と刷新――L・フェーヴルの視点から」）は、日本人にとって馴染みの深いM・ブロックを通じての『社会経済史年報』（『アナール』）理解ではなく、論争的筆致で知られるフェーヴルから、歴研創立頃のフランス歴史学界の動向を論じた。論考の分析視角をこのように定めた舘氏の問題意識は、「同時代の日本の状況と比較対照可能な論点を浮かび上がらせるため」（一六三頁）に、戦略的に選択されたものだった。『アナール』は、ナショナル・ヒストリーを自明としない比較史を目指したが、その理由は、第一次世界大戦でフランスが負った大きな傷を癒やすために求められた、保守派や極右による圧倒的な分量の歴史叙述に対抗していくために必要だったからである。このような三〇年代の『アナール』の実践は、「歴史のための闘い」（一七七頁）の様相を呈していた。複数形の「闘い」には、歴史学の方法論上の刷新が含まれるだろうし、「社会における歴史学の役割を問い直し新たに位置づけるためのさまざまな実践」（一六二頁）も含まれるだろう。こう考えれば、「アリーナ」のより古い原義、ローマの闘技場にも想念が及んでゆく。舘論文はいう。闘いは「同時代に誕生した日本の歴史学研究会とその周辺の歴史家たち、あるいはその並走者や対抗者のなかにも見いだせるものだろう」（同前）と。

最後の前田亮介論文（第8章「「左派外交史学」の曙光――一九三〇年代日本のマルクス主義史家たち」）は、一九三〇年代の『歴研』が近い過去を扱う現代外交史学のメッカだったとの創見に立つ。経済的不平等と対外戦争の終結を模索した左派外交史家、具体的には江口朴郎や林健太郎、満洲事変後に外交史の新地平を切り開いた彼らマルクス主義史家たちの群像劇を、前田論文は羽仁五郎と服部之総の対抗軸のもとに描いた。「アカデミズムおよびリベラリズムとの和解という羽仁の戦時下の戦略」（二〇二頁）に内在的に呼応しながら、戦時下の歴研は「自由主義的アカデミズム史学」の結集の場として、「史学会に代わる権威に浮上」（二〇九頁）していったとみる。

五本のコラムは、歴研の部会連絡会を通じた推薦によって執筆していただいた。書き手とタイトルを挙げておく。日本中世史部会の木下竜馬氏のコラムは「昭史会の野郎ども」、日本近世史部会の古畑侑亮氏のコラムは「一九三〇年代の『歴史学研究』にみる地方郷土史家へのまなざし」、近代史部会の三澤拓弥氏のコラムは「「戦前歴史学」における軍事史・戦争史研究の一側面――原種行の研究を例に」、現代史部会の戸邉秀明氏のコラムは「確かな「一隅」を築く試み」、また十川雅浩氏が西洋史を専攻する立場から個人として寄稿してくれたコラムが「黎明期の西洋史部会――その課題と取り組み」である。いずれも二〇〇〇字ほどの分量に限らせていただいたが、歴研の活動を語るのに不可欠な、極めて重要な論点を剔抉した論考であり、コラムから読み始める読者が続出することとなろう。

最後となったが、本書の刊行をはじめ創立九〇周年企画にご協力くださった人々に感謝の意を表したい。佐々木真編集長、下村周太郎事務局長をはじめ、常に熱心に企画を進めてくれた歴研委員の皆さんに感謝する。本書のタイトルを考えるにあたっては、歴研委員の山本興一郎氏のご協力を得た。東京大学出版会編集部の山本徹氏には、遅れがちな進行を温かく見守っていただき、いつもながらの周到で緻密な編集を担っていただいた。本当に最後となるが、歴研のすべての活動に対し最も尽力されながら一昨年急逝され、生前は絶対に己の名前を謝辞に載せることを許さなかった事務局の増田純江さんの霊前に、心からのお礼を申し上げる。

二〇二二年四月

歴史学研究会　加藤陽子

「戦前歴史学」のアリーナ／目次

まえがき（加藤陽子） i

1 一九三〇年代の歴史学の「刷新」と黎明期の『歴史学研究』……加藤陽子 1
一 本書の目的 1
二 「戦後歴史学」の地平から逆照射される「戦前歴史学」 2
三 歴史学研究会設立の意義と時代状況 5
四 『歴史学研究』の新しさ 9
五 忘れられた戦前歴史学の担い手 11
六 責任という観点から「編輯後記」を読む 16

［コラム1］確かな「一隅」を築く試み……戸邉秀明 24

2 「宮崎市定」の誕生——一九三〇年代の軌跡……井上文則 27
一 西洋史家を惹きつけた宮崎 27
二 京大助教授、出征と留学——一九三〇年代の宮崎 29
三 宋代史から世界史へ——一九三〇年代の研究 31
四 「宮崎市定」を産み出したもの 39
五 常識に基づく歴史学 45

3 一九三〇年代の歴史系学会と史学史ブーム……佐藤雄基 51

はじめに——学会の史学史を考えるために　51
一　学会・学術雑誌の史学史　52
二　創立期の歴史学研究会と「学界」　61
三　史学史の諸構想　67
むすびにかえて——戦前史学史の可能性　72

［コラム2］昭史会の野郎ども……木下竜馬　80

4　社会経済史学会の創立と一九三〇年前後の社会経済史研究……馬場　哲　85
一　はじめに——社会経済史学の宿命　85
二　欧米における社会経済史学の成立　86
三　日本における社会経済史学会の創立　92
四　一九三〇年前後の社会経済史研究——経済学と歴史学のはざまで　95
五　おわりに——戦後、そして現在　102

5　戦前東洋史学の展開と歴史学研究会の創立者群像……小嶋茂稔　109
一　歴史学研究会の創立と東洋史学　109
二　創立前後の歴研と東大東洋史学科　111
三　歴研創立期の東洋史学　117
四　志田不動麿の苦闘　122

五　その後の志田とその中国認識　126

［コラム3］一九三〇年代の『歴史学研究』にみる地方郷土史家へのまなざし……古畑侑亮　135

6　歴史学研究会と二つの皇国史観——平泉澄・吉田三郎を中心に……昆野伸幸　139

一　歴史学研究会と平泉澄・吉田三郎　139

二　平泉史学と歴研　141

三　歴研と吉田三郎　147

四　皇国史観の誕生と定着　154

［コラム4］「戦前歴史学」における軍事史・戦争史研究の一側面——原種行の研究を例に……三澤拓弥　159

7　両大戦間期フランス歴史学界における危機と刷新——L・フェーヴルの視点から……舘　葉月　163

一　一九三八年の歴史学界——リュシアン・フェーヴルによる総括　163

二　第一次世界大戦と新世代の歴史家たち　164

三　「歴史」への攻撃——ポール・ヴァレリーV.S.歴史家たち　169

四　一九三〇年代の『アナール』の実践　174

［コラム5］黎明期の西洋史部会——その課題と取り組み……十川雅浩　183

8　「左派外交史学」の曙光——一九三〇年代日本のマルクス主義史家たち…………前田亮介　187
はじめに　187
一　両大戦間期における外交史批判の噴出　188
二　「新しい外交史学」をめぐる羽仁・服部の相克　197
むすびにかえて　208

あとがき（下村周太郎）　229

人名索引　3
執筆者紹介　1

［凡例］各章・コラムで言及される機関・大学等の名称は、原則初出のみ正式名称（歴史学研究会、東京帝国大学、京都帝国大学など）とし、文脈のなかで適宜略記（歴研、東大、京大など）されている。

1　一九三〇年代の歴史学の「刷新」と黎明期の『歴史学研究』

加藤陽子

一　本章の目的

本章を書くきっかけは、二〇二二年〔以下、西暦は原則として下二桁で表記〕一二月に創立九〇周年を迎えた歴史学研究会〔以下、歴研と略記〕の記念シンポジウムでの報告にあった。あと一〇年待てば一〇〇周年なのにとの声に対しては、あと一〇年待てば創立五〇周年を迎えるはずの一九七二年、当時の委員長・永原慶二が『歴史学研究会　四十年のあゆみ』を刊行した舞台裏を明かした小谷汪之の回想が参考になる。永原には創立期を知る世代が亡くなってしまう前に座談会の記録を残さねばならない、との危機感があったという(1)。それ以来歴研は、活動の記録を一〇年ごとに残す慣行をとるようになった。

本章では、第一に、一九三二年一二月に創立された歴研の特質を、三〇年代という時代状況と時代の刻印を受けた歴史学のあり方とともに明らかにしたい。第二に、黎明期の会誌『歴史学研究』〔以下、『歴研』と略記〕を縦覧し、学術雑誌としてのその特徴を明らかにする。第三に、戦前・戦中期の歴研に影響力を持っていたにもかかわらず、さまざまな理由で「忘れられた」歴史家に光を当てる。先に、創立を知る世代と永原の関係に触れたが、その回想の中で小谷はこうも述べていた。「四四年に歴研は一度活動停止して、戦後の四六年に再建大会を開いたのですが、その頃から、歴研は完全に左翼色一辺倒になって、創立期の人たちの多くは歴研から離れたようです。したがって、歴研の初期の段階のことはよくわからなくなっていた」[2]。敗戦前後を機に、構成員が一変した経緯も考慮に入れ、現時点でイメージされている歴研像に再検討を迫りたいと考える。

二 「戦後歴史学」の地平から逆照射される「戦前歴史学」

1 シンポジウムのタイトル

九〇周年記念シンポジウム時のタイトルは「「戦前歴史学」のアリーナ――1932：歴研が生まれた頃」であり、「戦前歴史学」〔以下、「 」を省く〕という言葉を含んでいたが、主催者の一人としてその含意を述べておきたい。史学史を論ずる際、おうおうに「戦後歴史学」〔以下、「 」を省く〕という言葉が用いられるが、その対概念として無意識に想定されてきた戦前歴史学とは、いったいいかなる意味で用いられてきたのか、あるいは、そもそもの意味自体、いまだ確定されてこなかったのではないか。歴研創設の意義と三〇年代の歴史学について、三つの観点から考察したいと考える本章だが、まずはその前提として戦後歴史学という言葉の含意を史学史上で確認しておきたい。大門正克は、この言葉が使われ始めたのは、五七年の歴研大会のテーマ「戦後歴史学の方法的反省」以来だとし、この時点での戦後歴史学の意味は「戦後一〇年の歴史学」位の内容だったとする[3]。

2 井上清による自称としての戦後歴史学

戦後歴史学が、ある時期から特別な意味で用いられ始めたことに初めて気づいたのは戸邉秀明[4]であり、その最初の使用例を井上清の五九年の論考[5]に見た。五五年の日本共産党第六回全国協議会における極左冒険主義批判、五六年のソ連共産党第二〇回大会におけるスターリン批判、また同年なされた、遠山茂樹・今井清一・藤原彰『昭和史』（岩波新書）をめぐる昭和史論争[6]などからする社会からの批判に対して井上は、「「科学性」を強調する防衛に走り、社会構成体論と階級闘争を歴史の主軸とする公式の正しさ」を証明する必要に迫られた。戸邉は、この井上流の戦後歴史学解釈を、「設定しなおされた枠組みに、五〇年代末に与えられた新たな自称[7]」だと再定義した。ただ、大門が正確に分析していたように、井上流の戦後歴史学解釈が出された同時代においてさえ、井上に批判的であった江口朴郎、古屋哲夫、荒井信一らの存在があった。よって戦後歴史学とは、「発展段階や階級闘争を軸とする歴史の法則的理解」を意味するとともに、それへの方法的反省がセットになったものとして理解されていた[8]といえる。いっぽう、通史的な史学史を書いた永原は戦後歴史学[9]を、マルクス歴史学と大塚久雄ら近代主義歴史学の二つを軸とした理論と方法だと位置づけていた。

3　小澤弘明による戦後歴史学理解

二〇一六年から三年間、歴研委員長を務めた小澤弘明は、戦後歴史学の意味を、民主革命と民族革命を目指した歴史学だと捉えた[10]。小澤は、戦後歴史学の目指したものが、究極的には民主と民族の革命だったとすれば、それは戦前期三〇年代の日本資本主義論争以来の課題と通底していたはずだと考えを進める。成田龍一と戸邉秀明との鼎談で小澤が、戦後歴史学の発想は、「戦中――あるいは「戦前・戦中」と言い換えてもいいかもしれません――に準備されていた[11]」と看破したのは上記のような意味で述べたものだった。普通に考えて戦後歴史学といった場合、戦前・戦中の歴史学を克服した結果形成された歴史学だと思われがちだ。平泉澄流の皇国史観の克服という点でこの考え方は間違いではないが、リベラル派と目された西洋史の今井登志喜や東洋史の山本達郎、宮崎市定が、戦前・戦中において「東亜」の歴史を描こうとしていたこと等を想起すれば[12]、戦前歴史学と戦後歴史学を断絶の側面のみで見るのは一面的といえよう。小澤は戦後歴史学の賞味期限を、国内政治と世界政治の両面で統治システムが激変した八〇年代半ばまでではないか、とも述べている。

4　国民国家論からの戦後歴史学批判

このように考えてくれば、戦後歴史学の歴史用語としての有効性への疑義が、九〇年代から隆盛をみた国民国家論の文脈から出されてきたのは自然な流れだった。安田常雄[13]、西川長夫[14]、小路田泰直[15]による批判がその代表的なものである。

ここでは、戦後歴史学への総括的批判がなされた九九年度の日本史研究会大会のシンポジウム「戦後歴史学総括――時空の文節化とその方法」から、小路田の批判を見ておきたい。小路田は問う。戦後歴史学について人々は、「侵略戦争とそれを支えた皇国史観に対する反省から、その批判をテコに戦前期講座派史学を継承しながら生まれたマルクス主義歴史学、もしくはもう少し広い意味での科学的歴史学[16]」だと考えているだろうが、実のところ、歴研や日本史研究会などの学会は、戦前期歴史学の総括（自己批判）を行ってこなかったのではないか。

のみならず、戦後歴史学は、昭和史論争などで提起された、市民主義的歴史学からの「自分達はなぜ侵略戦争をし敗北したのかとの問い[17]」に答えてこなかったではないかと批判する。小路田が示した解決方法の一つは、「戦後選択のやり直しを行ってみる[18]」ことだった。本章の書き手である筆者が拙著『戦争の日本近現代史』や『それでも、日本人は「戦争」を選んだ』を書いた意図の一半は、まさに戦後歴史学がそのままにしてきたと思われる、市民主義的歴史学からの問いかけに答えようとしたことにもあった[19]。このような考え方に立ってきた筆者が、歴研の戦前期歴史学について、ある種の総括を学問的に行うことには意味があろう。

三　歴史学研究会設立の意義と時代状況

1　大久保利謙による評価

大久保は五九年の論考において、歴研設立の意義を次のように説明している。「日本の近代史学は明治期に用意され、大正末から昭和にかけてはじめて確立をみたのである。明治時代の史学界はまだ群雄割拠の戦国時代であった。これが一個の学問として統一されたのは大正史学である。そして、この意味の史学の統一を完成せしめたのが、昭和七年に東大関係の少壮歴史家によって結成された歴史学研究会あたりであったといえよう[20]」。

歴史学が近代国民国家の一つの文化的な標準装備であったとの考え方は、帝国大学における史学科の設立を見る時に腑におちる。一八八六(明治一九)年〔大久保が明治、大正といった元号で叙述しているため、ここでは元号を併記〕の帝国大学令により、東京大学は帝国大学となり、文科大学が設置された。八九(明治二二)年、大日本帝国憲法発布の年に、文科大学内に国史科[21]が開設され、史学会[22]も設立された。一九一九(大正八)年の改正帝国大学令により文科大学は文学部となり、そこに国史、東洋史、西洋史の各学科が置かれた。

坂本太郎は、二三年の関東大震災に見舞われた年の次年度の国史研究室をこう描く。「二年目は下に新しい一年生を迎える。末松保和、井上久米雄などの外に珍しい新顔があった。一人は山階宮藤麿王、皇族としては最初の本科大学生である。いま一人は森五郎のちの羽仁五郎[23]」だったと。また当時の教授陣について「学界に名声嘖々たる碩学」が揃っていたとし、三上参次、黒板勝美、辻善之助、平泉澄(以上、国史)、白鳥庫吉、市村瓚次郎、箭内亘、池内宏(以上、東洋史)、村川堅固、今井登志喜、大類伸(以上、西洋史)の名を挙げていた[24]。このように見てくると、大久保が述べたように、日本の近代史学が大正末から昭和にかけて確立したとの評価もうなずける。その上で「史学の統一」の完成形を大久保が歴研創立に見ていたのは注目される。

同時代の雰囲気を表すものとして、史学の統一を思わせるに足る著作を一つ紹介しておきたい。それは、歴研創立の一か月前、三二年一一月に発売された『歴史教育』臨時増刊号であり、タイトルを『明治以後に於ける歴史学の発達』[25]という。六八〇余頁の圧倒的な厚さの同書の巻頭言は三上参次によって書かれていた。構成で注目されるのは、国史、東洋史、西洋史ごとに回顧と展望を載せているのに並列させて、日本文化史の項を立てていたことである。

2 危機の時代の天皇制と歴史学

上記の大久保の評価について、大久保の著作集の解説を書いた田中彰による意義づけを見ておこう。田中は「著者〔大久保〕が、日本近代史学は明治の二十年代から三十年代にかけて形成され、大正末から昭和にかけて確立したとみているることはさきにもふれたが、それは近代天皇制の確立と展開に密接にからんでいる[26]」と述べていた。たしかに、明治憲法と皇室典範ができた八九年に、国史科と史学会が設立されていた。また、皇室からの下賜金を元に帝国学士院が「帝室制度の歴史的研究[27]」プロジェクトを開始した一九二〇年は、東京帝国大学文学部に国史、東洋史、西洋史の三学科がようやく揃った翌年にあたっていた。

ならば、大久保によって「史学の統一」へ一歩を進めたと判断された歴研創立の三二年とは、近代天皇制にとっていかなる年であったといえるのか。前年の三一年、日本国内では軍部によるクーデター未遂事件である三月事件と一〇月事件があり、国外では対外的クーデターとも位置づけられる満洲事変が起こされていた。三二年、国内には血盟団事件と五・一五事件があり、国外では第二の対外的クーデターとも位置づけられる上海事変が起こされていた[28]。象徴的であったのは、同年七月一一日、陸軍士官学校の卒業式に昭和天皇が出席できなかった前代未聞の事態[29]が起こっていたことだ。青年将校の間に、天皇否認論や皇族不要論などが共有されるようになっていた。侍従武官長の奈良武次は、「歩兵第三聯隊の菅波中尉の如き錦旗革命論と名のる意見を潜に宣伝する者出で士官学校生徒に対し天皇否認論を認め配布するものあり。生徒間の思想悪化者二名、退校処分を受くるに至れり[30]」と記している。

退校処分者の一人、歩兵第四五連隊候補生の米津三郎が作成した文書を見ておこう。三一年一二月付「綱領（草案）」として米津は、「統治権の所在は国家にして、天皇は国民の一人なることを明白ならしむ。天皇の尊厳は其の血族にあらず、人格にあらず、統治権の代行権そのものにあり。即ち華族は勿論、皇族の特権階級としての存在は意義をなさぬ[31]」と書いている。一八八八年六月、枢密院議長であった伊藤博文が、「我国に在ては、宗教なる者其力微弱にして一も国家の機軸たるべきものなし。……我国に在て機軸とすべきは独り皇室あるのみ[32]」と述べて、「人心帰一の機軸」に設定した皇室（天皇＋皇族）像が、昭和のこの時期、すでに揺らぎを見せていた事実は興味深い。

3　庚午会から歴研へ

創立時のメンバーを見ておきたい。永原による創立時の歴研への説明は、「中心となったのは、東京帝国大学の日本史・東洋史・西洋史の三分科制に批判を持つ人びとで、もっと自由に大学の枠を超えかつまた三科が交流しつつ、「科学的な研究」によって歴史の実体に迫ろうというゆるやかだが共通の目標[33]」を持つ人々だったとする。三〇年に結成された、若き歴史研究者らによる横断的な勉強会「庚午会」〔この年の干支にちなむ〕が中心となって歴研は結成された。「マルクス歴史学に共感ないし関心をもちつつ、しかしそれを「主義」として標榜するのではなく、まったく自由な、しかし台頭しつつある皇国史観など国家主義的傾向には明確に反対する[34]」性質が最大公約数として指摘できた。

この庚午会については、戦前期を通じて歴研会長を務めた三島一の回想では、「大学内部の史学関係各科の連中が、一つにまとまって交流を計るような機会を作りたいと考えていた。史学会があったが、学生や若い連中にはしっくりしない。それで……集まったのが最初[35]」となる。川崎庸之、秋山謙蔵、中村吉治、野原四郎、志田不動麿、松田寿男、藤木邦彦らが当初メンバーといえた。翌三一年には、組織だった勉強が必要だとの羽仁五郎のアドバイスもあって[36]、学士会館の部屋を借りての勉強会が始まる。三一から三二年にかけて、鈴木俊、堀勇雄、板野長八、旗田巍らが加わった。

勉強会から学会へと改組される契機は、三二年七月の解散騒動にあった。西洋史の田中正義の回想によれば、「一部の会員が国史のI・H〔堀勇雄〕氏あたりの指令を受けて会内に党への献金者グループを組織するフラクション活動を進めている現在、自由な研究者の団体としての会は即刻解散すべき[37]」だとの議論が出たのだという。三島や志田がその騒動を収めた後の三二年一二月、学会としての歴研創立となってゆく。

三三年夏から秋にかけ、歴研会員から検挙者が出たことも一つの理由として、歴研は学術雑誌を発刊する組織へと発展していった。官憲側の記録[38]ではあるが、阿部真琴、野原、旗田らが「党資金供与」等の嫌疑で検挙されるが、全て留保処分決定となっていた。さらに、『唯物論研究』の読者名簿によって、上記の三名以外に、三島、松田、板野らの検挙が続いた。三島は唯物論研究会の幹事にもなっていた[39]。検挙者を出した歴研は、哲学者の戸坂潤が川崎庸之の親戚であったことから、「会があって〔中略〕世間にその姿を明〔ら〕かにしないのは、却って当局の疑惑を深めさせる。何か対外的活動、例えば雑誌の発行でもやったらよい[40]」との戸坂の助言もあり、会誌の発刊へと進んでいった。

『歴研』が発刊された三三年は、京都帝国大学において滝川事件が起きた年にあたる。この事件が東京大学の学生らの間でいかに衝撃を持って受け止められていたかは、当時、大学二年生であった林健太郎がその自伝『移りゆくものの影[41]』で述べているとおり「それまでの左翼弾圧とは格段にちがった大きな暗雲が我々の頭上にひろがって来た感じで、これをはねかえさなければすべてが闇になるという気持ちが我々をしめつけた」。

四　『歴史学研究』の新しさ

1　巻頭言とデザイン

『歴研』創刊号は、三三年一一月、先に述べた『歴史教育』増刊号の『明治以後に於ける歴史学の発達』の版元・四海書房から発刊された。六連からなる巻頭言「生誕のことば」は、三島一によって書かれた[42]。歴史学が「民衆の利害から超然たる存在」に化してしまったと嘆じ（二連）、歴研は「少壮史家によつて結成され、真に現実的・具体的・協同的な方法により、飽く迄も歴史の科学的研究に終始」することをめざす団体で、「特殊な私的結合でもなく、学究的な団体」だと宣言していた（四連）。注目されるのは、最後の連で「われらの活動は、今や本誌を通じ、民衆の動向の線に置かれた。われらは「歴史的使命」を帯びて、敢然街頭に立たう。希くは歴史を愛する諸子の協力と批判とを惜しまざらん事を[43]」と、叙情に満ちた筆致で書いていたことだ。

創刊号から四号までの表紙を飾った歴史学研究という五文字には、一九二〇年代から隆盛を見ていたロシア構成主義[44]の影響を感じさせる活字が使用されていた。デザインを担当したのは、創刊号の編集にあたった遠藤元男の弟の遠藤隷兒だった[45]。雑誌の構成として目を引くのは、「グラフ」欄を設け、ピラミッドや南蛮文化にちなんだグラビア写真をモンタージュの手法で割り付けた意匠であろう。戸邉秀明が的確に指摘したように、「左翼文化雑誌から強い影響を受けていた[46]」と見られる。創刊号の編集と割付は、小林元、杉本勲、松田寿男ら会員自らが当たっていたという[47]。

2　「雑誌批判」欄という新機軸

歴史学を専門としない人々にも手に取って貰えるように工夫したのだろう。初期の『歴研』には、郷土史関連の動向紹介や関係諸学会の大会状況などを知らせる「近頃の歴史学界」欄、また著名な歴史雑誌に歯に衣着せぬ批判を展開した「雑誌批判」欄があった。幾つかの例を見ておこう。二号掲載の無署名「社会経済史学会第三回大会を聞くの記[49]」には、「史学会大会がもはや老人の無駄話となり、吾等へのよき催眠剤である今日、僅かにその眠りを醒ますものはこの大会であらう。何等の討論も批判もなき研究発表部会がどうして吾等を導き得やう。吾等はそろ〳〵河岸をかへるべきだ」との辛辣な文章がある。史学会大会と比べて社会経済史学会大会[48]への評価は高かった。

また同じ号には、高山五平のペンネームで遠藤元男が『歴史公論』を批判していた[50]。「〔正しい歴史認識を与えてくれる雑誌はないものか、との問いに〕最も権威あるべき『史学雑誌』は奨められないしね。老人の自己陶酔的な琵琶の弾奏なんか聞いておられないし。『歴史地理』にしたつて去年の重箱の隅のお萩餅の餡なぞほじくるなんていやだしさ。……『歴史公論』の俗流化・卑俗化は宿命的なものなんだよ」と、老舗の出版社であった雄山閣発行の歴史雑誌に批判を加えていて容赦がない。

いっぽう、『歴研』より左派に位置づけられる、三二年五月創刊の『歴史科学[51]』も批判の対象にされていた。『歴研』六号で山川三造のペンネームで野原四郎がこう批判していた[52]。本誌は「マルクス主義の側からする歴史研究を標榜」しているが、「徒党的な偏狭性と、無力な公式主義」がある。問題は「朝鮮・台湾・満洲等の植民地問題が寥々たることだ。支那に関するものもさうだ」と。マルクス主義に依拠しながらも、実のところ、植民地問題や中国分析が手薄ではないか、との鋭い批判だった。この観点からの批判は、後世の一九九〇年代における国民国家論からの戦後歴史学への批判の眼目の一つとなっていったものだった。野原が三四年の時点でマルクス主義歴史学の弱点、後に戦後歴史学の弱点となっていくものを認識しえていたことは注目される。

五　忘れられた戦前歴史学の担い手

1　羽仁五郎「歴史は、根本において、批判である」[53]と述べた人

羽仁五郎は、ハイデルベルク大学に留学してリッケルトに歴史哲学を学んだ後に東大の国史学に進んだ。羽仁が注目されるのは、「回顧と展望」というジャンルの実質的考案者[54]となったことだろう。論文や著作に対する書評を、歴史学の批判的方法の一つとして位置づけたところに功があった。確認できるところでは、一九三〇年という早い時点で羽仁は、事実上の「回顧と展望」のジャンルに相当するものを、私的雑誌の巻頭を飾る「史学理論」というかたちで執筆していた[55]。私的雑誌とは、羽仁と同学年だった臣籍降下した皇族の筑波藤麿が黒板勝美の助言によって私費で発刊していた『昭和四年の国史学界』[56]のことである。羽仁は、三一年版の同誌においても、「史学理論」と「経済」の二項目を担当していた。

回想の中で羽仁は、「史学雑誌は王さまの話、宮さまの話、やめろといえないから、ブック・レビューからやろうというのだった。僕が、最初に書いたのは平泉批判、「反歴史主義批判」という題で書いた[57]」と諧謔的に述べていたが、『昭和五年の国史学界』中の「余言」〔無署名だが羽仁の執筆と推定〕には、同じ様な考え方を述べている文章、すなわち、「王座に坐して然るべき史学雑誌がいま果してその権威を自認し保持してゐるのであらうか。あまりに時流に投ぜんとし、且つ啓蒙的に堕せんとしてゐる傾向がないであらうか」、「専門雑誌それ自身の学界に寄与する一の力は新刊著書、論文、其他に対する正しき批評と正しき紹介とであらねばならない」と述べていた[58]。

羽仁が歴研あるいは三〇年代の歴史学に寄与した第二の点は、平泉澄との格闘のすべを後進に教えたことにあろう。二六年に書かれた、羽仁の最初の学問的業績、クローチェ『歴史叙述の理論及歴史』の翻訳の時点では、平泉は羽仁

を賞めていた。「今や友人羽仁君によつて翻訳出版せらる、を見て喜悦禁ずる能はざるものがあり[59]」と。しかし、羽仁の二八年の論文「反歴史主義批判[60]」は、平泉の論考「歴史に於ける実と真[61]」への批判として書かれていた。「明治以来の学風は、往々にして実を詮索して能事了れりとした。所謂科学的研究之である。その研究は分析である。分析は解体である。解体は死である。これに反し真を求むるは綜合である。綜合は生である。而して其は科学よりはむしろ芸術である」といった、独特の文体で書かれた平泉のこの論考に対して羽仁は、「芸術はつねに非歴史であつて、歴史を芸術とする主張はかくして常に反歴史主義的」だと正面から批判した[62]。

筑波藤麿の雑誌の執筆グループの代々木会で羽仁と同じメンバーであった大久保利謙が、歴研創立を「史学の統一」の完成とみたことの背景には、平泉に対する羽仁の批判の仕方、すなわち、「文献学的歴史をどう発展させるか。学問的綜合原理を失うと文化史的反歴史主義となる。綜合原理を「精神」に求める企ては精神主義的歴史であり、これは反歴史主義[63]」だとした羽仁に対する、同時代的な共感があったものと思われる。平泉のいう解体とは異なった、学問的綜合原理による分析を目指した羽仁への共感が、「史学の統一」の完成、との表現を生んだのではないか。

羽仁と府立四中で同級であった三島一は、歴研にとっての功労者を回顧して「羽仁五郎氏が、外からいろいろ支援してくれた事も特におぼえておきたい[64]」と後に、改めて述べたことがあった。羽仁は歴研会員としてではなく、外側からの支援者ではあった。外交史を志していた林健太郎も三四年頃の卒論準備の話として、「この頃師事してよく訪問した羽仁五郎氏……は、経済とか階級とかいうものに直接結びつけようとしないで、ともかく国内の政治との関係を見たらよいだろうと言われた。……後々まで役に立った有難い忠告であった[65]」と書く。外からの支援者であった理由の一つは、三三年の羽仁の検挙にあろう。羽仁を検挙した官憲は羽仁の供述を「羽仁五郎手記（唯物史観に対する再認識）」という文書に仕立て、大学側の取締の参考資料[66]としていた。

それでは、戦前期の羽仁の影響力が歴研の歴史で言及されてこなかった理由はなんであろうか。「忘却」の理由は、敗戦を機とした羽仁が、井上清、鈴木正四らとともに、四六年一月二七日、神田教育会館で「各国君主制の歴史」のシンポジウムを開催しながら、シンポジウム終了後、この会合を臨時の歴研大会とする緊急動議を提出し、委員長を羽仁、会長を津田左右吉とする、ある種の「クーデター」を遂行したことにもよるだろう。

2　三島一　新しい時代の東洋史学を求めて

三島一は、戦前・戦中期を通じてただ一人の歴研会長だった人である。その三島は『歴研』三号の「雑誌批判」の欄に、『東洋学報』への批判を載せていた(67)。温厚な人柄をしのばせる筆致だが、書かれた内容は白鳥庫吉の世代への正面からの批判となっていた。「東洋史学発達の裏には後藤〔新平〕伯、桂〔太郎〕公の如き人々、特にわが白鳥〔庫吉〕博士の偉大なる貢献があつたこと」は事実としながらも、『東洋学報』発刊時の白鳥の講演録を読み直してみると、「ともかく明治三十八年から四十一年頃と云へば、日本の資本主義が高度の発展を遂げ、国外に盛んに市場を求めて居た時分なんです。何か冥々の中に黙契はあつたんぢやないでせうか。学者の仕事も一見書斎の中丈に限られてるかに見えますが、仲々そんなものぢあなく、またあつてはならないと云ふ人も居るのです」と書いた。

「われ〱の先輩が、この満鉄の調査報告及び東洋学報によつて数多の貴重な業績を挙げ来つた事は一世の注目する事でありまして、この両学術報告は、その当初以来の執筆者の顔触れから見ましても、研究対象が満鮮蒙乃至は西域の歴史地理的方面に主として注がれたやうに見える点から考へましても、余程共通性があつた様に思はれるのですが、如何でせう」と。「最近時々「東洋学報は化石して居る」と云ふ事を、不幸、耳にします。……佳人当に新粧すべき時です。況んやこの廿一年間日本も変りました。世界も大いに変りつゝあります」。三島が穏やかに要求していたことは、日本の資本主義が帝国主義的な対外進出を行うにいたった時期に、その国家の進出先の地域研究として東洋史学は発展させられてきた、このような時代の東洋史学のあり方と、現在のあるべき東洋史学のあり方は別のものであってよいのではないか、ということだろう。

3　林健太郎　第一次世界大戦時の歴史に学び、統制の時代に備える

林健太郎といえば、戦後に東大文学部長、東大総長、参議院議員を歴任した、政治的人間だとの評価がまずはくるが、一九三五年に卒論を書き上げた後、林は歴研に入会している。[68]この時以降、戦前・戦中期の歴研と林の関係には実のところ深いものがあった。黒板勝美と辻善之助の三五年と三七年の相次ぐ退職により、東大国史学研究室の平泉澄が、研究室の雰囲気を決定しうるようになっていた。[69]この頃の歴研は、平泉史学に対抗するための拠点となった感がある。西洋史学研究室の今井教授を盛り立てるべく林は、組織としての歴研の活動の分岐点にあって、重要な責務に任じていた人だったといえる。

『歴研』が創立一〇周年を記念して「近代歴史学」をテーマに特輯を組んだ時には、[70]林は責任者となっている。さらに林は、歴研が会誌の発売所を螢雪書院〔ここから発売された号は表紙に皇紀の年数が書かれた〕から岩波書店〔ここから発売された号は表紙に昭和の元号が書かれた〕へと変えた際に責任者となった人物であり、四三年一二月に幹事長に就任してからは、四四年六月に検挙された前幹事長・鈴木俊の後をうけ、[71]戦中期最後の号の発刊、別の言葉でいえば停刊の責に任じていた。

第二に、歴研と林の関係に見る特徴的な点は、無数のペンネームを使って縦横無尽に寄稿を行っていたことにあった。「平川生」というペンネームで、S・B・フェイの論文「凋落途上のドイツの学術」を翻訳しているが、[72]論文の内容も当時の日本の将来にとって重要な示唆に富むものだった。いわく、「ヒットラーが政権を握つて以後、ドイツに於て西欧世界の一般的標準より見たる学術的自由、健全なる学問、真実の学者精神が悲しむ可き程度に傷けられた事は疑がない」、「彼等が常にナチの学生及び警察の監視の下にあると云ふ事実は彼等の心の平静に大なる動揺を与へ

真の学者的仕事を行ふ事を困難に」し、「ドイツの学術雑誌に於ける学者の発表は量、質共に驚くべき程度に減少しつゝある」[(73)]と。

続けて、「平川省三」のペンネームで、「「嵐の中の」史学」という論考を『歴研』三五号[(74)]に掲載している。ドイツにおける歴史雑誌の統制と休刊にふれ、「永年の伝統を持つこの二つの雑誌が、「帝国学術省」の命令によつて合同されやうとしてゐることである。だが何故さうしなければならないのか、ドイツの歴史科学の一つの大なる中央機関をつくる「実際的理由」が何処にあるのか、については吾々依然としてわからない」と書く。統制を受けたドイツの『東欧史雑誌』の変貌ぶりについては、「名だゝる歴史家の名前が一人残らず編輯者から消えてゐる。本屋は「内容を拡張した」と云つてゐるが、副題にある様に対象が専ら『教会史及精神史』に限られた為めかへつて内容は縮少され、定価が安くなつた代りに頁数はずつと減つてゐる。……とにかくこの方面に関する政治史、社会経済史の最高権威とされ、時にソヴェートの紹介などもやつたこの雑誌が、こんな姿になつた事に対して淋しさを感ずる人も少くはないだらう」[(75)]と、ドイツの学会誌の深刻な衰退ぶりを詳細に論じていた。林は、将来の日本で起こるであろう『歴研』の明日を、暗澹たる思いで十分に予期していたのだろう。

また、三七年七月に勃発した日中戦争の一か月前には、「梶光之介」のペンネームで、「世界大戦とドイツの学者たち」を、『歴研』四四号の「回顧と展望」欄に載せていた[(76)]。「今日世界大戦については既に甚だ多くの事が語られてゐる。だが以下此処に語らうとする戦争の一側面については、案外知らない人が多いのではなからうか」として、「今や第二次世界大戦の聲が各所に聞かれる時、こんな事柄をふり反つて見るのも一寸面白い事ではないかと思はれる」[(77)]と書く。第一次世界大戦時のドイツの学会を回顧することで、来たるべき日本の将来へ警告を与えようとしていたかのごとくであった。

六　責任という観点から「編輯後記」を読む

1　編輯後記を通読すると

戦前の『歴研』は、その版元を四海書房、螢雪書院、岩波書店と変えながらも、一九四四年六月に戦前最後の号となる一二一号までの号の全ての巻末に「編輯後記」〔以下、「　」を省く〕を置いていた。編輯後記を通覧することで、政治社会経済の総動員化の進展とともに、その論調が変化していったのか否かを確認する。なお編輯後記は、原則的には半年ごとに交代する委員のうち一人が記名で執筆していた。

戦前の『歴研』が実証的な学会活動の最後の拠点の一つだったことは、総目録・索引[78]等で、各号の目次に掲載された執筆者とタイトルを見て、その上で個別に各論文の内容を読んでいけば容易に確認できる。さらに、各号の表紙裏の「会告」、すなわち、学士会館で開催されていた、日本史、東洋史、西洋史各部会例会の報告者とタイトルを見ていけば、最後の拠点の一つだったとの評価は揺るがないものとなってゆく。

ただ、編輯委員の個性が反映されやすい編輯後記には若干の揺れがある。会誌の内容や構成の工夫のみを淡々と述べる林健太郎のものがある一方で、次に引く風間泰男（—一九八二年、日本史）[79]のような、時局を意識した文章[80]も生まれてくる。三九年八月号の巻末に書かれた編輯後記を引用しておこう。

> 少壮学徒の相互練《ママ》磨を目的とする同人雑誌的傾向を以て生誕した「歴研」は過去六年の歳月に、内には会員の飛躍的増大と共に学界に巨大な足跡を印し中堅的権威に迄生長し、外には、多難なる時局の波濤を迎へて、今こそ生誕以来の同人的傾向の残滓を清算し、社会的組織にまで自らを高める事によつて斯学〔史学か、引用者注〕への積極的貢献と、知識社会への啓蒙に新なる出発を求めねばならぬ。

注目したいのは、この短い文章の中で風間が、創刊当初からの歴研の現状を批判する際、「同人雑誌的傾向」「同人的傾向」というように、「同人的」という言葉を二回も使用していたことだ。もともと同人的な組織編成原理を持つものであるはずの学術機関、知識社会のあり方を批判し、時局に対応しうるような「社会的組織」編成をとれ、という方向からの批判であり、主張であった。人文社会系の学界、学会の「戦争責任」を考える際に注意したいのは、単純な戦意発揚や体制翼賛の発言の有無という点のみで、責任を論じていては事を見誤るということである。風間の発言は実のところ、学問の自由の根本を攻撃しているという点で根が深い。

2　「学問の自由」をめぐる議論

風間は、一九四〇年四月号でも、同様の論調で「特輯　昨年度史学会　回顧と展望」日本史篇の「総論」部分中に次のように書いていた。[81]

いかに国家が大きな苦しみに悶へ、同胞が歴史の智識を要求しても、さうした世俗に超然とする事を以て学徒の本分をなし、それを以て学問の自由・独立と呼ぶ旧態アカデミズムの聲が、尚我々の身辺に聞えて居ないだらうか。現実の社会の動きから離れて学問の自由一般などと言ふものはあり得るものではないし、若し有つたとしたら、それは問題にされない自由の学問であり、現実の社会から隔絶した学問の独立とは忘れられた孤立の学問の事に外ならない。

風間のこの文章からは、風間が、いかなる考え方を「代表」するものだったかが明確に伝わってくる。風間が代表したのは、第二次世界大戦の敗北を経て初めて、日本と日本国民が手にした日本国憲法第二三条「学問の自由は、これを保障する」が全力で否定したところの考え方である。すなわち、この言説は、社会、世俗に超然とした学問には意味がなく、現実が要請する学問こそが重要だ、との美辞を「入口」として国民を巻き込み、結果として、真理の追究とその成果の社会還元を妨げ、学問の成果を国民が享受することを阻害するような「出口」に国民を追い込むものにほかならなかった。

二〇二三年二月九日、岸田文雄内閣の進める日本学術会議改革の政府方針に対する反対声明を表明する中で、憲法学の長谷部恭男は「学術活動には厳格な規律があり、研究者集団が規律を自律的に決めることを憲法上も制度上もまもることで、真理追究と社会還元という使命を果たせる」[82]と述べていた。

3　黎明期の『歴研』が伝えるもの

風間泰男の言説を編輯後記等から見てきたが、風間の批判が、「同人的」という学術研究団体の組織原理への批判に注力されていたことは、興味深い論点を示していると思われる。戦前の表紙裏に載せられた「会告」が告げる、部会例会という、自律的な場での研究発表や協同研究の重要性に改めて気づかされる。

ただ、部会例会や同人的な研究会の存在意義は、風間の言説や統制の時代といった時代状況がなくとも、内側から少しずつ変容を遂げ、小さなものになっていた可能性を示唆する文章もある。それは、磯部譲（安中茂作のペンネームでも執筆）が書いた「昨年度の歴史学会」欄の日本史部分の次の文章である[83]。『歴研』一九三八年一月号には、次のような文章が記されていた。

……これを正直に反省すれば、かつて、十名内外の会員のサロンとして出発した当時の歴史学研究会は、只それだけであつたことのために、サロンの報告や話題が直接に会誌に反映され、このサロン自身が会の内容の発展のうへに重要な進歩的役割を演じたのだ。しかるに、今や六百有余の会員を擁し、会誌もまた学界に於いて不動の地位を確保し得た現在、その本体であるべき部会は、既に昔日のサロン的意義をすら見失ひ、雑誌活動からは全く孤立遊離の状態に置かれ、そこに何等の共同のテーマをさへ持ち得ず……。

学会の存在意義を揺るがした内と外からの危機は、戦前歴史学のみに固有の問題ではないこと、これがよくわかる。

（1）歴史学研究会〔以下、歴研〕編『「人文知の危機」と歴史学——歴史学研究会創立九〇周年記念』績文堂出版、二〇二二年、九八頁。
（2）歴研編、同右、九八—九九頁。
（3）大門正克「解題——歴史学研究会の証言を読むために」歴研編『証言　戦後歴史学への道　歴史学研究会創立八〇周年記念』青木書店、二〇一二年、三四頁。
（4）戸邉秀明「社会運動史としての戦後歴史学研究のために——史学史の再検討にむけたいくつかの提言」『日本史研究』六〇〇、二〇一二年。
（5）井上清「戦後歴史学の反省と当面する課題——失敗から学ぶ一提案」『歴研』二三〇、一九五九年。
（6）昭和史論争の包括的な理解には、大門正克編著『昭和史論争を問う——歴史を叙述することの可能性』日本経済評論社、二〇〇六年。
（7）戸邉、前掲「社会運動史としての戦後歴史学研究のために」二〇一頁。
（8）大門、前掲「解題——歴史学研究会の証言を読むために」三六頁。
（9）永原慶二『20世紀日本の歴史学』吉川弘文館、二〇〇三年、一六六頁。
（10）成田龍一・小澤弘明・戸邉秀明「座談会　戦後日本の歴史学の流れ——史学史の語り直しのために」『思想』一〇四八、二〇一一年、一一—一三頁。
（11）成田・小澤・戸邉、同右「座談会　戦後日本の歴史学の流れ」一〇頁。
（12）同右。
（13）安田常雄「方法についての断章——序にかえて」歴研編『戦後歴史学再考　「国民史」を超えて』青木書店、二〇〇〇年。
（14）西川長夫「戦後歴史学と国民国家論」同右『戦後歴史学再考』所収。
（15）小路田泰直「戦後歴史学を総括するために」『日本史研究』四五一、二〇〇〇年。
（16）小路田、同右、四頁。
（17）小路田、同右、九頁。
（18）小路田、同右、一八頁。

(19) 加藤陽子『戦争の日本近現代史―東大式レッスン！ 征韓論から太平洋戦争まで』講談社、二〇〇二年。同『それでも、日本人は「戦争」を選んだ』新潮文庫、二〇一六年。初出は二〇〇九年。
(20) 『大久保利謙歴史著作集 七 日本近代史学の成立』吉川弘文館、一九八八年、初出は一九五九年、六〇頁。
(21) 八九年の国史科設置を、森有礼文相による国家学樹立の試みと位置づけたものに、小路田泰直「国史の誕生と『大日本編年史』編纂の中止」東京大学史料編纂所編『歴史学と史料研究』山川出版社、二〇〇三年。
(22) 八九年一一月一日創立。外国人教師ルートヴィヒ・リースの勧めにより組織され、『史学会雑誌』（九二年から『史学雑誌』）を刊行した。当初の史学会会員には史誌編纂掛の漢学者や古典講習科の国学者らが多かった。参照、マーガレット・メール『歴史と国家――一九世紀日本のナショナル・アイデンティティと学問』千葉功・松沢裕作訳者代表、東京大学出版会、二〇一七年、一二〇―一二二頁。また、史学会編『史学会百年小史一八八九～一九八九』山川出版社、一九八九年、三頁。リースについては、西川洋一「東京とベルリンにおけるルートヴィヒ・リース」前掲『歴史学と史料研究』所収。
(23) 『坂本太郎著作集 一二 わが青春』吉川弘文館、一九八九年、三三頁。
(24) 同右、二九頁。
(25) 歴史教育研究会発行『歴史教育』臨時増刊、四海書房、一九三二年。
(26) 大久保、前掲『大久保利謙歴史著作集 七 日本近代史学の成立』四四〇頁。なお、大久保による歴研創立への高い評価を指摘した最初の論考として、前田亮介「「史学統一」の夢――戦前（一九二三―一九四五）の大久保利謙」立教大学史学会『史苑』八二巻一、二〇二二年、二〇九頁。
(27) 日本学士院編纂委員会編『日本学士院八十年史』一巻、日本学士院、一九六二年、五〇八―五三一頁。
(28) 各事件の内容と意義については、加藤陽子『天皇と軍隊の近代史』勁草書房、二〇一九年、総論。
(29) 波多野澄雄ほか編『侍従武官長 奈良武次 四 日記・回顧録』柏書房、二〇〇〇年、一六九頁。士官学校の側から「行幸願はず」との申出があったため。奈良は日記ではなく回顧録草案にのみ本事実を記していた。
(30) 同右、一六六頁。
(31) 原秀男ほか編『検察秘録 五・一五事件 Ⅲ』角川書店、一九九〇年、六四七―六五二頁。
(32) 『枢密院会議議事録』一、東京大学出版会、一九八四年、一五七頁。
(33) 永原、前掲『20世紀日本の歴史学』一一〇―一一一頁。
(34) 同右、一一一頁。
(35) 座談会「歴研創立のころ（三島一、川崎庸之、野原四郎、旗田巍）」『歴研』一五一、一九五一年、四七―四九頁。

(36)　同右、四七九頁。
(37)　田中正義「初期『歴研』の追憶」前掲『証言　戦後歴史学への道』二一〇頁。
(38)　阿部と野原については、刑事局思想部『思想月報』一号『昭和前期思想資料』第一期所収、文生書院、一九七二年所収、二〇七頁、二六三頁。旗田については、刑事局思想部『思想月報』二号、同前所収、四〇四頁。
(39)　三島一「私と歴史学」『中国史と日本』新評論、一九七七年、二三四頁。
(40)　板野長八「歴研の創刊と戸坂潤氏」歴研編『歴研半世紀のあゆみ一九三二〜一九八二』青木書店、一九八二年、二一八頁。
(41)　林健太郎『移りゆくものの影――一インテリの歩み』文藝春秋新社、一九六〇年、一七頁。
(42)　三島、前掲『中国史と日本』二三四頁。また、座談会（一）「『歴研』創立の前後」前掲『歴研半世紀のあゆみ』一七一頁。
(43)　『歴研』一、一九三三年。本章で言及する全ての『歴研』は、原本を確認した創刊号から六号までを除き、青木書店が一九八一年に刊行した復刻版を参照した。
(44)　五十殿利治・土肥美夫編『ロシア・アヴァンギャルド　四　コンストルクツィア　構成主義の展開』国書刊行会、一九九一年。
(45)　『歴研』一四、一九三四年、九三頁。
(46)　戸邉秀明「『歴史学研究』総目録（一九三三―二〇〇六）解題」『歴史学研究別冊　総目録・索引一九三三―二〇〇六』青木書店、二〇〇七年、六頁。
(47)　山本三郎（満願寺一作のペンネーム）「創刊のころ」『証言　戦後歴史学への道――歴史学研究創立八〇周年記念』青木書店、二〇一二年、七三頁。
(48)　社会経済史学会については、本書第4章の馬場哲論文を参照のこと。
(49)　『歴研』二、一九三三年、一二九頁。
(50)　同右、一五二―一五三頁。
(51)　歴史科学協議会編『歴史科学の思想と運動』大月書店、二〇一九年。西雅雄らを中心にマルクス主義者の手で編まれた雑誌。渡部義通の説明によれば「史学」の素養もないこれら若い「開拓者」たちは、数多いマルクス主義文献からそれぞれ自己流に「史学」の方法を学び、せいいっぱい先学の業績をひもと」いて論考を書いたという。五三頁。また、松島栄一の回想も「『歴史科学』の方には、だいたい東大に限らず大学の史学科を出ている人は関係していない。あれはだいたい資本主義発達史講座をやられた方たちが関係している」と述べる。前掲、座談会（一）「『歴研』創立の前後」一七六頁。
(52)　『歴研』六、一九三四年、四九二頁。

(53) 羽仁五郎「歴史および歴史科学」河合栄治郎編『学生と歴史』日本評論社、一九四〇年中の文章。斉藤孝編集・解説『羽仁五郎歴史論抄』筑摩書房、一九八六年、四一頁からの再引用。
(54) 現在は各年の『史学雑誌』五号の代名詞となった「回顧と展望」の起源が『歴研』の年報号だったことを初めて指摘したのは戸邉秀明「解題」歴研編『歴史学研究　別冊　総目録・索引　一九三三—二〇〇六』九頁。
(55) 代々木会編『昭和四年の国史学界』筑波研究部、一九三〇年発行。代々木会の主なメンバーとして、秋山謙蔵、浅野長武、大久保利謙、坂本太郎、筑波藤麿、羽仁五郎、丸山二郎らがいた。
(56) 発刊が確認できるのは『昭和十八年の国史学界』まで。『歴研』が年報として、回顧と展望号のようなものを刊行するのは一九三五年から。
(57) 羽仁五郎「歴史学はいかにあるべきか」『歴史評論』一三七、一九六二年、五頁。
(58) 代々木会編『昭和五年の国史学界』筑波研究部、一九三一年、一〇五—一〇六頁。
(59) 平泉澄「クロォチェ「歴史叙述の理論及歴史」」『史学雑誌』三七編一二、一九二六年。
(60) 『史学雑誌』三九編六、一九二八年。
(61) 『史学雑誌』三六編五、一九二五年。
(62) 羽仁と平泉の関係は犬丸義一「解説」『羽仁五郎歴史論著作集　一』青木書店、一九六七年、四一九頁。
(63) 『史学雑誌』三九編六、一九二八年、五四六頁。
(64) 三島、前掲『中国史と日本』四九頁
(65) 林、前掲『移りゆくものの影』五八頁。
(66) 文部省学生部『思想調査資料』二二、一九三四年所収。
(67) 『歴研』三、一九三四年、二二八—二三〇頁。
(68) 林、前掲『移りゆくものの影』一三八頁。
(69) 同右、一四〇頁。
(70) 「編輯後記」『歴研』一〇五、一九四二年。
(71) 「解説にかえて　座談会　三島一先生の人と学問」中の遠山茂樹、野原四郎の発言によれば、鈴木俊は教育科学研究会の城戸幡太郎の関係から検挙。三島、前掲『中国史と日本』三九九頁、四一二頁。
(72) 『歴研』三三、一九三六年。
(73) 同右、八九頁。

(74)『歴研』三五、一九三六年。
(75)同右、二三頁。
(76)『歴研』四四、一九三七年。
(77)同右、七五頁。
(78)前掲『歴史学研究　別冊　総目録・索引』。
(79)風間泰男の戦前期の著作には、『日本の歴史』伊藤書店、一九四三年がある。戦後の著作としては和歌森太郎監修、風間編『図説　学習日本の歴史』旺文社、一九七七年がある。『日本史』には「支那事変と大東亜戦争は、神から承けた過去の日本の歴史の総成果を完結させて、その中に継承し、新しい東亜の歴史の雄大な構想を創造してゐる真に転換の現代である」(二五六―二五七頁)との、神がかり的な謡うような文章がある。創設メンバーの一人であった秋山謙蔵も同様の史観に立っていたが、秋山は『歴研』の編集活動には関与せず、論文や書評などの『歴研』掲載は三八号(三六年一二月)で終わっている。
(80)『歴研』六八、一九三九年、一一三頁。
(81)『歴研』七六、一九四〇年、九頁。
(82)『朝日新聞』デジタル版二〇二三年二月九日記事「政府の学術会議改革案に反対　「任命拒否」情報公開請求中の法律家ら」。
(83)『歴研』五〇、一九三八年、六七頁。

コラム1
確かな「一隅」を築く試み

戸邉秀明

私が携わる歴史学研究会〔以下、歴研〕の現代史部会は、主として第二次世界大戦後の世界史を対象としている。当然、敗戦以前の『歴史学研究』〔以下、『歴研』〕に戦後を扱う文章は存在しない。ただしこの時期の『歴研』全体が、いわば「現代」の始まりに直面した人々の証言である以上、歴史家に必要なアクチュアリティとは何かを考えるための大切な試金石と言える。いかに読み解き、いかに活かすか。それは以前、『歴研』別冊総目録・索引〔二〇〇七年〕の「解題」を執筆して以降の、私自身の課題でもある。そこで歴史家たちの時代への向き合い方の二、三にふれて、責を塞ぎたい。

まず、歴研における一九三九年夏の意義について。同年夏は、創刊以来の四海書房から螢雪書院への発売所変更に伴い、国家への同調が強まる時期である。実際、螢雪書院版の初号〔六七号、三九年七月〕では、裏表紙の欧文目次が英文から独文へ、中表紙の年数が「一九三九年」から「二五九九年」へと断りなく変わっている。

他方で同号には、「歴史に立脚した啓蒙的時潮解説」として、「カレント・ヒストリー」欄が新設された。以後一年余りの間、*Foreign Affairs* や *Current History* 等から、大戦前夜の東欧や中東の情勢について、同時代史をふまえた論説が断続的に翻訳・紹介された。いずれの記事の選択・構成にも、担当した西洋史部会の幹事たちの苦心がうかがえる。インドとアイルランドが見せた宗主国イギリスの戦争に対する協力の違いを、複数の翻訳記事の構成で示す論説〔村瀬興雄訳、七七号、一九四〇年五月〕など、東アジアの帝国と植民地の関係まで、つい重ね合わせて読んでしまう。

同様の関心は、同欄の最初の記事の翻訳者でもある西海太郎が同じ号に寄せた論文「ベッサラビヤとウクライナ——大戦時代の回顧」にも分け持たれている。二つの旧ロシア帝国領をめぐる第一次世界大戦直後の錯綜した国際政治をたどりながら、「今日少数民族問題、旧領土返還要求がヨーロッパで再燃しつゝある」事態に警鐘を鳴らす。オデッサ、ヘルソン、マリウポリ……一昨年までほとんど眼に入らなかったこれらの都市名が、八五年前の『歴研』から次々と飛び込んで来て、目眩がする。

この時、エスペランティストのフランス現代史家である著者は、日本放送協会国際部に勤めていた。その人の最大の関心事は、「過ぐる世界大戦」の後で起こった英仏による反革命勢力を支援する「軍事行動」が、あくまで両国を始めとする連合国の「私的目標に従属」した干渉戦争だったことだ。そこに西海は、風雲急を告げる三九年夏の欧州を重ね合わせた。ある戦時が、別の戦時や戦後を想起させる時、何を想起するかという選択において、人はすでに否応なく記憶の闘いに〝加担〟している。当時の歴研幹事たちは、その点に十分自覚的だった。ならばいま、私たちは何を重ね合わせて鑑とすべきか。

次に、書評欄「紹介と批判」や編集後記など、論文以外の誌面の重要性について。特に英米との開戦以降、『歴研』編集の意図と姿勢は、両欄に集約して現れる。なかでも西洋史の林健太郎、東洋史の旗田巍、日本史の松島栄一の書評は、京都学派の世界史論、東洋史の国策随順、国学研究や日本文化論の歪曲に対して、かなり明確な批判を展開しており、驚かされる。

学問と政治の緊張関係が増すなかで、歴史家の関心は過去半世紀余りの自分たちの営みを点検する課題へと焦点を結ぶようになる。創立一〇周年記念特集（一〇五号、一九四二年一二月）の主題に「近代歴史学」が選ばれたのは、「今日の歴史家」は「近代史学」の「本質に関する反省なしには存在し得」ないとの危機意識からだった（同号の林健太郎による編集後記）。誌面構成そのものが明かす、若き歴史家たちの〝編集による闘い〟は、史学史という次元を超える切実さをもって、今日の読者に迫る（その意味でも、前記の総目録で編集後記とその著者名を目次に抽出しておかなかったことが悔やまれる）。

もちろん、「奴隷の言葉」は日中戦争、アジア太平洋戦争と時を追って誌面に増える。それはおおむね三島一会長の挨拶文や編集後記の冒頭にあって、検閲の避雷針となるための「お守り言葉」と言えるが、それでも英米との緒戦勝利に沸く口吻など、批判は免れまい。

だからこそ、休刊直前の最後の幹事の一人、石母田正の言葉の選び方に圧倒される。とりわけ『シラー選集』第三巻「歴史」編（冨山房、一九四二年）に対する書評（一〇一号、一九四二年七月）と編集後記（一一九号、一九四四年三月）に目がいく（いずれも『石母田正著作集』未収録）。

前者では、シラーの世界史観を論じて京都学派の「必ずしも新しくない」世界史の理論を牽制し、また同じ題材で歴史書と史劇の両方を著したシラーの意図にふれ、歴史叙述と歴史文学の関係を論じて後の『平家物語』（岩波新書、一九五七年）に通じる思考を芽吹かせる。

後者では、戦況がいよいよ悪化し、学会も統合を迫られるなかで、あらためて「歴研精神」が自覚された。「歴史学の独立性と権威を外部からだけ認めて貰はうとする自己卑下に陥るならば、吾々は歴研の伝統を棄てることにならう」からだ。いまは出征した歴史学徒が持ち帰るはずの、「身を以て歴史を体験し日本と東洋の将来について考へた」ことを糧として「日本の歴史学が巨大な飛躍をなす時まで」、「静かに誇りをもつて学界の一隈《ママ》〔隅ヵ〕に存在してゐなければならない」。この決意を、彼は数か月後、初の単著の原稿執筆で果たした。敗戦の翌年に刊行され、戦後歴史学を体現することになる『中世的世界の形成』（伊藤書店、一九四六年）とは、自らに命じた「歴研精神」に殉じる戦時抵抗の表現であった。

最後にもう一点。敗戦以前の『歴研』で、女性の書き手はおそらく皆無である。同時期の『歴史科学』でも三瓶孝子など数名しかいないとはいえ、当時のアカデミックな若手歴史家とは、とりもなおさず男だけの集団だった。ただし、『歴研』に断続的に掲載された新入会員の名簿には、四〇年代に入ると女性の氏名が見出せる。その頃から部会例会では女性の出席者もあったようだ（部会例会記録より）。ここから戦後にどのようにつながるのか。前記の「解題」を担当した頃の視野の狭さに対する反省を込めて、追究すべき課題を指摘して筆を擱きたい。

2 「宮崎市定」の誕生
——一九三〇年代の軌跡

井上文則

一 西洋史家を惹きつけた宮崎

京都帝国大学の東洋史学者宮崎市定（一九〇一—九五年）の名は、現在では『科挙』や『中国史』、あるいは『論語の新研究』などの著作を通して、専門家のみならず、一般の読者にまで広く知られている。

しかし、宮崎の名が世間に知れ渡ったのは意外に遅く、停年も近くに迫った一九六三年に刊行された中公新書の『科挙』がベストセラーとなってからのことであった。実際、中央公論社の粕谷一希は、宮崎について「進歩史学・進歩史観が大勢を占めていた一九五〇年代、六〇年代には、地味な傍流の史学者というイメージがないわけではなかった」[1]と言い、朝日新聞社の溝上瑛も、戦後の一時期、京大を代表する学者と見られていたのは、いずれも京都の第三高等学校出身の桑原武夫（フランス文学）、吉川幸次郎（中国文学）、貝塚茂樹（中国古代史）であり、松本高等学校出の宮崎は「傍系」であり、その陰に隠れていたとしている。[2]数学者の森毅は、五九年から六〇年にかけて教養部長を務めていた宮崎を吊るし上げたことがあったそうだが、当時の宮崎は「まだ、有名になる前で、ボクは全然知らなくて、なんやとぼけた人やなあといじめたりした」、「宮崎さんがあんな偉い人とは知らなかった」と回顧しているのである。[3]

だが一方で、宮崎が早くから、京大で学んだ西洋史家の関心を引いてきたことも確かである。例えば、イタリア・ルネサンス史家の永井三明（一九二四―二〇二二年）は、筆者との私的な交流の中でではあったが、しばしば宮崎への敬愛を語っていた。また古代ギリシア史家の藤縄謙三（一九二九―二〇〇〇年）は、学生時代に宮崎の講義にも出席し、「日本のシナ学者の研究方法をいわば盗み取ろうとしていたのである。とりわけ、宮崎教授や貝塚教授が、中国の先秦時代の国家をギリシア・ローマの都市国家に類するものと説かれている点に注目していた。当時、日本の西洋史家の間では、西洋と中国や日本との根本的相違を強調するのが支配的であったから、殊に東京方面では宮崎・貝塚両教授の学説は笑うべき珍説と受けとられていたようである」と回想した[4]。さらに、アクサンドロス大王研究の第一人者であった大牟田章（一九三三―二〇一九年）は、アッリアノス『アレクサンドロス東征記およびインド誌』の翻訳の「はしがき」において「学恩ふかい先生」として七名の名を挙げ、宮崎については、単に名前を挙げるだけではなく、「研究推進の資にと、先生「パリ留学記念」の貴重なクレス訳・註のアッリアノス独訳本を署名賜与され、先生の御厚意は著者にとって大きな助けとも励みともなった[5]」と特筆している。

西洋史家が宮崎に惹かれた要因のひとつに、宮崎が「都市国家」や「ルネサンス」などの西洋史の概念を用いて東洋史を説明したため、西洋史家にもその叙述がわかりやすかったということがあるだろう。しかし、宮崎が西洋史の概念を用いたのは、単なる利便性からではなく、東洋史と西洋史を共通の基盤で考え、世界史を志向していたからにほかならない[6]。

宮崎は、『アジア史研究　第二』の「はしがき」で次のように語っている。

「歴史は須らく世界史でなければならぬ。事実、私の研究は常に世界史を予想して考察して居り、世界史の体系を離れて孤立して個々の事実を考えたことは一度もない。その意味から言えば、取扱う対象の如何を問わず、世界史研究とでも称したい所である[7]」と。

おそらく、西洋史家が宮崎に惹かれた大きな理由は、宮崎のもつ、このような世界史への志向と、そこから西洋史自体を捉え直す手がかりが得られるかもしれないという期待からであったのだろう。

いずれにしても、永井らが宮崎に接したのは、宮崎が世間的にはまだ目立たなかった四〇年代から五〇年代のことであり、この事実から宮崎の魅力が『科挙』以後に開花したものではないことは明らかである。そうして実際に、われわれが現在、その全業績をふまえて知る「宮崎市定」は、今回のシンポジウムのテーマである一九三〇年代に形成され、一九四〇年にはほぼ完成していたと思われるのである。

二　京大助教授、出征と留学——一九三〇年代の宮崎

宮崎は、一九〇一年、現在の長野県飯山市、当時の長野県下水内郡秋津村に生まれた[8]。父親の市蔵は農家の生まれであったが、学業優秀であったため長野県尋常師範学校を出て、小学校の教員をしていた。宮崎自身は、地元の秋津小学校を経て、飯山中学に進み、新設の松本高等学校に第一期生として一九一九年に入った。在学中は一時、政治家を目指したこともあったが、最終的に京大で東洋史を学ぶことに決めた。当時、東洋史専攻には、内藤湖南（中国史）、桑原隲蔵（東西交渉史）、矢野仁一（中国近代史）、羽田亨（中央アジア史）がいた。また中国文学専攻には、狩野直喜がおり、京大の東洋学の基礎が築かれた黄金時代に当たっていた。宮崎は、東洋学以外の授業にも積極的に顔を出し、ロシア語をニコライ・ネフスキーに習い、西田幾多郎の哲学や河上肇の経済学の講義も聞いたという。

一九二五年に宮崎は「南宋末の宰相賈似道」と題した論文を書いて学部を卒業し、大学院に進んだ。桑原からはアラビアの研究を進められたが、その時はアラビアの重要性を感じられなかったので、南北朝時代を研究題目とすることにした[9]。

宮崎の大学院の時代は短く、二七年には岡山の第六高等学校に赴任が決まり、二九年には、さらに第三高等学校に移った。これらの人事は桑原の配慮によるものであった。

そして、この第三高等学校教授時代の一九三〇年に宮崎は結婚し、翌年、長女が生まれた。京大に講師として出校が始まるのも、この三一年からである。学者として、家庭人として充実し始めていたわけだが、翌三二年一月二八日には第一次上海事変（—三月三日）が起こり、宮崎は二月二四日には召集令状を受けた。

宮崎は、大学院時代に一年志願兵の制度を利用していたので、陸軍少尉の立場での出征であった。宮崎は、輜重兵であり、現地では馬廠長の役割を担った。ただし、幸いなことに、上海に到着した三月一四日には、すでに停戦協定が進みつつあり、戦闘に巻き込まれることなく、五月二八日には、無事、京都に戻ることができた。

三三年に宮崎は、京大文学部の学生を引率して、再び大陸の地を踏んだ。宮崎が中国に行ったのは、第一次上海事変の時を含めて、これが四度目であり、そして、これが最後の機会となった。ちなみに、宮崎は、二四年に学生南支視察団の一員として初めて大陸の地を踏み、清末の政治家康有為と面会し、二九年には三高教授として夏季満鮮視察団を引率している。そして、この時には、石原莞爾に旅順の戦跡を案内された。

三四年一二月、宮崎は三高から京大文学部に助教授として移った。同僚は羽田亨（一八八二—一九五五年）と唐代史の那波利貞（一八九〇—一九七〇年）である。翌年、宮崎は、文部省からフランスでの二年間の在外研究の命を受け、三六年二月二〇日に日本を発った。届け出された研究題目は、「支那南海交通史」であった。宮崎は欧州航路でフランスに向かい、船中で俳人の高浜虚子や小説家の横光利一らと句会を通して交流を持つなど、優雅な時間を過ごしたが、一方で、日本では出港後間もなく、二・二六事件が起こり、香港到着の直前に無電で事件勃発を知らされることになった。

留学先のフランスは、人民戦線の時代であり、隣国のドイツではヒトラーが政権を握っていた。宮崎は、一九三六年のベルリン・オリンピックを観戦し、三七年に再度ドイツに行った時には、ミュンヘンのビアホールで偶然、ヒトラーに邂逅し、握手をするという稀有な経験をしている。

フランスでの滞在先となったパリでは、宮崎は、ポール・ペリオやアンリ・マスペロといった高名な東洋学者の講義をコレージュ・ド・フランスで聞いたが、多くの時間を古本屋めぐりに割き、下宿ではジョルジュ・シムノンの推理小説を読んでいた。宮崎は、パリの東洋語学校に通ってアラビア語も学び、三七年九月七日から一一月二日までの約二か月間は、トルコ、シリア、エジプトといった西アジア諸国を回った。

満二年の留学を終えて、宮崎が帰国の途に就いたのは、一九三八年六月のことである。帰路は、イギリス経由で、アメリカを横断している。

宮崎が帰国する少し前に京大の総長を務めていた濱田耕作（考古学）が亡くなり、同僚であった羽田が一一月に新総長に選出され、東洋史研究室の運営からは離れた。そのため、宮崎に実質的な研究室の運営業務が回ってきた。他方、留学中の三七年七月には日中戦争が始まっており、日本は戦時色を強めていた。宮崎も、三九年一月には東亜研究所から「清の官制及び官吏登用法」の研究委託を受け、若手の助教授として、次第に国策にも巻き込まれていくことになる。宮崎の身辺は、留学の終わりと共に、にわかに慌ただしくなっていったのである。

以上のように出征や留学などが続いた一九三〇年代は、宮崎の生涯において、もっとも波乱にとんだ一時期であったと言えるだろう。

三　宋代史から世界史へ——一九三〇年代の研究

続いて、この一九三〇年代の宮崎の研究に目を転じたい。奇しくも、一九三〇年は、宮崎の最初の学術論文が発表された年でもあった。

それは、「鄂州の役前後」である。この論文は、先に言及した卒業論文の一部に手を加えたもので、一三世紀後半に起こったモンゴル軍の南宋侵攻前後の事情を明らかにしている。そもそも、このようなテーマを卒論に選んだ理由について、宮崎は晩年の『自跋集』において「どうやら私はこの頃から、素朴主義と文明主義の対立という図式を考えていたらしい[10]」としている。宮崎の言う素朴主義と文明主義については、後で説明するが、この論文の味噌は、これも宮崎の言うところでは、モンゴル側の将軍ウリヤンハタイの進軍経路を解明したことにあった。通説では、ウリヤンハタイは、南方の雲南省の辺りから北上して、鄂州に向かったが、静江まで出たところで、そのまま北上せずに、迂回して辰州と沅州を通ったことになっている。しかし、宮崎は「一旦静江府に入り、此より湘水を伝わって坦々たる湖南の平野に出られるものが何を苦しんで当時猶半未開の蛮地なる辰・沅を迂回する必要があろうか[11]」と述べ、軍はあえて不便な道は通らないという常識を出発点に、別ルートを示したのである。

同じ年には、「王安石の吏士合一策」が、翌三一年には「宋代の太学生生活」が発表される。いずれも「鄂州の役前後」に続いて、宋代を扱っている。これらの論文は、宮崎のライフワークともいえる中国の官僚制度史研究の端緒となるものである。

「宋代の太学生生活」は、宮崎の論文の中ではあまり注目されることはないが、官僚の養成機関であった太学の制度が復元されるだけでなく、そこで生きた学生たちの姿まで生き生きと描かれているという意味で、後の『科挙』の原型をここに見ることができる。太学の学生は全員寮に入るが、寮生活について宮崎は、「方言まじりの田舎弁で、各々郷里の奇習風俗を語り合うこともあったであろう。……異なった地方の酒を探して、いろいろに配合してカクテルの新種を発明する左利きも出来てくる[12]」と言い、また学生同士のわるふざけも紹介する。ある時に、あまりによく眠っているやつを驚かせようと、みんながこの者を死人扱いして、香華を供えた。寝ていた学生は目を覚ますと、お供えを見てびっくりして、「さては俺は何時の間にか死んだのか」[13]と言って泣き出し、やがてまた寝てしまったが、この学生は翌朝、本当に死んでいたというのである。このような学生生活への関心は、三〇年に三高のストライキ事件に巻き込まれたことなども、関係していたのであろう。

三三年からは、古代史に関する論文も次々と発表されていく。「古代中国賦税制度」（一九三三年）、「中国城郭の起源異説」（一九三三年）、「遊侠について」（一九三四年）がそれに当たる。宮崎が古代史の研究に手を染めたのは、旧制高校の教員として概説の授業を受け持った際に、こと古代史については、先行の林泰輔や郭沫若、あるいは内藤湖南らの研究では納得いかない点が多く、自ら考えざるを得なかったからである[14]。

一連の論文の中では、古代中国の社会状態が明らかにされた。宮崎は古代中国には古代ギリシア・ローマと同じような城郭を有した都市国家が存在したこと、その住人に貴族と平民の区別があり、貴族は武装自弁の戦士であり、大土地所有者であり、奴隷がその農地を耕作していたこと、一方で、平民は、自作、ないし小作の小農であり、従軍の義務がなく、武器の所有すら禁じられていたこと、しかし次第に軍事的義務を負うようになり、その地位を向上させたことなどを指摘したのである。

宮崎の高弟であった礪波護が指摘するように、古代中国に都市国家の存在を見出したことは、宮崎のもっとも独創的な研究成果のひとつであったが[15]、これを可能にしたのは、やはり宮崎の常識であった。宮崎は、わからないことの多い古代史の研究に際しては、わかっているところから出発するという常識に照らして妥当な方法を取ったのである。わかるところというのは、二つの意味がある。ひとつは、わかる時代から遡るということで、宮崎は漢代を出発点として、その前の時代の状況を解明していった[16]。もう一つは、研究の進んでいる分野の成果を利用するということで、宮崎はギリシア・ローマ史をモデルとして、中国の古代史を考えたのである[17]。

後者の点についてさらに述べると、おそらく宮崎は、中国の古代史を研究していく過程で、授業などで習ったギリシア・ローマの社会とよく似た状態に古代中国があったことに気づいたのであろう。例えば、宮崎は、学生時代に田中秀央のラテン語の講義にも出ていたが、そこでローマ人が氏族名、家名、個人名の三つの名前をもっており、女は氏族の名を称したことを知るが、周代にも同じ現象を見出したのである。また西洋史の教授の坂口昂からは、ギリシア・ローマ時代の都市国家がいかなるものであるのか、を学んでいた。

しかし、時間的にも空間的にも離れた両地域で、なぜ似たような都市国家が見られるのかについては、上手く説明ができずに、悩んでいたようである。この疑問に解決を与えたのは、一九三一年に京大の夏期講座で行われた梵語学者榊亮三郎の講義「上世波斯と古代印度、中世波斯と支那日本」であった。この講義で、榊は、世界の文化の根源は西アジアにあり、西アジアに起こったアケメネス朝ペルシアの影響が西はローマ帝国、東はインドのマウリヤ朝、さらに中国の秦漢帝国にまで及んでいたと説いたのである[18]。ここから宮崎は、「東洋史と西洋史の間には、超えられぬような断層は存在しなかった。両者は裂け目のない大地によって密接に連なっていたのであった。従ってその歴史も、決して全然別々の歴史ではなく、互いに電気を通じながら発展し続けた歴史であったのである[19]」と知り、都市国家もまた、帝国の制度と同様、西アジアに起源を持ち、これが東西に伝わったので、古代中国とギリシア・ローマというかけ離れた世界で同じ都市国家が存在したのだと理解したのである。

宮崎の研究の本領とも言える社会経済史の研究も、この古代史の分野から始まるが、その研究手法は、徹底的に漢文史料を読み解く実証的なものであった。それは、漢字の語義の詮索に始まり、諸種の史料を比較しての語義確定、さらには本文の字句すら正していくというものであった。「古代中国賦税制度」では、まさにこのような研究手法が如何なく発揮されており、宮崎自らもこの論文が最初の「論文らしい研究[20]」であったと評価している。

一連の古代史研究と並行しながら、宮崎は再び宋代史の問題に取り組み、「西夏の興起と青白塩問題」（一九三四年）、そして後に「北宋史概説」としてまとめられる論考を誠文堂新光社の『世界文化史体系』（一九三五年）に寄稿した。

前者の西夏に関する論文では、塩の問題が中国史のキーワードであることが示されており、この考えも宮崎の中国理解を貫く基礎のひとつとなっていく。後者の「北宋史概説」には、宮崎の北宋史理解がすでに完成した形で提示されている。戦後になってから、宮崎は、中国法制史の仁井田陞と宋代の農業労働者である佃戸の社会的地位をめぐって論争をすることになるが、宮崎に言わせれば、この問題については「北宋史概説」において「既に剰すところなく解明しているつもりで」であったのであり、仁井田との論争は「今更ながらと思いながらも、形式的にお付き合いしたことがある」にすぎなかった(21)。

一九三五年には、「晋武帝の戸調式に就いて」が発表されるが、今度の研究対象は、中世史であった。近世の宋代史から自身の研究を始めた宮崎は、古代史に見通しを付けた上で、空白となっていた中世史にも取り組んだのである。この論文も、古代史のものと同様、徹底的な漢文の読みに基づきつつ、魏から唐に至る中国中世の土地制度のあり方を解明したもので、『自跋集』では「私の三国六朝史の理解に根底を与えたもの」と高く評価されている。さらに言えば、宮崎がこの論文によって古代から近世に至るまでの中国史全体の見通しを概ね得、その上で、翌三六年からフランス留学の途に就いたことは注目しておいてよいであろう。

帰国後の宮崎は、「東洋史上に於ける孔子の位置」(一九三八年)、「条支と大秦と西海」(一九三九年)を世に問うた。「東洋史上に於ける孔子の位置」というタイトルは、フランスの宗教史家エルネスト・ルナンの『イエス伝』の第一章のタイトル「世界の歴史におけるイエスの位置」を意識したもので、一見すると留学の成果のようにも見える。しかし、孔子の位置については、すでに「古代中国賦税制度」において「只孔子の偉大なる点はそれが礼師たるに止まらず、学問に対して新しい理想を与えたにある。之は直接関係のない事なので詳細は別の機会に譲ることにする(22)」と書いており、これが「東洋史上に於ける孔子の位置」に見られる孔子理解の核心であるので、論文の核心は留学前に出来上がっていたように思われる。ルナンもすでに留学前から知っていた可能性も十分にあるので(23)、留学との関係は保留する必要がある。

疑いなく留学の重要な成果のひとつであったのは、「条支と大秦と西海」のほうである。[24] 条支と大秦と西海は、言うまでもなく、漢籍に現れる西方の地名であり、当時、この分野において第一人者であった東京帝国大学の白鳥庫吉は、条支はメソポタミア南部、大秦はエジプトのアレクサンドリア、西海はペルシア湾と比定していた。[25] しかし、宮崎は、条支はシリア、大秦はイタリアのローマ、西海は地中海と主張したのである。この地名比定を行うに際しても、宮崎を支えたのは、人は困難な道はわざわざ通らないという常識だった。宮崎の考えでは、中国から中央アジアを経てペルシアに入ったローマ行きの貨物は、西に直進してシリアから地中海を経たはずで、白鳥が主張するように、南に一旦、下ってペルシア湾に入って、さらにアラビア半島を迂回して、紅海からエジプトに入るのは不自然なのである。宮崎の言葉を引用すると、「既に陸路安息へ出たるものであれば、そのまま陸路安息領の北部を通過してシリアに出ず可く、何を苦しんで数十日程を費やして波斯湾頭に出て、更に困難なアラビア周航の道程を択ぼうか[26]」ということになる。宮崎は、この常識に基づく考えを大前提に、西方の地名を次々と比定していったのである。私自身は宮崎の結論には懐疑的であるが[27]、宮崎は、この論文を「生涯の傑作[28]」とし、絶大な自信をもっていた。

留学を経て自信満々の宮崎は、一九三九年五月に史学会で「羨不足論」と題した講演を行った。この講演は、古代から近世までの中国において、贅沢のあり方がどのように変わっていったのかを明らかにしたものであるが、奢侈がこの段階で研究テーマに挙がってきたのは、時局が関係していた。「贅沢は敵だ」との標語が現れるのはまだ先であるが、既に経済統制が始まりつつあったからである。宮崎は、一九三九年に「学者の近世史への関心は、恐らく歴史学の正道であって、若しも之が時局によって齎された現象であるならば、寧ろ遅きを恨むと云って宜しかろう[29]」とも発言しているが、ここで宮崎の言う「近世史」は、文脈から「現代史」と解してよく、現代史への関心は歴史家がもってしかるべきものであった。このような宮崎の姿勢からすれば、研究テーマが現代の情勢から着想されるのは、当然のことであった。

現に、「羨不足論」からは、明らかに時局に関係した発言が見られるようになる。宮崎は、奢侈になると民族が弱体化して奢侈でない民族の圧迫を被るので、奢侈は避けた方がいいが、しかし一方で他民族を支配しようと思うと、奢侈が可能な程度の高い生活レベルがなくてはならないと言い、「今日のような喰うか喰われるかの、激烈な民族競争場裏にあって、常に先頭に立って進まんとすればどうすればよいか」[30]と問いかけている。結論としては、孤立した奢侈は禁物であり、自らの生活程度を不断に向上させつつ、同時に周囲も共に引き上げていく形で、進んで行けばよいと説くのである。この講演は、翌年、「中国における奢侈の変遷」との副題が添えられて、『史学雑誌』に掲載された。

「中国における奢侈の変遷」もまた宮崎の自信作で、自選の論文集『アジア史研究　第一』では、その巻頭に置かれた。桑原武夫は、一九六五年に「現代日本思想体系」の一冊として『歴史の思想』を編み、「明治から昭和初期までに、日本の代表的歴史家によって書かれたもののうち、今日もなお生命を失わぬ、いわば古典作品」[31]として、竹越与三郎、白鳥庫吉、津田左右吉、西田直二郎、内藤湖南、狩野亨吉、原勝郎の論考と共に、宮崎の「中国における奢侈の変遷」も収録した。彼らのうち、当時存命であったのは、宮崎のみであるので、破格の扱いを受けたことになるだろう。

以上のような一九三〇年代の研究の集大成となったのが、一九四〇年四月に刊行された『東洋に於ける素朴主義の民族と文明主義の社会』（冨山房）と一一月に『史林』誌上に発表された「東洋のルネッサンスと西洋のルネッサンス」であった。

『東洋に於ける素朴主義の民族と文明主義の社会』は、そのタイトルの通り、東洋の歴史を素朴主義の民族と文明主義の社会との関係の中で読み解くものである。素朴主義の民族とは、具体的には中国の周辺に住んだモンゴル人や満州人、日本人等のことで、文明主義の社会とは中国のことである。宮崎はこの両者を対照的に捉え、「文明人が思索すれば、素朴人は行動する。前者は理智的、後者は意志的、一は情緒纏綿、他は直截簡明、彼は女性的、此は男性的。更に彼は個人自由主義、此は全体統制主義。凡そあらゆる方面に相反する特徴の対立を見るであろう(32)」と言う。宮崎の考えでは、文明主義の社会は時間の経過とともに腐敗堕落するが、その時には、周辺の素朴な民族が入り込んで、素朴主義を注入する。これによって文明社会は浄化され、再び活力を取り戻す。しかし、その活力もやがては文明社会の害毒に侵されて失われる。すると、またも新たな素朴民族が入り込み、堕落した文明社会に活力を与える、という経過を繰り返してきたのが、東洋の歴史であったと宮崎は見るのである。この著作では、このような一貫した独自の歴史観の下に、古代都市国家論や中世の土地制度史など、宮崎がこの段階までに到達した成果がすべて盛り込まれており、まさに宮崎そのものと言ってよい作品となっている(33)。

『東洋に於ける素朴主義の民族と文明主義の社会』の成立にも時局の影響は明らかである。宮崎自身も、後年、「この私の叙述が、先頃の満州国成立の頃の時局に対して全く無関係であったとは私も言わない(34)」と告白している通りである。実際に例えば「明人が自ら治め得ざりし文明社会は、数万の満州軍なる新要素を注入することによりて、不思議によくおさまった。……文明病を医するには、ただ一の素朴主義の注入あるのみだ(35)」といった発言があるが、当時の日中戦争の中、宮崎が素朴民族とする日本人が中国に進出しつつあった以上、その含意するところは明らかであろう。

「東洋のルネッサンスと西洋のルネッサンス」は、宮崎の世界史の体系が初めて開陳された記念すべき論文である。宮崎は、この論文において、宋代の中国に西洋と同じくルネサンスの現象を認めた上で、東洋のルネサンスが、特に絵画の面で、西洋のルネサンスに影響を与えたと論じるが、前提として、独自の世界史の体系が提示される。宮崎は、世界を西アジア(36)、東アジア、ヨーロッパの三つの歴史的地域に区分し、この三つの歴史的世界が、内実を同じくする古代・中世・近世の道を、先に進んだ地域が遅れた地域に影響を与えながら、進んでいったとするのである。宮崎の言う古代は、ばらばらに住んでいた人類が都市国家を経て大帝国による統一へ向かう時代であり、西アジアではアケメネス朝ペルシア、東アジアでは秦漢帝国、ヨーロッパではローマ帝国がそれぞれの地域の大帝国に当たる。中世は、これらの古代的大帝国が異民族の侵入を受けて崩壊した後の分裂を特徴とする時代で、宗教が力を持った。これもそれぞれ、ゾロアスター教、仏教、キリスト教が該当する。そして、近世は中世的な分裂がルネサンスを経て再び統一へと向かう時代と定義され、宮崎は西アジアのルネサンスを八世紀のアッバース朝のハールーン・アッラシードの時代に認めた。したがって、この道を最初に歩んだのは西アジアで、次いで東アジア、最も遅れをとったのがヨーロッパとなる。しかし、ヨーロッパは、後進であった分、より充実した近世を迎え、いち早く産業革命に到達したことで、最近世において世界を席巻することになったと宮崎は説明したのであった。

四　「宮崎市定」を産み出したもの

これら一九四〇年に世に出た二作品には、「宮崎市定」が結実していると言ってよいだろう。すなわち、ここまで想定してきた「宮崎市定」とは、徹底した漢文の読みに基づく堅実な実証、都市国家論に見られる独創性、世界史への見通し、朴訥な素朴主義への共感などであるが、これらを見て取ることができるからである。では、このような「宮崎市定」を産み出したものは何であったのか、この点を次に考えてみたい。

まず、自他ともに認めるのは、京大の恩師たちの影響であろう。特に重要な影響を与えたのは、内藤湖南、桑原隲蔵、狩野直喜、原勝郎、榊亮三郎の五名だった。内藤からはその時代区分論を、桑原からは実証主義と東西交渉史への関心を、狩野からは一字一句ゆるがせにしない漢文の読み方を受け継いだのである。原勝郎は、『日本中世史』や

『東山時代に於ける一縉紳の生活』の著者としてよく知られるが，しかし本来は西洋史学者であったこともあり，鎌倉時代における新仏教の出現を論じるに際して「宗教改革」のような西洋史の概念を用いることがあった。宮崎もまた，「都市国家」や「ルネサンス」の概念を東洋史に持ち込むことに躊躇しなかったが，これは原から学んだ研究姿勢であった(37)。宮崎は，戦時中に，「生前の遺稿(38)」にする覚悟で『科挙史』を著したが，この書物の最後は原の言葉の長い引用で終わっており(39)，ここからも宮崎の原に対する並々ならぬ敬意を感じ取ることができる。榊亮三郎からも，原と同じく，東洋史・西洋史の枠にとらわれない歴史の見方を学んだ。

宮崎が学生であった大正の末年には，歴史哲学と唯物史観が流行していたが，宮崎は史実よりも理論を優先させるこれらの考えには強い抵抗感をもったようである(40)。しかし，一九三〇年代以後の唯物史観の本格的隆盛が，宮崎が「古代中国賦税制度」に始まる社会経済史の研究に取り組む要因のひとつであったことは疑いない(41)。ちなみに，宮崎は，マルクス主義史家の羽仁五郎，服部之総，渡部義通とは同年の生まれで，羽仁の『転形期の歴史学』（鉄塔書院，一九二九年）は，六高の同僚松本彦次郎に紹介され，「面白いと思って読んだ本(42)」であったので，三高の教え子であった北山茂夫に勧めている。

唯物史観と並んで，文化史も当時，流行していた。宮崎の恩師に限っても，坂口昂『世界に於ける希臘文明の潮流』（一九一七年），西田直二郎の「日本文化史序説」の講演（一九二四年），内藤湖南『日本文化史研究』（一九二六年）が現れていた。文化史という言葉の意味は難しいが，さしあたり広義の文化史と狭義の文化史に区別しておきたい。広義の文化史は，政治，経済から芸術までを一体のものとして捉えて，一つの時代像を描こうとするものである(43)。このような文化史については，宮崎はおそらく違和感をもたなかったであろう。宮崎の師事した内藤湖南も原勝郎も広義の文化史を志向していたし，宮崎の時代区分論も明らかに文化史的であった。

他方で内藤は，同時に狭い意味での文化を研究対象とし，その価値を重視する狭義の文化史の立場にもあった。坂口の著作もまた狭義の文化史だったが、このような狭義の文化史に対しては、素朴主義を標榜する宮崎は、反発していていた。

『東洋に於ける素朴主義の民族と文明主義の社会』で宮崎は「文化史、文明史というものの流行する現時において、余が（文明主義社会を批判し、素朴主義を讃える）上述のごとき言説に対し、或いは辛辣なる批評と疑念をもって迎えらるる読者もあろう。請う歴史をして真実を語らしめよ」(44)とも述べており、また桑原武夫が指摘するように「彼の思想の奥底には、つねに文化主義を否定するものがある」(45)のである。宮崎の文化否定、素朴主義肯定が、ナチスを評価することにつながる側面があったことは否定できない。宮崎は、同書で「余のいわゆる素朴主義の提唱が西洋において先ず、いわゆる持たざる国、立ち後れたる国に始まりたるは、けだし偶然ではない」(46)と述べており、この「持たざる国、立ち遅れたる国」がナチス政権下のドイツを指していることは言うまでもないだろう。(47)このような宮崎の素朴主義的傾向は、その生まれ育ちから説明できる。宮崎は、先に言及したように、長野県下水内郡秋津村の出身であり、一九一九年に松本高等学校に進学するまでは、この農村地帯で時を過ごしており、その後、京都、さらにはパリという文化の中心に出て行った経験を持つからである。

ただし、中央アジア史の間野英二と小谷仲男は、『東洋に於ける素朴主義の民族と文明主義の社会』に見られる歴史観に一四世紀のイスラムの歴史家イブン・ハルドゥーンの影響を見ている。(48)イブン・ハルドゥーンは、その『歴史序説』において、人類を「田舎や砂漠の民」と「都会の民」に大別し、前者はその「連帯意識」が強いために王権・王朝を産み出し、都会を支配するに至るが、都会で奢侈などの悪風にそまって堕落して、基本的に三世代一二〇年で王朝は滅びるという、歴史のサイクルについて論じているからである。確かに、イブン・ハルドゥーンと宮崎の歴史観は似ているところがある。しかし重要な点での相違もある。イブン・ハルドゥーンの歴史観では、都会に入った「田舎や砂漠の民」の王朝は、単にその悪風に染まって滅びるだけで、宮崎が説くように、堕落した都市文明の社会を活性化させるわけではない。また、宮崎は、素朴民族に明らかな共感を寄せ、従来否定的に見られたこの民族を再評価しようとしているが、イブン・ハルドゥーンはどちらの側にも立たず、あくまで歴史の説明原理として田舎と都市を見ているに過ぎないように感じられるからである。宮崎がイブン・ハルドゥーンのE・M・カトルメール校訂のアラビア語テキストとW・M・ドゥ・スラーヌのフランス語訳を所有していたのは確かであるが[49]、イブン・ハルドゥーンについての言及は、あの膨大な宮崎の著作の中で、一言も見られない。

フランスへの留学も宮崎の歴史学に大きな影響を与えた。宮崎が留学先で実感したのは、西アジアの重要性だった。ただし正確には、その重要性を再認識したと言うべきであろう。先に言及したように、宮崎は留学に先立って、榊亮三郎の講演を通して、古代史における西アジアの重要性をすでに知らされていたからである。世界史の体系において、宮崎は、アジアを西アジアと東アジアに分けて考えていた。この区分は一見当たり前のように見えるが、しかし西アジア史を重視するこの区分自体が「余の経験から言えば[50]」と宮崎が言うように、留学の成果であったのである。宋以後を近世とする見方に宮崎が落ち着いたのも、留学中の見聞をふまえてのことであった。宮崎は、「産業革命以前のヨーロッパは、何程も宋代以後の中国と異ならないこと、イスラム世界の驚くべき先進性と其後の停滞性とについて、印象を強めて帰った[51]」としているのである。

フランスでイスラム研究の重要性に気付いた宮崎は、日本での斯学の不振を憂い、一九三九年に『史林』に載せられた史学会編『東西交渉史論』の紹介文では、ペルシア・イスラーム関係の論文がほとんどないことを指摘し、「古代より中世にかけて世界文化の源泉であり、東西交渉の中心であったペルシヤ・イスラム世界の研究は、吾人に対して猶教ふる所のもの多かる可きを信ずる。而して之が真髄は極東学者、極西学者が片手間にやったのでは、到底摑み得ぬものがあろう。その道には必ずや、其道専門の学者を要する。日本全国の帝国大学に未だイスラム学専門の講座が置かれぬ現状は何とかして打開せねばなるまい」と述べ、戦後は、京大の西南アジア史コースの設立に主導的な役割を果たすことになる。

他方、宮崎が留学時のフランスでは、アナール学派が誕生し、宮崎が通ったコレージュ・ド・フランスではリュシアン・フェーブルが教壇に立っていたが、知ることはなかったようである。宮崎は、「あまり上手でないフランス語で、そこらの研究室を訪ねてえらい先生に会うよりも、古本屋を渡り歩いた方がよほど利巧になる[52]」と言っており、留学中、それほど熱心に欧州の学者の講義などに出ていたわけではなかった。この点は、同じく一九三〇年代に欧州に留学した平泉澄がフリードリヒ・マイネッケやベネデット・クローチェなどとの当地の学者との積極的交流を求めたのとは、大きく異なっていた[53]。

歴史学研究会と宮崎の関係についても一瞥しておきたい。歴史学研究会が誕生したのは一九三二年のことで、東洋史では、会長の三島一（一八九七—一九七三年）を初め、志田不動麿（一九〇二—七八年[54]）、鈴木俊（一九〇四—七五年）、旗田巍（一九〇八—九四年）といった宮崎と世代を前後する者たちが中心であったが、宮崎は、会自体と直接的な関わりはほとんどなかった。歴史学研究会の初期のメンバーは、「日本史の反平泉派と東洋史のマルクス主義派が多かったようである[55]」とされているように、会自体が東大内の学問的、あるいは世代間の対立が契機になって生まれてきており、そもそも京大の宮崎とは、地理的な意味も含めて、その関係は遠いものであったからである。一九三七年には、研究会の京都支部ができるが、支部長になったのは地理学の小牧実繁で、この間の事情について語るねずまさしの証言にも、宮崎の名は出てこない[56]。

しかし、遅くとも宮崎が一九四二年に歴史学研究会の会員であったことは、早稲田大学附属図書館の津田左右吉文庫所蔵の会員名簿（四二年一二月五日現在）から知ることができた。このことは筆者には意外だった。なぜなら、宮崎は、戦後の中国史の時代区分論争において、この学会から生まれた「歴研派」の論敵であり、宮崎自身が『歴史学研究』に載せた原稿も鈴木俊、西嶋定生編『中国史の時代区分』への書評（一九五七年）があるのみであったので[57]、おそらく戦前においては会員ですらないだろうと予測していたからである。しかし、当時の歴史学研究会は、現役の帝国大学教授を含む、個人会員八七八名および三二の団体会員を擁し、その名簿には、さすがに平泉澄の名はないものの、狂信的な右翼とされる蓑田胸喜の思想への共感を表明していた加藤繁（東洋史）や戦中の活動のために公職追放を受けることになる矢野仁一や鈴木成高（西洋中世史）らの名もあることからわかるように、左右の政治的立場を問わない、まさに全国規模の歴史家の集まりであったようである。むしろこの段階では、歴史家にして会員でないほうが異常と見るべき状態であった。

宮崎と会自体との関わりは、一会員の域を出るものではなかったとはいえ、歴研から生まれていた新しい研究の潮流は、宮崎に影響を与えていたように思われる。一九三四年の『歴史学研究』には、志田不動麿「最近の支那社会経済史研究」と鈴木俊「支那土地問題に関する最近の著作」といった当時宮崎が精力的に取り組んでいた社会経済史関係の論考が載っており、志田が一九三二年『史学雑誌』に載せた「晋代に於ける土地所有形態と農業問題」などの論文は、宮崎が「晋武帝の戸調式に就て」を書くひとつの契機になっている。志田の研究は、宮崎の注意を常に引いていたようで、一九四三年の『日出づる国と日暮る処』に所収された「倭寇の本質と日本の南進」において、宮崎は、倭寇は海賊ではなく、貿易業者であったと強く主張し、「わが国現代の最も進歩的と称せられる少壮学者までが、倭寇をもって、単なる物取り強盗が目的で中国三界に侵入したもののごとく解して憚らぬのは、そもそもどうしたことか」[58]と憤っているが、この「わが国現代の最も進歩的と称せられる少壮学者」が、『東洋史上の日本』（四海書房、一九四〇年）の著者でもあった志田を指していることは間違いないだろう。

以上のように宮崎の研究は、その生まれや恩師の影響を強く受けており、特に師説を継承発展させた点は、様々な意味で師説への批判者の多かった歴研に集った東洋史家とは、大きく異なっていた。一方で、歴史哲学や唯物史観などの学会の流行の影響は限定的であり、意識的に距離をとっていたように思われる。今谷明は、宮崎が政治との距離も保っていたと考えており、「宮崎が、早くから文化大革命を批判し、ソ連の崩壊も予言し得ていたのは、その透徹した史眼のたしかさというより、彼の一種強靭な、政治との距離のとり方にあるのだろう(59)」と述べる。

五　常識に基づく歴史学

一九三〇年に宋代政治史の研究者として学会に登場した宮崎は、宋代の官僚制度史の研究を経て、古代・中世の社会経済史にも足を踏み入れていったことで、内藤湖南の時代区分論を補強していくことになった。湖南は、中国文化の発展に外の世界からの影響をほとんど認めていなかったが、宮崎は早くから、世界史の中の中国の位置についても、関心を持ち続けていたようで、このことが、留学を最大の契機とした本格的な東西交渉史研究を通して、独自の世界史の体系を確立させることに繋がった。こうして宮崎は、一九四〇年までに、その大局的な歴史像をほぼ確立させていたのである。

一九四一年に『社会経済史学』に掲載された「社会経済史学の発達——中国古代」において、宮崎は金石文研究の不振について言及し、「之は中国の金石文には、西方に於ける彼のベヒスツン刻銘の如く、由来も年代も一点疑う可からざる確実な資料が存在せず、その読解もあまりに晦渋であって、研究の科学性に就いて一抹の疑惑が存在するからではあるまいか(60)」と指摘する。有名な西周抹殺論に繋がる、この宮崎の徹底的な擬古派の姿勢もまた「宮崎市定」を特徴づけるものであるが、雑誌の刊行が四〇年の三月なので、やはり遅くとも四〇年にはその姿勢があったと認められるだろう。宮崎は、歴史像だけではなく、研究姿勢もまたすでに確固たるものとしていたのである。

宮崎の研究手法は、漢文の透徹した読みに基づく、伝統的な史料実証主義にあったが、これも不変であった。この点については、宮崎自身が「専ら客観的に事物を考察しようとし、史料を徹底的に読み抜くことを期する点では、私のやり方は寧ろ桑原博士に近いかもしれない[61]」と言っている通りである。宮崎は、桑原を通して、官学アカデミズムの正統な継承者であり、実証の重要性を主張していた。しかし同時に、実証で事足れりとはせず、実証を超えた歴史学をも目指していた。宮崎の場合は、「考証はある所までいったならば、あとは一段の飛躍が要求される。記録のみに頼らず、記録に書いてない部分をも復元しなければならない。尤もそれは自己の哲学や観念で穴埋めしてはならない。飽くまでも史実の延長として、事柄で事柄を埋めて復元しなければならないであろう[62]」ということになる。実証を超えた歴史学という点では、主義主張は異なるが、羽仁五郎、平泉澄、さらには歴研に集った史家たちとも、通じていたのであり、我が道を行ったかのように見える宮崎も、その時代の中にあったと言えるだろう。

しかし、宮崎の研究を一番根本で支えていたのは、人間がもつ普遍的な常識への信頼であったように思われる。宮崎は「歴史現象には常識による理解を超えたものは先ずない。すべては常識の範囲で押さえきれるばかりなのだが、さてこれを常識史学だと言うと、誰も尊敬してくれぬのが泣き所なのだ[63]」、あるいは、「凡そ人間の造っている大きな社会には、そう飛び離れて特殊なものはある筈がない[64]」と言っている。この考えには、人間というものは東西や時代を超えて、ものの考え方はそれほど大きくは変わらないという信念がある。そして、宮崎は、常識に従って結論を導き出していることを常に公言してはばからなかった。先に紹介した交通路の話などは、その典型である。おそらく、私のような西洋史家を始め、門外漢までもが宮崎に強く惹かれるのは、その世界史的視野に加えて、普遍的な人間の常識を信頼した、それゆえに他分野にも応用可能な歴史の見方があるからであろう。

そして、宮崎は、一九四〇年までに獲得していたその歴史像、研究姿勢、研究方法を戦後も一切変えることなく、むしろいっそうの自信をもって展開していったのであった。

（1）　粕谷一希『内藤湖南への旅』藤原書店、二〇一一年、二一七頁。

(2) 溝上瑛「ノンフィクション・現代の肖像　京都大学名誉教授宮崎市定さん　独歩行愛する「京都学派」長老」『AERA』、一九八九年、五〇—五一頁。
(3) 森毅『ボクの京大物語』福武書店、一九九二年、三九—四〇頁。
(4) 藤縄謙三「宮崎史学の辺境から」『宮崎市定全集』「月報八」岩波書店、一九九二年、一頁。
(5) フラウィウス・アッリアノス『アレクサンドロス東征記およびインド誌』大牟田章訳註、東海大学出版会、一九九六年、一〇頁。
(6) 岡本隆司『世界史序説——アジア史から一望する』筑摩書房、二〇一八年、三一頁。
(7) 宮崎市定「『アジア史研究』第一　はしがき」『宮崎市定全集　二四』岩波書店、一九九四年、四九〇頁。
(8) 宮崎の生涯については、井上文則『天を相手にする——評伝宮崎市定』国書刊行会、二〇一八年。
(9) 宮崎市定『自跋集——東洋史学七十年』岩波書店、一九九六年、四二頁では、大学院の研究題目は宋代史としたと書かれているが、宮崎の記憶違いであろう。井上、前掲『天を相手にする』一〇二頁。
(10) 宮崎、前掲『自跋集』一八二頁。
(11) 宮崎市定「鄂州の役前後」『宮崎市定全集　一一』岩波書店、一九九二年、三三八頁。
(12) 宮崎市定「宋代の太学生生活」『宮崎市定全集　一〇』岩波書店、一九九二年、三三八頁。
(13) 同右、三三八—三三九頁。
(14) 井上、前掲『天を相手にする』一一〇—一一一頁。
(15) 礪波護『敦煌から奈良・京都へ』法蔵館、二〇一六年、二四四—二四五頁、三一五—三一六頁。藤縄もそうみなしていたように、都市国家論は、世間的には貝塚との共同学説のように思われていたようであるが、宮崎は、この点については非常に不満に感じていた。
(16) 宮崎市定「社会経済史学の発達——中国古代」『宮崎市定全集　三』岩波書店、一九九一年、三八一頁によれば、宮崎に「制度の研究は須く後代から遡る可きものである」と教えたのは狩野直喜であったようである。
(17) 宮崎市定「私の中国古代史研究歴」『宮崎市定全集　一七』岩波書店、一九九三年、四〇五頁。
(18) 同右、四二一—四二二頁。
(19) 同右、四二一頁。
(20) 宮崎市定「中国制度史の研究」同右『宮崎市定全集　一七』四二三頁。
(21) 宮崎、前掲『自跋集』一五九頁。仁井田との論争については、岡本隆司『近代日本の中国観——石橋湛山・内藤湖南から

谷川道雄まで』講談社、二〇一八年、一八三―一八四頁。
(22)『宮崎市定全集　三』六四頁。
(23)ルナンのイエス伝は、『ルナン氏耶蘇伝』の題で早く明治時代に綱島梁川による翻訳が出ており、岩波文庫には津田穣訳『イエス伝』として一九四一年に入っている。
(24)宮崎、前掲『自跋集』三四一頁によれば、留学中に行った西アジア旅行の目的として、「漢代における西アジア地方の考証に何か有力なヒントが得られはせぬか、との期待」があったとしている。
(25)この問題に関する白鳥庫吉の一連の論文「大秦国及び拂菻国に就きて」、「条支国考」、「大秦伝より見たる西域の地理」などは、すべて『白鳥庫吉全集　第七巻』岩波書店、一九七一年に収録されている。
(26)宮崎市定「条支と大秦と西海」『宮崎市定全集　二〇』岩波書店、一九九二年、三二七頁。
(27)井上文則「宮崎市定のローマ帝国――『天を相手にする――評伝宮崎市定』補遺」『西洋古代史研究』一八、二〇一八年、四三―五五頁。
(28)宮崎、前掲『自跋集』三四六頁。
(29)宮崎市定「〈紹介〉史学会編『東西交渉試論』」『史林』二四、一九三九年、六三五頁。この書評は全集未収録である。
(30)宮崎市定「中国に於ける奢侈の変遷」『宮崎市定全集　一七』二〇頁。
(31)桑原武夫「歴史の思想序説」『歴史の思想』筑摩書房、一九六五年、七頁。
(32)宮崎市定『東洋に於ける素朴主義の民族と文明主義の社会』『宮崎市定全集　二』、岩波書店、一九九二年、九頁。
(33)本書の評価については、岡本隆司「「素朴主義」という史眼」『究』三月号（通巻第一四四号）、ミネルヴァ書房、二〇二三年、四四―四五頁も参照。
(34)宮崎市定「素朴主義と文明主義再論」『宮崎市定全集　二』三三四頁。
(35)宮崎、前掲『東洋に於ける素朴主義の民族と文明主義の社会』一一四頁。
(36)なお、宮崎は当該論文においては「西アジア」を「ペルシャ・イスラム世界」と呼んでいる。その理由は、「従来の歴史家があまりにこの地方を重視せず、折角新しい名前を製造しても、その内容が不明に思われる虞があるので、此土地には嘗て波斯の大帝国が繁栄して其の文明が広くは東西に、遠くは後世に迄光被したる後、イスラム教が現われて其の衣鉢を伝え、現今もイスラム宗教圏を形造っている事実を想起して貰いたいが為に外ならぬ」（『宮崎市定全集　一九』岩波書店、一九九二年、三頁）からである。
(37)宮崎、前掲『自跋集』三一七―三一八頁。

(38) 宮崎市定『科挙史』『宮崎市定全集 一五』岩波書店、一九九三年、二三六頁。
(39) 同右、二三〇―二三三頁。
(40) 宮崎市定「『アジア史研究』第三 はしがき」『宮崎市定全集 二四』五〇二―五〇三頁。
(41) 宮崎自身は「古代中国賦税制度」について「本編は全く加藤繁博士の研究によって啓発され刺激されて出来たものである」(『宮崎市定全集 三』四一頁)としている。
(42) 宮崎、前掲「北山君と三高ストライキ」『宮崎市定全集 二四』三七一頁。
(43) 平泉澄『中世に於ける社寺と社会との関係』至文堂、一九二六年、二一一〇頁。
(44) 宮崎、前掲『東洋に於ける素朴主義の民族と文明主義の社会』九頁。引用文の( )内は筆者による補い。
(45) 桑原、前掲「歴史の思想序説」三八―三九頁。
(46) 宮崎、前掲『東洋に於ける素朴主義の民族と文明主義の社会』一二九頁。
(47) 宮崎自身がナチスのどの面をもって「素朴主義の提唱」と感じていたのかは、はっきりしない。一九六八年の随筆「フランス人民戦線の頃」では、宮崎は「当時フランスからドイツへ行くと、前者の沈滞した空気と全く相反した復興景気がそこに見られた」としている(『宮崎市定全集 二三』二五三頁)。
(48) 間野英二「宮崎市定」礪波護・藤井讓治編『京大東洋学の百年』京都大学学術出版会、二〇〇二年、二四八頁。小谷仲男『大月氏――中央アジアに謎の民族を尋ねて』東方書店、二〇一〇年(新装版)、一七頁。
(49) 藤本勝次「日本でのイブン=ハルドゥーン」『人類の知的遺産』「月報二八」講談社、一九八〇年、四頁。
(50) 宮崎、前掲「東洋のルネッサンスと西洋のルネッサンス」三頁。
(51) 宮崎、前掲「『アジア史研究』第三 はしがき」五〇五頁。
(52) 宮崎市定『日出づる国と日暮るる処』『宮崎市定全集 二二』八八頁。
(53) 平泉の留学については、若井敏明『平泉澄――み国のために我つくさなむ』ミネルヴァ書房、二〇〇六年、一一〇―一一一頁。なお、若井によれば、平泉は「当時、勃興していたナチスをさほど重要視していない」。
(54) 小嶋茂稔「戦前期東洋史学史のための初歩的ノート――志田不動麿論のための前提」『史海』五四、二〇〇七年、二四―三三頁。
(55) 斎藤孝『昭和史学史ノート――歴史学の発想』小学館、一九八四年、一六九頁。
(56) ねずまさし「三五年前の京都支部」『歴史学研究会四十年のあゆみ』歴史学研究会、一九七二年、二二九―二三五頁。
(57) 『歴史学研究』には、宮崎の著書『東洋に於ける素朴主義の民族と文明主義の社会』と『五代宋初の通貨問題』への書評も載っている。後者の著書への書評は、中村治兵衛によってなされたが、酷評に近い内容になっており、宮崎は半世紀近く経った『自跋集』（一四三—一四四頁）においてもその怒りを隠していない。なお、宮崎は、歴史学研究会を「東京で発行され、全国学会を代表する学術専門誌」と表現している。

(58) 宮崎、前掲『日出づる国と日暮るる処』三五頁。
(59) 今谷明『天皇と戦争と歴史家』洋泉社、二〇一二年、一七六頁。
(60) 宮崎、前掲「社会経済史学の発達——中国古代」三八〇頁。
(61) 宮崎、前掲「『アジア史研究』第一　はしがき」四八九頁。
(62) 宮崎市定『九品官人法の研究』『宮崎市定全集　六』岩波書店、一九九二年、五頁。
(63) 宮崎市定「一字千金　愚」『宮崎市定全集　二四』一九一頁。
(64) 宮崎市定「歴史と塩」『宮崎市定全集　一七』四六頁。

3　一九三〇年代の歴史系学会と史学史ブーム

佐藤雄基

はじめに——学会の史学史を考えるために

史学史ブームであるといわれている。歴史学の内部に目を向ければ、現代歴史学が「自己点検」[1]としての史学史を切望しているともいえよう。しかし、近年の史学史研究の特徴をみていくと、狭い意味での専門的研究者の著作・研究動向だけではなく、人びとの「歴史を書く」営みに関心を向けて、様々な事業史や研究組織やネットワーク、偽史やエンターテーメントを含めた史的イメージを論じている[2]。二〇世紀末の社会史の成果をふまえながら、アーカイブズや史料論、パブリックヒストリーという現代歴史学の潮流の一環として、昨今の史学史ブームを位置づけることができるのである。

こうした動向のもと、歴史学の専門家集団を「歴史する」集団の一つとして相対化する視座も生まれている[3]。本章は、専門家集団としての学会・学術誌やその史学史へのまなざしを歴史的に位置づけることを目的とする。学会・学術誌について科学史の分野での蓄積はあるが、理系ベースの感がある[4]。やはり理系ベースに進んでいる昨今の大学改革を見据えたとき、人文系にみられる学内学会や紀要類を含む学術誌の文化を歴史的に説明していく必要があるように思われる。

戦後歴史学における史学史叙述の定番といえる永原慶二『20世紀日本の歴史学』は、史学会・歴史学研究会・社会経済史学会の設立をそれぞれ取りあげている。[5] 永原はとりわけ「自由な有志の研究会」としての歴史学研究会（歴研）を評価し、歴史学の学術体制の発展として評価した。また、大久保利謙は歴研の成立を「史学の統一」を象徴する出来事として位置づけた。[6] しかしながら、東洋史学史の文脈において重視されてきたのに比べると、[7] 日本史学史としてみたとき、創立時の中心人物だった日本中世史家の秋山謙蔵が、戦時中に国策協力に邁進し、戦後は公職追放に遭ったという事情も重なり、[8] 史学史上の歴研創立の位置づけにはなお課題が残されているように思われる。第一節では、あらためて当時の歴史系諸学会の置かれていた状況を再検討し、第二節、第三節では、創立時の歴研が歴史学の「学界」や史学史をどのように構想していたのかをみていきたい。一九三〇年代は史学史への関心の高まりをみせていた時期であるが、史学史研究を歴史化する「史学史学史」という観点においても、この時期の史学史と学会とを構造的に論じる必要があるのである。

一　学会・学術雑誌の史学史

1　比較史学史の視点から

歴史学の学会や専門雑誌は、一九世紀後半に各国で成立した。現在まで続く専門誌をみると、デンマークの *Historisk Tidsskrift* が最も早く一八三九年の創刊で、ドイツの *Historishe Zeitschrift*（一八五九年創刊）、フランスの *Revue Historique*（一八七六年創刊）、イギリスの *English Historical Review*（一八八六年創刊）、日本の『史学会雑誌』（一八八九年創刊、一八九二年『史学雑誌』に改題）、アメリカの *American Historical Review*（一八九五年創刊）と続いている。デンマークとドイツが早いが、日本の史学会雑誌の創刊も英米の〝歴史評論〟とほぼ同時期である。こうした年表的事実自体はこれまでも注目されてきた。マーガレット・メールが指摘するように、一九世紀後半における近代歴史学の成立は世界的な動向であり、日本におけるそれもまた「進んだ」西洋から導入したものというよりは、同時代的な現象の一環として捉えたほうがよい(9)。そこで、日本の事例を考える前に、まず独仏英米の事例をみていくことにしたい(10)。

ドイツの *Historische Zeitschrift*（歴史学雑誌）は、ランケの弟子であるハインリヒ・フォン・ジーベルによって一八五九年に創刊された(11)。それ以前にも歴史系の雑誌は創刊されていたが、いずれもドイツ国内の政治的対立に巻き込まれて頓挫していた。ジーベルはその反省をふまえ、第一に、理解のあるバイエルン王マクシミリアン二世の寄付を得つつ、コッタ社を出版社とし、財政的な自立を実現し、第二に、国家や特定の政党・政治勢力に依存せず、現実政治に一線を引いた学術的な定期刊行物となることを目指したという。

フランスの *Revue Historique*（歴史評論）は、ドイツ史学の導入者であるガブリエル・モノーが中心となって、普仏戦争後の一八七六年に創刊された。ウルトラモンタニズム（教皇至上主義）やレジティミスト（王党派）の歴史系雑誌 *Revue des questions historiques*（一八六六年創刊、一九三九年終刊）に対抗して、方法的厳密性と政治的中立性をうたった(12)。財政的な見通しは厳しく、出版社探しは難航したが、最初の八年はモノーの親友だったジェルメ＝バイイエール（Germer Baillière）が出版を引き受けてくれた(13)。独仏ともに、国内の政治的対立を背景にして、有能なオーガナイザーが、党派的な中立性を戦略的に主張する一方、国民国家の統一への奉仕を掲げ歴史学界の統一を目指す点で明確な政治性をもっていた。

イギリスの *English Historical Review*（英国歴史評論〔EHR〕）は、ドイツを参考にして歴史学の専門化をはかろうとする研究者グループによって一八八六年に創刊された。独仏に比べると、強力なリーダーシップや政治性が希薄である。イギリスでは一八六八年に王立歴史学会（Royal Historical Society）が設立され、紀要も刊行されていたが、アマチュアリズムの伝統が強かった。その伝統は EHR にも引き継がれ、独仏米に比べたとき、専門家とそれ以外を峻別することがなかった。[14] 出版社探しは難航したが、ロングマン社（Longman）が引き受けたという。経営上のリスクはあったが、ロングマン社は教科書を多く出版しており、雑誌の関係者にその執筆者が多かったことが関係していたと推測されている。[15]

アメリカの *American Historical Review*（AHR）は、英仏の〝歴史評論〟を参考にして、各大学の歴史学者たちが協力して一八九五年に始まった。マクミラン（Macmillan）社を出版社としたが、すぐに財政的に行き詰まり、一八九八年以降は一八八四年に設立されていたアメリカ歴史学会（American Historical Association（AHA））の財政的援助を受けるようになり、一九一六年には経営権を譲渡している。[16] アメリカではドイツ留学経験のある歴史家たちが各大学における歴史研究・教育の体制を整えており、その統一的な基準づくりのために学会が設立された。

以上のように、欧米における学術誌は、出版社を拠点にする場合も多く、学会を拠点としたものではなかった（AHR も AHA の学会誌となったのは創刊二〇年後）。学会もまた大学を拠点にしていない。アメリカの事例は、ヨーロッパの歴史学のモデルを導入して、歴史家の専門家集団の基準をつくっていくという点で日本と比較可能であるかもしれない。しかし、決定的な違いは、一八八九年の日本には大学は帝国大学しかなかったが、同時期のアメリカではすでに複数の大学が存在していたということだろう。日本では、唯一の帝国大学（のちの東京帝国大学）を舞台にして、史学科・国史科という大学組織と、大学に拠点を置く学内学会、そして史学雑誌のような学会誌が三点セットとして結びつき、京都帝国大学に始まる後続の大学もそうした史学会モデルを模倣していく。この点に、日本の歴史系学会のもつ特徴がある。

日本では一八八九年の史学会成立前後、いわゆる文明史論のもとでの歴史ブームを背景として民間の学会・雑誌が生まれていたが、いずれもあまり長続きをしていない。田口卯吉主幹の『史海』は、一八九一年『東京経済雑誌』から歴史専門雑誌として分離独立したものであり、翌年の久米事件の舞台となったが、一八九六年に廃刊した。ほかに歴史系の啓蒙誌として『史学普及雑誌』（一八九二―九五年）、『史学界』（一八九九―一九〇五年）などがあった。これらに対して、日本においても久米事件後、民間史学から専門的な歴史学を峻別する動きが意識的に生まれたのである。

2　学内学会の広がり

帝国大学の史学会の成立事情をみておこう。一般的には、お雇い外国人ルートヴィッヒ・リースの提言によるもので、ドイツの歴史学をモデルにしたといわれている。*Historische Zeitschrift* をモデルにした欧米の学術誌は、論文以上に書評や史料紹介などを充実させており、歴史家のネットワークと書誌的な情報集約の場となっていた[17]。『史学会雑誌』（『史学雑誌』）がそのスタイルを参考にしたのは確かだろう。

その一方で、修史局（後の東京帝国大学史料編纂所）関係者の間でも歴史系の雑誌をつくろうという動きがあり、史学科の学生だった白鳥庫吉・小川銀次郎らも同じ考えをもっていたことから一緒になったという経緯が、小川によって回想されている[18]。つまり、学生の間から自発的に始まった動きのようにもみえる。このニュアンスの違いをどのように考えればよいのだろうか。

「哲学雑誌の哲学会に於けるが如く」として史学会は哲学会を先例としていたという小川の回想が、この問題を考える手掛かりとなる。一八八四年に東京大学哲学科を中心にして設立された哲学会は、一八八七年には『哲学会雑誌』（『史学会雑誌』から『史学雑誌』への改題と同じ一八九二年に『哲学雑誌』に改題）を創刊している。哲学科在学中の井上円了、井上哲次郎、三宅雄二郎らが中心となったもので[19]、お雇い外国人の指導をうけて大学で学んだ第一世代が自分たちの研究発表・議論の場をつくったのである。学生を会員とし、学生や卒業生を委員とする運営スタイルなどをみると、哲学会が史学会に影響を与えた蓋然性はある[20]。日本の学内学会は欧米の「学会」文化とは異なる点が多いが、明治期の大学生たちの同人的文化にそのカルチャーの淵源の一つがあるのではないだろうか。『史学雑誌』も史学会の学士委員（研究室の副手を兼ねた）が編集実務にあたっており、欧米の学術雑誌のように、編集方針や査読権限をもつ編集長や編集委員会（board）が設けられることはなかった[21]。ただし、こうした制度的な特徴は、既成学会内部での若手からの革新運動を可能にする条件を準備することになる（第二節）。

一八九七年に設立された京都帝国大学に史学科が設置されると（一九〇七年）、一九〇八年には史学研究会が創立され、一九一六年には学会誌『史林』が創刊された。帝国大学（東京帝国大学）が一つのモデルとなって、後続の帝大・私立大学でも大学別学内学会・学会誌が成立していく。とりわけ一九一八年の大学令によって大学が増加すると大学別の学会が増加し、慶應義塾大学の『史学』（一九二一年）、神宮皇学館『史学会会報』（一九二二年）、立教大学史学会『史苑』（一九二八年）、龍谷大学史学会『龍谷史壇』（一九二八年）、広島史学研究会『史学研究』（一九二九年）のように学会誌も創刊されるようになった。一九三四年の台北帝大『史学科研究年報』創刊の際、「最近殆んど各大学の史学科がその機関雑誌を有するに至った時、それのなかつた台大より今此挙あるは当然であらう」と評されたように[22]、一九二〇年代末から急増していく。

こうした大学別学会の役割は、主に定期刊行物の刊行や大会・例会の開催である[23]。大会とは別に、機関誌の彙報欄に研究会情報などが掲載されており、日東西やテーマごとに多くの研究会や勉強会が催されていたことがわかる。当時の大学カリキュラムは講義や史料輪読が中心で、現在の演習のような研究発表の場はなかったので、学会・研究会は研究発表の場として、いわばゼミナールの補完的な機能をも果たしていた。学会誌は教員の研究発表とともに、卒業論文などを掲載する媒体ともなったが、史料調査報告や研究会、遠足の記録を載せるなど、研究室の研究・教育活動に関わっていた。日本の大学で紀要が一般化するのは戦後であり[24]、学内学会の定期刊行物が実質的な紀要の機能を担っていた。

こうした学内学会とは別に、各地の中学校・高等学校に赴任した帝大出身者を中心にして、一八九五年の奥羽史学会をはじめとして、地方史学会が一八九〇年代に生まれていた[25]。それらを背景にして一八九九年に日本歴史地理研究会（一九〇六年日本歴史地理学会に改称）が設立され、同年『歴史地理』が創刊され、一九七七年まで続いた。帝国大学関係者が多く参画し、史学会・『史学雑誌』とともにアカデミックな歴史研究を支えており、いわば双子の関係にあった。

ところが、一九三〇年代には、史学会に代表される大学別学会に加えて、専門的な学会・雑誌が増加している[26]。一つは、大学の付置研究所や研究機関である。『満鉄調査月報』（一九三一年）、国民精神文化研究所『国民精神文化』（一九三五年）、北海道帝国大学北方文化研究室『北方文化研究報告』（一九三九年）などであり、国史のみならず東洋史・アジア研究の機関・発表媒体が登場している。もう一つは、郷土史・地域史の学会である。『仙台郷土研究』『備後史談』『高志路』『信濃』のような郷土研究雑誌はこの時期に創刊された。さらにマルクス主義者による『歴史科学』が一九三二年に創刊されるなど、特定の政治的・思想的な立場による歴史系雑誌も登場した。

3　歴史学研究会の創設

多様化・重層化していく歴史学系の諸学会の状況を背景にして、大学別ではない総合学会として一九三二年に歴史学研究会が結成された。日東西の垣根、そして大学の垣根、この二つの垣根をこえて、歴史研究者が集まる場所となったといわれてきた。

ここで注目したいのは、大学内学会のように大学組織を背景にもたない在野の学会が、どのように継続し得たのか、である。学会運営の安定化のためには、財政的な基盤および新たな人材供給の二つが重要である。まず前者についてみていこう。

一つは、〝理解のある〟出版社の存在である。初期の『歴史学研究』を刊行したのは四海《しかい》書房である。この出版社は四海民蔵が一九二六年に開業し、同年には歴史教育の本格的な専門雑誌である歴史教育研究会の『研究評論　歴史教育』(以下『歴史教育』)を定期刊行するなど、歴史教育系を中心に展開していた[27]。第一次世界大戦後、中等教育の拡充の動きが本格化するとともに、国民精神興隆の国家主義的な動きのもと「国史」教育への関心が高まり、様々な歴史教育の雑誌も創刊され、歴史学者と歴史教育の連携が始まっていた[28]。教育史家の福田喜彦が論じているように、その先駆となる『歴史教育』は国民精神の作興や国体観念を明らかにするためという官製的な歴史教育を掲げながら、大正自由教育運動やマルクス主義を含めて新しい歴史教育の様々な潮流を取り込んでいた[29]。

関係者の回想をみると、軌道に乗るまでの歴研を支えた四海書房の存在は大きい。社長である四海民蔵の好意によるものとされるが、歴史教育・歴史書の出版ブームを背景にして、『歴史学研究』を支えるだけの余力が四海書房にあったことは見過ごせない。四海書房の編集者山本三郎は歴研に参加して近代史研究を始めた人物で、初期歴研を出版社側から支えたが、『歴史教育』創刊にあたって平泉澄の推薦によって秋山謙蔵に出会い、秋山は山本に様々な執筆者を紹介していたという[30]。秋山や歴研初代会長となる三島一は『歴史教育』とも関係が深く、歴史教育と歴研は人脈的に重なっていた。

秋山謙蔵は一九二八年に東京帝大国史学科を卒業した後は学士委員として史学会編『明治維新史研究』(冨山房)を刊行し、その印税を利用して志田不動麿とともに史学会四〇周年記念事業『史学雑誌総索引』刊行を実現するほか、一九二九年の史学会の財団法人化に尽力した[31]。『歴史学研究』創刊には財政的目途が立たないという理由で反対していたが、創刊後は財務で手腕を発揮し、『歴史学研究』という雑誌の命名者も秋山だったらしい[32]。中世史家としては中世対外交流史研究(『日支交渉史研究』)の先駆者だったが、資金集めに長け、組織のオーガナイザーとして卓越した才能をもっていた。

歴史学研究会は、「歴史の科学研究」とともに「大衆的な学会」となって「歴史研究の成果を大衆に浸透せしめ」

ることを目的として掲げていた[33]。ここでのキーワードは、「科学的」とともに「大衆」である。「歴史の知識は、一部の人々に独占せらるべきでなく、これを普く社会の全分野に浸透せしめられなければならない。そして歪められざる「歴史」は現実の認識の上にこそ成立してこそ、将来への推進力とならう」という初代会長三島一による「『歴史学研究』生誕のことば」にみられるように「科学的」な研究成果を「大衆」に伝えることが使命だった。出版社の事情を考えれば、「大衆」に伝えることは単なる理念にとどまらず、経営的な面からも必須だったことがわかる[34]。

少し長い時間軸でみると、明治後期の近代歴史学の成立期には、道徳と一体化した「応用史学」の領域を切断することによって、帝国大学における「純粋史学」すなわちアカデミズム史学の領域が創出された[35]。それに対して、昭和初期のこの時期、国史教育の高まりに応じて、「純正史学」と「応用史学」の連携が再び模索されていたということもできよう[36]。とりわけ歴史教育の必要上、近代史までを含めた通史の需要が生まれていた。現在まで続く岩波講座日本歴史の第一次は一九三三―三五年の刊行であるし、歴史学研究会最初の事業は『世界歴史大系』（平凡社、一九三四―三六年）全二七冊で、うち三冊は日本史である。これらは「今日の世情」を背景とした一般の人びとの歴史ブームと「国史教育」の需要に支えられていた[37]。

しかしながら、学術雑誌の刊行には財政的な困難さがつきまとっていた。『歴史学研究』は結果的に四海書房に多額の赤字をもたらし、一九三九年には螢雪書院、一九四一年には岩波書店と発行所を転々とすることになる。ちなみに一九三六年末で会員数は五〇〇名強、三九年七月に六〇〇名強で、会費は年六円だったが[38]、六年間で四海書房に累積した赤字は数万であったと回想されている。ちなみに一九二九年に財団法人となった史学会は、会員約一五〇〇名（会費年五円）、約二万円の基金をもち、年間収入約七五〇〇円だった。四海書房時代の歴研の財政規模は史学会の半分程度だった。ただし一九四二年一二月時点での会員名簿には個人会員八七六名、団体会員三二が記載されている[39]。歴研は「暗い時代」として回顧されがちな戦時中に会員数を急激に増やし、「最盛期」（遠山茂樹）を迎えていた[40]。

歴研の会員増加の問題は、学会の継続性を担保するもう一つのポイント、つまり人材供給と世代交代にも関わる。初期の歴史学研究会は、東京帝大出身者が中心となり、卒業生を会員として誘うことが多く、実際に掲載論文も卒業論文が多かったが、徐々に様々な大学から参加者が入るようになったという。一九三八年の唯研弾圧事件後、歴研会員が急増したという証言がある[41]。歴研会長の三島一が唯物論研究会の創立時の幹事であるなど[42]、唯研は歴研とは人的関係があり、歴研自体も危機を感じる状況にあったが、同時にこれにかわる結集核になり得た。もう一つは、創立一〇周年の総会には平泉以外の東京帝大の教授たちが勢ぞろいしていたという挿話にみられるように、東京帝国大学内部の反平泉の人たちも加わり、平泉派の掌握した史学会にかわるもう一つのアカデミズムという雰囲気が生まれていたことである[43]。日本史・東洋史・西洋史をはじめとする部会も成立しており、専門的な研究発表や議論の場を用意していた[44]。このこともまた、大学の枠を超えた学術の場として若手研究者を集めていた[45]。こうした部会で研究活動を継続していた人たちが運営にも加わることで、世代交代も自然なかたちで実現できていた。

さて、歴研の成立によって、史学会をモデルにする大学別の学内学会の側に変化はあったのだろうか。拙編著『史学科の比較史』でも各大学の様子をとりあげたが、各大学の学内学会は学生・卒業生による結合の場となり、卒業生を会員として学科ごとの同窓会的な機能を果たすなど、その存在感はむしろ強まっていた。たとえば立教大学の史学科は、一九二五年に専任教員一人の状態で始まったが、学生が中心となって『史苑』が刊行された。さらに、立教大学史学会とは別に「史学同好会」が生まれ、雑誌が刊行されるなど、学生同士のサークル的結合が強かった[46]。その一方で、歴研に参加する学生・研究者は確認されない。一九四三年に立教大学は文学部を閉鎖するが、戦後になってから史学科復興運動の中心となったのは、『史苑』運営の中心を担った卒業生たちだった。

日本の歴史学の学界のもつ学内学会—専門学会—総合学会という重層的構造が、一九三〇年代にはできていた。それに加えて、日本の歴史学は文学部史学科だけで研究・教育される訳ではないという事情も重なった。法学部の法制史に関しては、法制史学会の設立は戦後になるが、社会経済史学会は歴史学研究会に先立って設立されていた。重層性と多線性に彩られた歴史学界の緩やかなまとまりは、一九三〇年代に姿をみせ、戦後まで続くことになる。

二　創立期の歴史学研究会と「学界」

1　「学界」の発見

日本の歴史学界を歴史学研究会はどのように捉えたのだろうか。

まず史学会との関係をみておきたい。創立メンバーの松田寿男、秋山謙蔵、三島一、志田不動麿は、いずれも史学会の実務を担った学生委員あるいは卒業生が就く学士委員だった（秋山以外は東洋史出身）。秋山が委員を退任した一九三〇年四月に、現任・前任の委員たちの間で「新興史学会」[47]（?）の動きが始まったというタイミングも象徴的である。一九三二年二月に庚午会が結成され、翌三二年一二月に歴史学研究会に発展し、その翌三三年一一月には『歴史学研究』が創刊された。

初期には東洋史の卒業生が多かった。三島一によれば、日本史・西洋史に比べて、近代歴史学としての東洋史は出遅れており、新しい学問であるとともに、教員の保守性と学生の不満などもあって、日東西の枠を超えて歴史学として交流しようという機運が高まっていたという[48]。東京帝国大学では東洋史の学科が設立されるのは一九〇四年（支那史学科、一九一一年に東洋史学科に改称）だった。西洋史と対になる東洋史という概念も、学問分野ではなく中等教育における科目名称として登場したものである[49]。新しい「歴史学」の震源地が東洋史となる必然性はあったといえよう。

創立当初西洋史出身者はいなかったが、一九三三年卒業の中屋健一が入会してから会員も増えた。東京帝大西洋史の主流だったランケ流の「ドイツ史学」への反発もあったという[50]。遠藤元男（一九三二年卒業）の学年以降は国史出身者も増えたという。東京帝大の国史学科・史学科は、一九二四年に学生定員が倍増して以降、卒業生が倍以上に増えていた[51]。急増した学生・卒業生（若手研究者）がどのようにまとまっていくのか、模索が続いていた。一九二八年に入学した旗田巍の回想によれば、この頃から学生同士の自主的な勉強会や草野球大会が新しくつくられていたという[52]。黒板勝美や平泉澄が門弟を組織する動きをとり、平泉シンパとして知られる朱光会のような学生団体も生まれていたことはよく知られているが、集まる場を欲していた学生の側の需要があったことも無視できない。

「明治の史学」と「昭和の歴史学」を対比した一九三四年の論文において、昭和になって「所謂歴史家の数が非常に増加した」と秋山謙蔵は言祝いでいる[53]。初期歴研を語るキーワードである「大衆化」とは、歴史学の受容者側だけではなく、担い手自身にもいえることだった。一九二〇年代における大衆の発見が社会の発見と符合するという有馬学の指摘に倣うのであれば[54]、「歴史家の数が増えた」ことの発見が「学界の発見」と符合し、「学界」統合の担い手としての歴研を自己正当化したのではないだろうか。

初期の『歴史学研究』には「雑誌批判」の項目がある。一貫して辛口の批判が並んでいる。「学校背景の雑誌」「封建的な事情によって、最近無暗に続出した各大学関係の同じ性質の雑誌」への批判が書かれるとともに（六号、四四頁）、学会が乱立することへの危惧を表明して「各雑誌の整理統制が必要」だと説かれている（四号、三一一頁）。このうち前者については、教員のもとで学生委員たちが実際に労働するという史学会に代表される学内学会の「封建的」雰囲気への反発があった。

後者の「整理統制」に関しては、鈴木俊「「東洋史研究」の発刊を祝す」（六巻一号）が興味深い内容をもつ。すなわち、「現在歴史研究の雑誌はすこぶる多い」が社会から「全く遊離して過去のものとなって」おり、東洋史以外にも国史西洋史考古学科があるのに、どうして「大きな歴史学の立場から会を組織し雑誌を発刊しなかったのであらうか」と述べている。同じ号に掲載された「「歴史学研究」の回顧と展望」では、研究テーマの「自由主義」は「全体主義」に無抵抗であると危機感を表明している。社会から「遊離」せず、大衆に科学的知識を提供するとともに「全体主義」に抵抗するためにこそ、「大きな歴史学の立場」のもとでの学界の統合が重要だと初期歴研の担い手たちは考えていた[55]。

新たに生まれた諸学会への寸評と「学界」の統一という問題意識は一九三〇年、秋山謙蔵が史学会の委員の折に『史学雑誌』の彙報「内国史界」欄に寄せた文章にすでにみえている[56]。

> これらの前二者（［引用者注］『史淵』『国史学』）が『学校』を背景とする単なる分立を示すのみであるに対して、後者（［引用者注］京都帝大の経済史研究会『経済史研究』）が兎に角一つの史観を中心にすることは、前二者の明治時代的であるに対して、確かに大正時代的ではあらう。然し、我々は、今日に於て学界のなすべきことは、かかることの外に、もつともつと大切な仕事があるのではあるまいかと感ぜざるを得ない。

こうしたメンタリティが初期の歴研に流れ込んでいく。初期の『歴史学研究』には、「雑誌批判」という欄が設けられ、第六号までで一五の雑誌が取り上げられたほか、「各大学史学科の動き」（第五号・第六号）という欄もみえる。実は一九三三年一一月の『歴史学研究』発刊に先立って、同年一月の『史学雑誌』「編集後記」は「本号から可成り毎月彙報欄」で「従来よりもガッチリした報告をする」ことを宣言していた[57]。彙報欄の「内国史界」では、新しい学会や雑誌の紹介記事が詳しくなるほか、「海外に於ける史学界の趨勢を知る事は極めて必要」という認識に基づいて「海外史界」が拡充されていた。初期歴研の「雑誌批判」も、こうした『史学雑誌』の新たな動きとの関連で位置づける必要がある。

帝国大学の成立事情にかかわって、国史と史学は別の学科として設置されていた。日東西の統合は、史学会においても黒板勝美が目指したが、実現しなかった[58]。その理想を史学会の若手が歴研という場で追求したという側面があったのである。後には反平泉という色彩が強まるが、成立当時は「新興史学会」という仮のネーミングにもみられるように、実際には史学会の中の「革新的」な若手が中心を担ったとみるべきである[59]。それとともに、他の学会とりわけ史学雑誌への強烈な批判も史学会では実現しなかった理想の裏返しだったのかもしれない。学内学会における教員と学生委員・学士委員の関係は、初期の『歴史学研究』が盛んに批判するように確かに「封建的」な部分もあった。その反面、委員となる新たな人材を再生産し、学界の世代交代を促す効用もあったのである。

史学会との関係とともに、四海書房との関係に再び注目したい。四海書房の刊行した『歴史教育』は、新たな歴史学の動向をいち早く取り上げる傾向があった[60]。言い換えれば、歴史教育の実践の側からの要望によって、従来の歴史研究では手薄であったが、社会的な関心の高いような新たなテーマが取り上げられていた。また、歴史教育の側からは、歴史学の研究の全体像を知りたいという要望があった。東京高等師範学校の木代修一は『歴史教育』に「昭和五年史学会一瞥」という原稿を寄せ、研究の細分化と全体像の不透明化を憂い、「目録および抄録を主とすべき「雑誌の雑誌」」や「学界の高き立場」より「合理的に統制」することの必要を説いているが、こうした「学界」「統制」への要望は、史学会委員時代の秋山らの構想と唱和するものだった[61]。

2 「学界」の可視化

歴史学界の全体像を可視化する試みが、一九三五年に『歴史学研究』五巻一号として刊行された「歴史学年報」だった。その先駆的な試みが、史学会と『歴史教育』にみえており、この三者をつなぐキーパーソンが秋山謙蔵だった[62]。順を追ってみていこう。

学界動向の先駆けは『史学雑誌』彙報欄であり、ここに日本の史学界の情報が集約される構造があったが[63]、単なる目録にとどまらず、動向とその批評をまとめる試みは『昭和四年の国史学界』に始まる。これは筑波研究部の事業として一九二九年に始まり、その年に刊行された著書・論文などの目録に加えて、分野ごとに項目を分け、レビューを載せている。一般史、史学理論、皇室、政治、社会、法制、経済、宗教及思想、教育、文学、芸術、民俗、言語、歴史地理及史蹟、外国関係、伝記という一六項目から成る。これは日本史に限定されてはいたが、現在『史学雑誌』が毎年刊行している「回顧と展望」の原型である(64)。

筑波藤麿（山階宮藤麿王）は一九二七年に東京帝大国史学科を卒業した後、指導教官の黒板勝美の提案によって、代々木の邸内に筑波研究部を設置した。その筑波研究部の事業として黒板が提案したのが『昭和四年の国史学界』であり、昭和一八年の分まで毎年刊行された。一九二七年、二八年に第二次洋行を実施した黒板は、日本の歴史学が欧米で知られていないことをみて、日本の研究動向を毎年外国に知らせる必要があると考えたという(65)。

この事業を担ったのが「代々木会」という同人である。秋山謙蔵、浅野長武、大久保利謙、梅田俊一、喜田新六、坂本太郎、田山信郎、筑波藤麿、羽仁五郎、原田亨一、松本信廣、丸山二郎ら黒板勝美の門弟を中心とした集まりである（『昭和四年』）。松本は慶應義塾大学出身で、のちには末松保和も加わった。この代々木会が歴研と史学会の「回顧と展望」のルーツになる。

彼らのうち、秋山謙蔵が四海書房編集者の山本三郎と二人三脚で実現した企画が、歴史教育研究会編『明治以後に於ける歴史学の発達』（一九三二年）である(66)。国史だけではなく東洋史・西洋史や考古学も加わった。日本の歴史学の全体像を可視化するものであるとともに、日本の近代史学史の基礎データベースとなっている点に注目したい。こうした企画が、歴史教育と歴史学の接する場で生まれ、広く読まれていたのである。

一九三五年には、『歴史学研究』別冊『歴史学年報　昭和十年版』を刊行し、一九四三年まで継続している(67)。筑波研究部の『昭和四年の国史学界』は、一年ごとの国史の研究をまとめたもので、「国史学界」というのに「やっぱり「歴研」の僕たちとしてはこつんとくるものです」として高橋磌一は対抗意識があったことを回顧している(68)。「歴史学年報」は代々木会を意識しながらも、日東西にまたがるもので、一九三二年の『明治以後に於ける歴史学の発達』以降の多様化する歴史研究の全容を把握するものだった。『歴研』六巻一一号（一九三六年一一月）から「回顧と展望」の欄が設けられ、清水博「アメリカ史学史五十年」が掲載されるなど、単なる研究動向にとどまらない史学史的展望が用意されるとともに、昭和一五年版の「歴史学年報」には「回顧と展望」の副題が付けられている。

筑波研究部の事業は『昭和十八年の国史学界』（一九四五年）まで続くが、『昭和十二年の国史学界』（一九三八年）からは文献目録のみとなり、坂本太郎を中心としながら規模を縮小させていく。一九三六年に黒板が倒れたことや「代々木会」の同人の多忙化など様々な要因が考えられるが、一九三五年から「歴史学年報」が始まり、『国史学界』の意義は薄れていた。一方、『史学雑誌』は一九三七年から「昭和十一年度我が西洋史学界の状況」（四八編六号）のように西洋史に特化した年度ごとの研究動向論文の掲載を開始していた。

「歴史学学報」は『歴史学研究』一二一号（一九四四年五・六月）を最後に停刊となり、戦後再刊された後はこの事業が引き継がれることはなかった。『史学雑誌』の「我が西洋史学界の状況」も一九四四年で終わっていたが、坂本太郎を中心にして再建された史学会の事業として一九四九年に『史学雑誌』五八編一号「学会動向」欄に「一九四八年の歴史学界」が掲載され、翌年には「回顧と展望」という独自の欄が設けられ（五九編一号）、現在まで続いていく。『史学雑誌』が『歴史学研究』の「回顧と展望」のお株を奪ったようにみえるが、ともに代々木会にルーツをもつ事業であり、いわば双子の関係だった。

「史学の統一」（大久保利謙）は実現困難な夢だったが、その志向が目録や「回顧と展望」そして史学史へのまなざしを生み出しているのである。節をあらためて、歴研を中心にして、この時期の史学史研究の状況と諸学会の動向をみていくことにしたい。

三　史学史の諸構想

1　文化史的史学史

「現代ほど歴史に関する一般的な関心が昂揚された時代はない」と西洋近代史家の中山治一が一九三六年に述べていたように[69]、一九三〇年代は「歴史とは何か」が盛んに問われた時代だった。そして、日本において初めて本格的な史学史ブームが到来した時代でもあった。「史学史」を題した著書、歴史家の歴史思想を取りあげた論文が増加するのである。中山はその背景として、「歴史の世紀」といわれる一九世紀史学の実証的・文献学的な研究への反省とともに、「われわれが歴史的な存在であることを意識せしめる」現代社会の変化を挙げている。

「史学史」と題した日本史の論文の先蹤は、一九二八年に発表された京都帝大の三浦周行「日本史学史概説」である[70]。近世の史学史に高い評価を与えるとともに、明治維新後の歴史学の歩みを整理し、明治史学として文明史、修史事業を位置づけ、近世以来の考証史学が近代歴史学に及ぼした影響を再発見する。三浦の筆は昭和初期に及び、考証史学、文化史学、唯物史観という三派鼎立の「混戦状態」だという現状認識を示している[71]。

三浦周行は中世を中心とした法制史家だが、大正期には日本法制史の通史を書き始めていた。古代および明治が「外国法模倣時代」であるのに対して、中世や現代（大正時代）は模倣を脱した段階であり、日本固有のありかたを模索して、現実の問題に対処しようという構えがあった[72]。「日本史学史概説」では三浦はそうした問題意識を前面には出していないが、日本固有の史学史の文脈を明らかにしようという三浦の試みの背景には、明治期とは異なる昭和期の歴史学の新しいかたちを考えようという問題意識があるのだろう。

昭和初期の史学史研究は、この「混戦状態」の中から登場した。第一には、考証・実証史学の立場から清原貞雄

『日本史学史』[73]（一九二八年）である。史籍解題が中心であると批判されることはあるが、古代の六国史から近世の諸著作に至るまでの様々な歴史叙述の類型化やテクスト・書誌情報の確定作業は、その後の史学史研究の基準となっていく。史学史と題した書籍のはしりでもあるが、史学史とは題されなかったものの黒板勝美『国史の研究』[74]（一九〇八年）は「日本歴史編纂著述の概観」を立項しており、前近代を対象とした史籍解題は近藤瓶城『史籍集覧總目解題』[75]（一八八五年）など漢学者の考証学に遡った。

第二には、マルクス主義の立場から伊豆公夫『日本史学史』[76]（一九三六年）が刊行された。「文献学的考証」を批判し、歴史叙述のもつ「階級的立場」「社会的基礎」の解明を企図したものであり、近代から古代に遡る倒叙法という実験的な試みをしている。また、ブルジョワ史学に対する「歴史学批判」としての史学史の立場を明確にしている。

第三には、文化史的な立場であるが、これに含まれ得るものは多い[77]。三浦自身の史学史も広義にはそれである。日東西にまたがる企画としては、西洋史学（千代田謙）・日本史学（松本彦次郎）・支那史学（松井等）の協力による『史学名著解題』（共立社書店、一九三一年）が早い事例である。その執筆者の一人である千代田謙は、広島文理科大学で西洋史を担当していたが、日本における史学史家の先駆者であり、一九三二年には『西洋史講座』（雄山閣）に「近世史学史」を執筆し、一九三五年には『西洋近世史学史序説』（三省堂）を上梓した。千代田の著作は、「専門的に歴史することの理論」である史学の「精神生活」を明らかにするため、代表的な歴史家の歴史叙述から「史的思想」を読みとり、「人間生の一面としての歴史の歴史」を目指していた。

坂口昂の遺著『独逸史学史』（岩波書店、一九三二年）は文化史的な立場から代表的な歴史家たちを論じたものである。坂口は帝国大学でリースに学び、京都帝国大学で西洋史学講座の創設にあたった西洋史家であり、京都帝大では三浦や西田直二郎と同僚だった。西田直二郎『日本文化史序説』（改造社、一九三二年）の「日本における文化史研究の発展」は歴史叙述を論じている。悉皆的な文献目録・解題を目指す考証史学の史学史に対して、坂口や西田の文化史的史学史は、代表的な歴史家の個性に注目するものである。

文化史的な潮流のもと、西洋史学史に対する関心や著作が相次いでいることに注目したい。京都の文化史はドイツ西南学派の影響を受けており、同時代のヨーロッパにおける史学理論や史学史（ランケ史学への批判理論）などが入っていたことを考えると、国際的な史学史の一環をなす動きでもあった。著作のほかにも、九州帝大で西洋史を担当していた長寿吉の「佛蘭西史學史に於ける中世研究の意義」（『史林』二三巻二号、一九三八年）のように「史学史」を題した個別論文も増えていた。九州帝大で長の同僚で、法制史を担当していた武藤智雄「イタリヤに於ける歴史記述の契機と展望」（『史淵』二四号、一九四〇年）は、現代イタリア人の「歴史生活」への態度を論じたものである。ヨーロッパ各国の近代歴史学を近代史の中で位置づけようとする動きが始まっており、この時期の日本史学史の再検討もまたそうした国際的な動向の中で始まっていた。

2　歴研における史学史

史学史をめぐる国際的な動向に対して、初期の歴史学研究会は「統合」する主体として史学史に向き合い、共同研究と一国史への志向が強かった。『歴史学研究』三巻四号（一九三五年二月号）は、初めての史学史の研究動向論文である吉田三郎「日本史学史研究の動向」を掲載している。吉田は考証的・文献学的な史学史研究をふまえて、西田直二郎・津田左右吉・松本彦次郎のような文化史的な史学史が登場したと論じ、さらに「最近の顕著なる史学史研究の動向」として「近時の各方面の歴史的研究を共同研究によって精査し、今後研究すべき問題が那辺にあるか、従来の研究が如何なる点に迄到達してゐるか」を提示するものが増えているとし、『明治以後に於ける歴史学の発達』とともに、同年末に歴史学研究会から刊行予定の「年報」を紹介している（五二頁）。前章で紹介した「回顧と展望」の試みが史学史と重なるものであると認識されていたことがわかる。

一九三五年一一月に刊行された『歴史学研究』別冊『歴史学年報　昭和十年版』では、会長の三島一によって近代史学史像の見方が示されている。三島は三つの潮流があると述べる。すなわち、①「西欧の科学」によるアカデミックな史学、②「現実的立場」に立ち、歴史の「法則性の把握」の上に「将来」への指針を求める史学、③「史料史実」も「法則」も無視し史学を「精神・信仰・信念」に従属する史学、である。このうち①②が連携して③に対抗しようと呼びかけている。③は日本精神を掲げる平泉澄らを念頭においたものであろうか。三島が明治史学以来の史学史を総括し、自分の立ち位置を示していることが注目されるとともに、昭和初期における史学史研究の興隆が新しい歴史学の学会の創設をともなう歴史学の潮流と結びついていたことがわかる。

この一九三五年時点での三島の語りは、皇国史観が日本の敗戦とともに失墜し、アカデミズム史学とマルクス主義が手を取り合って歴史学を再建していくという戦後歴史学の史学史認識につながるものであるように思われる。しかし、実際の「三派鼎立」の関係は複雑だった[78]。一九三〇年代から四〇年代の『史学雑誌』『史林』などには、史籍・歴史叙述をテーマとした論考が並んでいる。大正時代の文化史の流れをふまえて、歴史を生きる主体や歴史家の意識、そのテクストへの関心が高まりをみていた。とりわけ平泉澄の門下を中心に史学史が流行していたが、その論考は典籍を対象として実証的なものだった。

誤解を恐れずいえば、三島のいう①③が手を取って、②の立場が孤立する路線もあった。また、②のなかにも③に接近する動きがあった。吉田三郎は京大の文化史の流れを汲み、国民精神文化研究所に勤め、戦時期には「皇国史観」を説いたが[79]、秋山謙蔵や山本三郎をはじめとして、初期の歴研を支えた人びとの一定数が三島のいう③に収斂していく。

一九三九年には、史学会の五〇周年事業として史学会編『本邦史学史論叢』上下巻が刊行されたが、これは三島のいう①③が手を取り合った史学史の一大事業と評することができる。しかし、史籍解題から編纂事業までを包摂し、現在においてもなお史学史の基礎研究としての価値を失っていない。一九四〇年には皇紀二千六百年にかかわって、歴史学の出版企画が多かったが[80]、とりわけ国史中心の史学史にかかわる企画が続出した点は注目に値する[81]。

歴研の史学史のキーパーソンは、やはり秋山謙蔵である。『歴史学研究』六号（一九三四年）に発表された秋山の「明治の史学と昭和の歴史学」は、新たな「昭和の歴史学」のマニュフェストともいうべき論考であるが、西洋模倣の明治の史学との決別、大学の増加によって歴史家の数が増えたという史学史・「学界」の認識に基づく。秋山は戦時期には歴研から離れていくが、戦中における秋山の著作の多くは、明治期の模倣より昭和の独自（「日本精神」）という史学史認識に基づくものである[82]。外国模倣の明治から日本独自の現代へ、という像は、斬新なものではなかったが、それだけに時代を代表する言説の史学史版だったといえよう。

秋山とは大学の同期で、代々木会の同人だった大久保利謙もまた、戦時期に独自の史学史研究を構想していた[83]。一九四〇年に刊行された『日本近代史学史』（白揚社）は史学史の通史であるが、江戸期以来の修史と西洋学問の融合、国学・漢学・洋学の諸系譜から成る明治史学史像を示している。明治史学についても単純な西洋模倣とはみなさず、複雑で複線的な史学史を捉えるという点で、秋山らの史学史像とは異なる像であった。

戦時期の歴研も新たな展開をみせる。『歴史学研究』一九四二年一二月号（一〇五号）は、歴研一〇周年記念として特集「近代歴史学」を組んでいた。三島一の序につづいて次の八論文が並ぶ。

大久保利謙「明治史学成立の過程」
中村吉治「明治史学の大成期」
野原四郎「一人の近代支那史家」
神谷正男「梁啓超の歴史学」
出口勇蔵「フランス啓蒙時代後期の歴史観」

村岡晳「ランケとフリードリヒ・ウィルヘルム4世」
前川貞次郎「ギゾーとランケ」
上原専禄「歴史的経済学派の古代経済史研究」

ほぼ全員三十代（大久保が四二歳、上原が四三歳）である。京都帝大西洋史の前川、京都帝大経済学部の出口、東北帝大出身の村岡、東京商科大学（一橋大学）の上原専禄など、東京帝大以外のアカデミズムの若手歴史家がそろっている。中村や野原は歴史学研究会を中心に活動していた歴史家で、神谷正男は現代中国思想家で、郭湛波『現代支那思想史』（生活社、一九四〇年）の訳書を出していた。

日本は大久保利謙・中村吉治（内田銀蔵論）の二本であり、日本史以上の比重で、外国の史学理論への歴研の関心を示す東洋史・西洋史の史学史の論文を掲載している。上原論文と神谷論文は同時代のドイツ・中国の史学を対象としている。日本の近代歴史学、その史学史を国史で完結させず、一九世紀・二〇世紀の世界史的な広がりの中で捉える日東西の《比較史学史》へのまなざしがあったことは特筆しておきたい。三〇年代末から委員だった西洋史家の林健太郎は、近代史学史の研究を精力的に進めており、歴研の史学史を特色づけた。《比較史学史》の視点は、一九三〇年代の千代田や坂口ら西洋史家にみられたが、大久保ら日本史家を含めるかたちで、戦中の『歴史学研究』の特集に結実したのである。

むすびにかえて——戦前史学史の可能性

本章では、東京帝国大学の史学会に顕著なように、学科・学内学会・学術雑誌が三点セットとなる点に日本の歴史学会の特徴があったことを指摘した。その上で、「大衆化」する中で「学界」が意識され、学内学会ではない総合学会が生まれたことを論じた。さらに、それらを支えた出版社・編集者や歴史教育に史学史上正当な位置づけを与えることを意図した。歴史学研究会に焦点をあてながら、個別分散化した「学界」をいかに「総合」するのかという問題意識が生まれる時代状況を読みとりながら、「回顧と展望」につながる試みと史学史へのまなざしが浮上したことを強調した。

さて、最後になるが、戦後の史学史認識の問題に触れておこう。一九五〇年代の後半に、マルクス主義歴史学の指導者の一人だった石母田正、アカデミズム歴史学の中心にいた坂本太郎がそれぞれ史学史をまとめている(84)。それぞれの立場は異なるが、基本認識は、戦前・戦中の史学史の研究成果をふまえたものであり、一九二八年に同時代の三浦周行が注目していたような大正文化史への言及は乏しく、どちらも戦前・戦中の歴史学をマルクス主義から皇国史観に代表させている。坂本は「純粋史学」と「応用史学」という区分を紹介し、「応用史学」が戦争協力をして破綻したものの、本流の実証史学は存続したと宣言している。石母田は戦前の実証史学の成果を評価しつつ、皇国史観の敗北と戦前アカデミズム史学の最良の部分をマルクス主義が継承したものとして戦後歴史学を位置づけている。前述した『歴史学年報』の三島一、そして戦後の永原慶二の史学史像に連なるものだろう。

戦前の史学史には、西洋の近代歴史学と近世以来の伝統とがどう接触して、日本の歴史学をつくっていくのかという問題意識がみえていた。大正文化史の影響をうけつつ、外国史の史学史と交錯する世界史的な視野、「純粋史学」と「応用史学」の分離と再結合、歴史研究と歴史教育との関係などが意識されていた。そうした視点が、戦後にはアカデミズム史学から皇国史観とその克服という一国史的な図式の中にうもれてしまったようにもみえる。しかし、冒頭でも述べたように、現在の史学史研究が、歴史実践に目を向けながら、その中に歴史学それ自体を位置づけようとする新しい歴史学の一環をなすものであるとすれば、国際的な歴史学の動向のもとに日本の史学史を考える視座とともに、戦後忘却されていた「戦前歴史学」史学史の再評価の可能性が浮上するのではないだろうか。

（1）成田龍一『方法としての史学史――歴史論集1』岩波現代文庫、二〇二一年、vii頁。

（2）松沢裕作編『近代日本のヒストリオグラフィー』山川出版社、二〇一五年、小澤実編『近代日本の偽史言説――歴史語りのインテレクチュアル・ヒストリー』勉誠出版、二〇一七年など。

（3）廣木尚『アカデミズム史学の危機と復権』思文閣出版、二〇二二年、小澤実・佐藤雄基編『史学科の比較史――歴史学の制度化と近代日本』勉誠出版、二〇二二年。「歴史実践」の観点から歴史学研究会をとりあげたものに、大門正克「解題 歴史学研究会の証言を読むために」歴史学研究会編『証言 戦後歴史学への道――歴史学研究会創立八〇周年記念』青木書店、二〇一二年、一三頁、戸邉秀明「『歴史学研究』総目録（1933–2006）解題」『歴史学研究』別冊「総目録・索引」、二〇〇七年。

（4）中山茂『歴史としての学問』中公叢書、一九七四年。近年の議論として隠岐さや香『文系と理系はなぜ分かれたのか』星海社新書、二〇一八年。

（5）永原慶二『20世紀日本の歴史学』吉川弘文館、二〇〇三年。

（6）大久保利謙「日本歴史の歴史」『日本近代史学の成立』（大久保利謙歴史著作集7）吉川弘文館、一九八八年、初出一九五九年、六〇頁。

（7）小倉芳彦「日本における東洋史学の発達」『吾レ龍門ニ在リ――東洋史学・中国・私』龍渓書舎、一九七四年、初出一九七一年、五井直弘『近代日本と東洋史学』青木書店、一九七六年。

（8）「戦前」東洋史学史批判の嚆矢となった論文「日本における東洋史学の伝統」『歴史学研究』二七〇号、一九六二年が、初期歴研の中心にいた旗田巍によって書かれたことと比べると、戦後に「戦前」を批判的に回顧した日本史家は、北山茂夫や石母田正ら三〇年代後半に活動する第二世代であった点には注意する必要がある。

（9）マーガレット・メール『歴史と国家――一九世紀日本のナショナル・アイデンティティと学問』（千葉功・松沢裕作訳者代表）東京大学出版会、二〇一七年、原著一九九八年、序論、五頁。

（10）以下の記述は Stieg, Margaret F., *The Origin and Development of Scholarly Historical Periodicals*, Tuscaloosa: University Alabama Press, 1986 の第二章 "The *Historische Zeitschrift*" 及び第三章 "The Spread of Scholarly Historical Periodicals: France, Great Britain, and the United States" に依拠している。同書は図書館学・情報科学の観点に基づき、独仏英米の歴史学専門誌に関する興味深い比較史的分析を行うが、大変残念なことに、これらと比較可能な日本の事例が加えられていない。

（11）佐藤真一「『歴史学雑誌』の創刊」『ランケと近代歴史学の成立』知泉書館、二〇二二年、初出二〇一八年。

（12）Noronha-DiVanna, Isabel, *Writing History in the Third Republic*, Cambridge: Cambridge Scholars Publising, 2010, p. 111. モノーにつ

いては渡辺和行「フランス実証主義史学の成立」『近代フランスの歴史学と歴史家——クリオとナショナリズム』ミネルヴァ書房、二〇〇九年。

(13) Stieg, p. 77. 前掲注(12)渡辺「フランス実証主義史学の成立」一〇一頁。

(14) Stieg, p. 43, p. 47.

(15) Goldstein, Doris S., "The Origins and Early Years of the English Historical Review," *English Historical Review*, Vol. 101, No. 398, 1986, p. 7.

(16) Stieg, p. 77. Jameson, J. F., "The American Historical Review, 1895–1920," *American Historical Review*, Vol. 26, No. 1, 1920, pp. 1-17.

(17) Stieg, p. 30.

(18) 『史学会小史——創立五十年記念』冨山房、一九三九年、一九—二〇頁。

(19) 「哲学会史料」『哲学雑誌』五七四号、一九三四年、谷本富「回顧半世紀」『哲学雑誌』五七三号、一九三四年、三宅雄二郎「哲学界の起つた頃のこと」(同上)。

(20) 前掲注(18)『史学会小史』二〇頁。

(21) Stieg, pp. 70-76.

(22) 『史学雑誌』四五編八号、一九三四年、彙報欄。

(23) 前掲注(18)『史学会小史』二五—二八頁に「史学会規則」明治二三年九月。

(24) 竹内比呂也「大学紀要というメディア——限りなく透明に近いグレイ?」『情報の科学と技術』社団法人情報科学技術協会、二〇一二年。

(25) 廣木尚「アカデミズム史学の成立」、前掲注(3)『アカデミズム史学の危機と復権』初出二〇一五年。

(26) 後述する『史学雑誌』彙報欄に学会・雑誌情報が集約されており、これを参照した。

(27) 高井薫編『四海民蔵〈歌と仕事〉』短歌公論社、一九八二年。

(28) 一九二〇年創刊『中央史壇』のように歴史系論壇誌も誕生した(一九二八年廃刊)。

(29) 福田喜彦「昭和初期におけるマルクス主義的歴史教育論の形成と展開——歴史教育雑誌の言説分析を通じて」『史潮』六四号、二〇〇八年。

(30) 山本三郎「四海書房のこと」、前掲注(27)『四海民蔵〈歌と仕事〉』一九三頁。

(31) 前掲注(18)『史学会小史』六二・七〇頁。

（32）「座談会「歴研」創立の前後」『歴史学研究会四十年のあゆみ』歴史学研究会、一九七二年、一二五、一二七頁、山本、前掲注（30）「四海書房のこと」一九八、一九九頁。
（33）『歴史学研究』創刊時の広告。『史学雑誌』、『歴史教育』などの巻末に掲載された。
（34）『歴史学研究』が刊行困難になったとき、帝国書院から受験雑誌にしないかという提案があったということも、那辺の事情を伝えている（「座談会　戦中の「歴研」」前掲注（32）『歴史学研究会四十年のあゆみ』一五〇頁）。
（35）廣木尚「アカデミズム史学の成立」前掲注（3）『アカデミズム史学の危機と復権』初出二〇一五年、中野弘喜「史学の「純正」と「応用」」、前掲注（2）『近代日本のヒストリオグラフィー』。
（36）坂本太郎「史学史」国際歴史学会議日本国内委員会編『日本における歴史学の発達と現状』一九五九年。
（37）『昭和八年の国史学界』（代々木会、一九三四年）一頁。筆者は匿名。
（38）『歴研半世紀のあゆみ』青木書店、一九八二年、一七・一四二頁。
（39）早稲田大学図書館「津田文庫」所蔵。井上文則氏のご高配により複写を閲覧する機会を得られた。会員増加には一九四一年に岩波書店に移ったことも関係するか（前掲注（34）「座談会　戦中の「歴研」」一五二頁）。
（40）大門、前掲注（2）「解題」二二頁以下の分析も参照。
（41）前掲注（34）「座談会　戦中の「歴研」」一四二頁。
（42）三島一『中国史と日本』新評論、一九七七年所収「年譜と著作」三八二頁。
（43）前掲注（32）「座談会「歴研」創立の前後」一三五頁、林健太郎「国史学界傍観」『日本歴史』五五九号、一九九四年、四八頁、「座談会　三島一先生の人と学問」、前掲注（42）『中国史と日本』三九三頁。
（44）部会情報は「歴史学研究会年表」、前掲注（34）『歴史学研究会四十年のあゆみ』。
（45）たとえば、高橋磌一「維新史分科会のことなど」、石母田正「歴名帳について」一九七五年（『証言戦後歴史学への道——歴史学研究会創立八〇周年記念』青木書店、二〇一二年）など。
（46）海老沢有道「史学同好会の活動」『立教大学史学会小史』立教大学史学会、一九六七年。小澤実「小林秀雄の時代——戦前戦中の立教史学科、史学会、『史苑』」小澤実・佐藤雄基編『史学科の比較史——歴史学の制度化と近代日本』勉誠出版、二〇二二年および『立教学院百五十年史　第一巻』二〇二三年、第二編第二章第二節・第三編第四章第三節（佐藤雄基執筆）も参照。
（47）「新興史学会」とは松田寿男の回想により、正式名称であったかは定かではない（前掲注（32）「座談会「歴研」創立の前後」一二二頁）。ただし、東京帝大の史学会を意識して、その革新を目指すというスタンスをよく伝えている名称である。

(48)　三島一「私と歴史学」、前掲注(42)『中国史と日本』初出一九六八年、二一九、二三二頁。旗田巍「東洋史学の回想（二）」『歴史評論』一七三号、一九六五年、一三頁。

(49)　「東洋史」の成り立ちと歴史教育との関係については、中山久四郎「東洋史学発達の回顧と展望」歴史教育研究会編『明治以後に於ける歴史学の発達』四海書房、一九三二年以来、様々な議論が積み重ねられてきた。研究史も含めて奈須恵子「市村瓚次郎の「東洋史」観――「東洋史」の始まりと市村瓚次郎」小澤実・佐藤雄基編『グローバルヒストリーの中の近代歴史学』東京大学出版会、二〇二三年刊行予定参照。

(50)　中屋健一「歴研と私」、前掲注(3)『証言　戦後歴史学への道』二〇〇頁

(51)　拙稿「東京帝国大学における史学と国史」、前掲注(3)『史学科の比較史』四三、四四頁。

(52)　旗田巍「東洋史学の回想（一）」『歴史評論』一七一号、一九六四年、三頁。

(53)　秋山謙蔵「明治の史学と昭和の歴史学」『歴史学研究』一巻六号、四八六頁。

(54)　有馬学『「国際化」の中の帝国日本――一九〇五～一九二四』中公文庫、二〇一三年、初発表一九九九年。

(55)　初期の『歴史学研究』には桃裕行「日本教育史研究の動向」二巻六号など隣接分野の研究動向に加えて、「中央の学会と地方の研究との結合」を主張する今井穀積「南信地方に於ける郷土史研究」二巻二号のような郷土史の紹介記事などが多く掲載された。

(56)　「『史淵』『国史学』『経済史研究』の創刊」『史学雑誌』四一編一号、一九三〇年、一三二頁。

(57)　これを執筆した史学会委員の中村光は、一九三二年に東京帝大国史学科を卒業した近世史家で、『歴史学研究』第三号に寄稿するなど、初期の歴研ともつながりがあった。

(58)　佐藤雄基「東京帝国大学における史学と国史」、前掲注(3)『史学科の比較史』三八―四〇頁。

(59)　前掲注(32)「座談会　「歴研」創立の前後」一二八―一二九頁。

(60)　鈴木正弘編『四海書房版『歴史教育』総目次』歴史教育研究会、一九九七年。

(61)　『歴史評論』五巻一一号、一九三一年、五〇頁。

(62)　小倉芳彦、前掲注(7)「日本における東洋史学の発達」も戦前戦後に成立した研究展望を整理しているが、本章ではその担い手の人的系譜に注目している。

(63)　『史学雑誌』彙報では、法・経済学部系の学会誌も含めた論文目録作成、史学科生とは別に他学科の史学関連の卒業論文題目一覧を掲載していた。史学と隣接分野とを区別する意識とともに、他学部・他学科で史学関連の研究がなされている状況の自覚があった。

(64) その先駆としては、一九一五―一六年の『史学雑誌』の「昨年の史界」二六編一号、二七編一号、一九一七年から一九三〇年の『史林』の「昨年の史学地理学界」二巻―一五巻の各二号などの試みがあった。今後の課題としたい。
(65) 以上の記述は、坂本太郎「筑波藤麿氏を憶う」『歴史と人物』(坂本太郎著作集11) 吉川弘文館、一九八九年、初出一九七八年、同「古代史の道」『わが青春』(坂本太郎著作集12) 吉川弘文館、一九八九年、初出一九八〇年、六二頁。黒板の帰国直後の一九二八年八月にはオスロの国際歴史学会議が開催され、マルク・ブロックが比較史を主題にした公開講演をしている。欧米でもちょうど比較史や歴史学の国際交流の重要性が認識され始める時期であった。
(66) 山本三郎、前掲注(30)「四海書房のこと」一九三頁。
(67) 戸邉秀明、前掲注(3)「『歴史学研究』総目録(1933-2006)解題」八頁・表2参照。
(68) 前掲注(34)「座談会　戦中の「歴研」」一四一頁。
(69) 中山治一「紹介　千代田謙著 西洋近世史學史序説」『史林』二一巻二号、一九三六年、四三五頁。
(70) 『日本史の研究』二輯、岩波書店、一九三〇年。
(71) 山口道弘「南北朝正閏論争と官学アカデミズム史学の文化史的展開」(1)(2)、『法政研究』八七巻四号、八八巻一号、二〇二一年、前田亮介「「史学統一」の夢―戦前(一九二三―一九四五)の大久保利謙」『史苑』八二巻一号、二〇二二年。
(72) 佐藤雄基「過去の法へのまなざし　日本法史学史」高谷知佳・小石川裕介編『日本法史から何がみえるか―法と秩序の歴史を学ぶ』有斐閣、二〇一八年。
(73) 中文館書店。『歴史科学』に連載されたものを一書とした。一九四四年に「増訂」版が刊行された(中文館書店)。
(74) 文会堂。一九一三年(増補版)、一九三一年(更訂版)が刊行されている。
(75) 近藤活版所。大久保久雄「近藤瓶城と『史籍集覧』」『出版研究』三号、一九七二年。
(76) 白揚社。戦後「改訂版」が刊行された(月曜書房、一九四七年)。
(77) 文学研究の観点から川口白浦『日本国史学発達史』健文社、一九三六年。
(78) 成田龍一「「歴史学」という言説」、前掲注(1)『方法としての史学史』八六頁。
(79) 本書第6章(昆野伸幸論文)参照。
(80) 阿部猛『太平洋戦争と歴史学』吉川弘文館、一九九九年。
(81) この点は早く坂本太郎、前掲注(36)「史学史」の指摘があるが、坂本の評価は皇紀二千六百年に引き付けすぎているきらいがある。
(82) 秋山謙蔵に関する研究は、阿部、前掲注(80)『太平洋戦争と歴史学』くらいである。その中世史・史学史研究については別の機会に詳しく論じたい。

（83）　マーガレット・メール（翻訳、佐藤雄基・渡邉剛）「大久保利謙と近代史学史研究」佐藤雄基編『明治が歴史になったとき——史学史としての大久保利謙』勉誠出版、二〇二〇年、前田亮介、前掲注（71）「「史学統一」の夢」。

（84）　石母田正「日本史学史序論」『日本史学史』（日本歴史講座　第八巻）東京大学出版会、一九五七年、坂本太郎、前掲注（36）「史学史」。

（付記）　本研究はＪＳＰＳ科研費 JP18KK0335, JP19K02461, JP22H00776 の助成を受けたものです。

コラム2

昭史会の野郎ども

木下竜馬

昭和七（一九三二）年三月に東京帝国大学文学部国史学科を卒業した面々は、同期会に名前をつけた。昭史会である。歴史の史、そして昭和四年入学に由来している。メンバーは以下の二三人である。[1] 磯貝正、井料薫、岡田章雄、川上秀正、菅野修助、黒田省三、小谷浩蔵、児玉幸多、小宮一夫、斎藤忠、佐治芳雄、下村冨士男、杉本勲、杉山昌三、高木早苗、伊達研次、豊田武、中野昌、中村光、福田富貴夫、北条四男、矢野健治、渡辺保。一見するだけで、戦後の日本史学界を代表するひとびとが名を連ねていることがわかるだろう。

彼らの親睦は、野球と酒で培われた。前者の面で注目すべきは小宮一夫で、東大野球部の名二塁手として活躍し「攻守共に同軍の至宝にて其軽快なる好走は屢々自軍をして勝因に導く」と評された。[2] 昭和五年の帝大文学部学友会春季野球大会（「スポンヂ」こと軟式野球である）の決勝戦ではただひとり二塁打を放って国史学科の優勝に大きく貢献した。[3] もっとも学業のほうは若干お留守だったようで、六大学リーグで戦いながら、同期らの集めた史料でどうにか卒論を書いて卒業できたということである。[4] 一方、補欠が精々だったのは下村、豊田。補欠にすら通用しなかったのが斎藤、岡田、渡辺らだったらしい。[5]

昭史会に活動というほどのものはなく、定期的に会合を開き、和綴じの帳面に適宜署名や感想を書くことを常とした。それでも次第にこの帳面の重みは増していき、これを預かった幹事は戦時中さまざまな苦慮をしたという。

このような男たちの紐帯がはぐくまれたのは、女性に門戸を開く以前の東大では、なんら珍しいことではない。

本書の各論文が示すとおり、初期の歴研やそれに先立つ庚午会は、東大文学部でのつながりが母体となっていた。であれば、昭史会と同じようなホモソーシャルな紐帯は、初期歴研のなかでも公然・隠然と作動していただろう。

昭史会の観点から歴研をながめてみることとしよう。

昭和六年、豊田武と児玉幸多は、東大前の喫茶店に秋山謙蔵から呼び出され、庚午会の参加を勧められた(6)。特別に推薦してやるのだという感じがあったという。やがて歴研が創設されると、他のメンバーも加入していった。昭和一〇年の会員名簿によれば、磯貝、川上、黒田、児玉、下村、杉本、杉山、伊達、豊田、中村、福田、矢野、渡辺の一三人が名を連ねている(7)。半分以上が入会したことになる。

部会や運営に深く関わり、紙面にもよく登場したのは、児玉(6)、下村(5)、杉本(4)、豊田(24)、中村(2)である(括弧内の数字は、歴研本誌への寄稿回数(8))。とくに目立つのは豊田武で、論文から書評、紙面が足りない時の埋めくさ記事まで、とにかく書きまくっている。第一号から五号まで連続出場を達成し、第二号では署名記事を三本載せるマルチヒットの大活躍。初期歴研には欠かせぬ存在だったといえよう。

他の会員も、ゲスト的に寄稿している。福田富貴夫の論文「上代備荒貯蓄の概況」(四号、一九三四年二月)、資料紹介「上代凶荒応急策の一例」(一五号、一九三五年一月)、伊達研次の論文「江戸に於ける諸侯の消費的生活について(一)・(二)」(二二号、一九三五年八月／三一号、一九三六年五月)はいずれも国史学科の卒業論文の一部である。伊達の論文については、豊田がとくに乞うて掲載したと回想している(9)。原稿集めに際して、昭史会の同期の絆が物を言ったのではないか。

かくして初期歴研を支えた昭史会の面々だが、戦後に歴研が再建されるとぱったりと紙面での登場は止む。わずかに一二五号(一九四七年一月)で石母田正『中世的世界の形成』の書評を豊田が書いているのみである。

節目の二〇〇号(一九五六年一〇月)のアンケート「『歴史学研究』二〇〇号刊行によせて」には、豊田、下村、杉本が回答しているが、いずれも若干の距離を感じさせる。杉本の回答を引用しよう。

若い諸君の水際立った研究振りに満腔の敬意を表するとともに、その成果の反映である貴誌の恩恵には常に感謝しているものですが、今日草創当時の旧会員の姿がほとんど見えないのは、私どもとして淋しいかぎりです。まだみんな脱落してしまう年輩でもないのですから、旧会員が安んじて復帰できるよう（それはより広い層の獲得という問題にも通じることですが）真剣に考慮して頂きたいと思います。もちろん旧会員の側にも反省すべき点が多々あるとは存じますが。

なぜ「旧会員」が戦後の歴研と距離ができるのか、これ自体きわめて興味深い問題である。ともかく、歴研からの撤退といれかわりのように、昭史会の面々は、著書・論文の発表、教育などに加え、教科書や一般向け書籍の執筆、叢書類の監修など、日本史学界を牽引する大活躍を見せるようになる。非マルクス主義的な中道史学ともいえる彼らの躍動は、むしろ戦前の歴研的なものを受け継いでいるようにもみえる。

昭和二七年、卒業二〇周年ということで、静岡市の教育長になっていた小宮の肝いりで昭史会の面々が集合する。記念事業を行なうこととなる。『虚構の日本史』という随筆集と、『日本社会史の研究』（吉川弘文館、一九五五）という論文集が編まれた。末尾の会員一覧には、死没者の名も刻まれている。戦中戦後の有為転変をくぐりぬけた昭史会は、そのときにまで、九人を失っていた。

（1）以下、会の経緯やメンツについては、昭史会編『虚構の日本史』吉川弘文館、一九五三年、児玉幸多「昭史会について」『日本歴史』四三五、一九八四年参照。なお川上秀正は病気のため翌年の卒業。北条四男は共産党活動のため卒業前に消息不明となるが、戦後に参加。

（2）『昭和八年版日本スポーツ人名辞典』日本スポーツ協会、一九三三年。

（3）『会報』昭和五年度、東京帝国大学文学部学友会。同史料は、渡邉剛氏のご教示を得た。

（4）小宮一夫「歴史家と教育者」（注（1）前掲、昭史会編『虚構の日本史』）。その後の小宮の波乱万丈な野球人生もこれを参照されたい。

（5）児玉幸多「あとがき」（注（1）前掲、昭史会編『虚構の日本史』）。

（6）児玉幸多「歴研の思い出」（歴史学研究会編『証言戦後歴史学への道』歴史学研究会、二〇一二年、初出一九七六年)。

(7)　一九三五年四月一〇日発行「歴史学研究会ニュース」(藤沢市湘南大庭市民図書館「江口朴郎文庫」非図書資料(逐次刊行物)三五四一〇)の「歴史学研究会名簿」参照。なお名簿では、杉本薫、黒田昌三、矢野健次にそれぞれ作るが、誤字と判断した。前田亮介氏より本史料の所在をご教示いただき、照合にあたっても氏の手を煩わせた。深く感謝したい。

(8)　歴史学研究会編『歴史学研究別冊　総目録・索引　一九三三→二〇〇六』(青木書店、二〇〇七年)にもとづき集計した。

(9)　豊田武「第6巻解題」(注(6)前掲、歴史学研究会編『証言戦後歴史学への道』、初出一九七四)。

4　社会経済史学会の創立と一九三〇年前後の社会経済史研究

馬場　哲

一　はじめに――社会経済史学の宿命

本章の課題は、一九三〇年前後の内外の社会経済史学の動向を日本における社会経済史学会の創立と関わらせて明らかにすることである。(1)

社会経済史学は、一言でいえば社会経済の歴史を学際的に研究する学問分野ということになるが、ここで強調したいのは、経済学と歴史学の境界領域に位置することから、その成立以来内部に絶えず緊張を抱えてきたことである。すなわち、歴史学は人文学に属し、文学との親縁性が強調されることさえあるのに対して、経済学は、全体として理論的・計量的性格が強く、それぞれの傾向は近年さらに強まっているため、社会経済史はこの二つの文化をどう橋渡しするかを常に考えなければならない宿命をかかえているのである。したがって、本章では、社会経済史学会が創立された一九三〇年前後にこの問題がどのような状況にあり、どのような方向に動きつつあったのかを検討することがひとつの論点となる。しかし、その前に一九世紀末の成立以降の社会経済史学の発展の流れのなかに一九三〇年前後の状況を位置づける必要がある。

二　欧米における社会経済史学の成立

1　ドイツ（語圏）における社会経済史学の成立とVSWGの創刊

経済史という言葉がはじめて使われたのは一八五四年とも言われるが、書物に使われたのはインスブルック大学のK・T・v・イナマ＝シュテルネックが一八七七年に『ドイツ経済史の史料について』という報告を行い、ついで一八七九年に単著『ドイツ経済史』の第一巻を刊行したのが最初であった。そしてこの頃から大学での経済史についての講義も増え、二〇世紀に入ると徐々にではあるが教授ポストも増えはじめた(2)。

ある学問分野の専門的研究を発展させるうえで、独自の雑誌をもつことがきわめて重要であることはいうまでもない。社会経済史研究は一九世紀前半に地方史雑誌に発表されることが多かったが、当然空間的に限定されたテーマが多かった。一九世紀半ばからは地方史の枠を越える雑誌が発刊された。すなわち、一八五九年に *Historische Zeitschrift*、一八六一年に *Zeitschrift für Rechtsgeschichte*、一八七一年に *Hansische Geschichtsblätter* が創刊されたが、それぞれ政治史、法制史、商業史が中心で、経済史は脇に追いやられていた。経済史により近い雑誌としては、*Zeitschrift für die gesamten Staatswissenschaften*（一八四四年創刊）と *Jahrbücher für Nationalökonomie und Statistik*（一八六三年創刊）を挙げることができ、とくに後者は旧歴史学派の代表者B・ヒルデブラント主導のもとに経済史の機関誌としても機能した。さらに、一八八一年にG・シュモラーがF・v・ホルツェンドルフとL・ブレンターノから *Jahrbuch für Gesetzgebung, Verwaltung und Volkswirtschaft im deutschen Reich*（一九一三年から *Schmollers Jahrbuch*）の編集を引き継いだとき、これまで以上に「実際的傾向」を受け継ぐとしつつ、シュモラー自身がこの雑誌を多くの重要な歴史論文を発表する場としていった。それは彼の国民経済学観に対応するものでもあったが、プロイセン絶対主義をモデルとする国家的経済振興への決定的傾斜が掲載内容に一定の制約を課したことは想定できる。したがって、経済史家・社会史家にとって発表や討議の機会はなお十分でなかったということができる(3)。

そうしたなかで一八九三年に『社会経済史学雑誌（*Zeitschrift für Sozial- und Wirtschaftsgeschichte* = *ZSWG*）』が創刊された。これは世界ではじめて「社会経済史」を誌名に冠した雑誌であった。ここで注意したいのは、出版社はドイツのJ・C・B・モーア学術出版社であったが、四名の編集者はいずれも在ウィーンの若い研究者L・M・ハルトマン、S・バウアー、E・シャント、C・グリュンベルクだったことである。バウアーとグリュンベルクはマルクス主義者であった。ただし、第三巻からはハルトマンとグリュンベルクの二人になっている。オーストリア学派の代表的経済学者L・v・ミーゼスはグリュンベルクの弟子にあたる(4)。つまり、*ZSWG* の創刊は、ドイツ経済学における「方法論争」と直接には関係していなかったのである。ここで立ち入る余裕はないが、方法論争とは一八八三―八四年に経済学の方法をめぐってC・メンガーとシュモラーの間で繰り広げられた論争であり、論争後に理論的経済学と歴史的経済学は袂を分かつことになった。「歴史学派」という名称は、元々は批判者のメンガーによって使われたのであるが、一八九〇年代初頭にはシュモラーやブレンターノが自ら用いるようになり、他方「オーストリア学派」という表現も定着していった(5)。

ドイツ歴史学派経済学者の歴史研究は、ドイツ語圏に限らず、後に述べるように日本を含む各国の経済史研究にも大きな影響を与えた。しかし、*ZSWG* はドイツ歴史学派の雑誌ではなかった。歴史学派の主要な媒体が『社会科学・社会政策学雑誌（*Archiv für Sozialwissenschaft und Sozialpolitik*）』や前掲『シュモラー年報』であったことも関係していたかもしれないが、理論学派とも歴史学派とも異なる方向が目指されたことが大きかったと思われる(6)。

そこで、*ZSWG* 創刊号の巻頭の辞を見てみよう。

「ここに学識のある読者に最初の巻を公開する本誌は、もっぱらあらゆる時代と国民の経済的状態の研究に役だち、同様に理論的国民経済学の諸問題を取り上げることおよび現代の社会・国民経済政策の諸問題から距離を置くべきである。本誌は、その厳格な歴史的傾向のなかで、歴史研究と社会科学に共通する必要を考慮に入れ、歴史的変化の経済的原因を明らかにすることに資するべきである」。

ここから読み取れることは、この雑誌が、理論的・政策的問題から距離を置き「経済状態および過去の経済政策を綿密に論ずるような寄稿論文を公刊する」ことを課題とする純粋にアカデミックな方向を目指すものであったことである。このため「文書史料」、「完全な文献展望と文献目録」、「他で公刊された経済・社会史的内容の論文」についての情報を提供することも重要な任務と捉えられていた。「こうして経済・社会史的な研究の中核が創出され、国民経済学と歴史学の双方に促進的に作用すること」が目標とされたのである(7)。

第一巻だけを見ても、ブレンターノやW・ゾンバルトといった歴史学派の学者も寄稿しており、ゾンバルトによるM・ヴェーバー『古代ローマ農業史』のやや長文の書評も読むことができる。他方、G・v・ベロウ、K・G・ランプレヒト、T・モムゼンの論文・書評も掲載されていた(8)。つまり、歴史学派経済学者の寄稿もあったが、様々な立場の経済史家が関わっており、共通項となったのは文書史料の綿密な考証にもとづく歴史学的な手続きだったのである。いわば「歴史学的経済史」が志向されていたと言えよう。

ZSWG は、反響の大きさにも関わらず出版社の事情から一九〇〇年に発刊後七年間で休刊を余儀なくされた。しかし、ライプツィヒのC・L・ヒルシュフェルト書店が新たに出版を引き受けて一九〇三年より現在に至る『社会経済史学季報（*Vierteljahrschrift für Sozial- und Wirtschaftsgeschichte* = *VSWG*）』として再出発することになった。編集者はそれまでのハルトマンとバウアーに加えて、著名な中世史研究者で、のちに見るように歴史学派の批判者でもあったベロウが加わり、主導権は徐々に彼に移っていった(9)。

なお、本誌の特徴として国際性を挙げることができる。*ZSWG* 第一巻にはW・カニンガムがロンドンの徒弟制度についての論文を、第二巻にはC・M・アンドリューズがニューイングランドの都市についての論文をドイツ語で掲載しているが、この傾向は*VSWG*になってさらに強まり、フランスのG・エスピナス、ベルギーのH・ピレンヌ、イタリアのG・サルヴィオリ、イギリスのP・ヴィノグラドフが編集協力者として名を連ねることになった。また、執筆者はドイツ、オーストリアにとどまらず、イギリス、ロシア、イタリア、アメリカをはじめ欧米各国の研究者からなっており、ドイツ語のみならず、英語、フランス語、イタリア語などの論文も掲載される「多言語併用制」がとられていた。(10)

2　他国における専門雑誌の創刊——イギリスを中心として

しかし、第一次世界大戦を経て状況は一変した。独墺と英米仏伊は敵国として戦うことになったからである。このため、サルヴィオリとヴィノグラドフの協力は続いたものの、エスピナスとピレンヌの名は協力者から消えることになった。*VSWG*も第一次世界大戦により定期刊行が困難になり、本格的な復刊は一九二四年まで待たねばならなかった。さらに、一九二四年にハルトマンが、一九二七年にベロウが死去し、編集の要を相次いで失った。こうして雑誌は大きな岐路に立ったが、一九二六年の第一九巻からH・オバンが加わり、その後長く編集に携わることになった。(11)

これと入れ替わるように、各国の専門雑誌の刊行が始まった。一覧にすると以下のとおりであるが、日本もこの流れのなかにあったということができる。(12)

一九一六年　*Economisch-Historisch Jaarboek*（蘭）
一九二七年　*Economic History Review*（＝*EHR*）（英）
一九二八年　*Journal of Business and Economic History*（米、一九三二年停刊→一九四一年 *Journal of Economic History*）
一九二九年　*Annales d'histoire économique et sociale*（仏）

一九三一年 *Roczniki Dziejów Społecznych i Gospodarczych*（ポーランド）

ここではイギリスについてやや立ち入っておこう。[13] 国内の主要雑誌である *English Historical Review* と *Transactions of the Royal Historical Society* は政治史に集中していたため、経済史についてのイギリスの書き手はドイツの定期刊行物に論文を掲載してもらうことを余儀なくされた。R・H・トーニーは一九一三年の *VSWG* にイギリスの賃金政策に関する六四頁に及ぶ論文を掲載したが、のちに彼は弟子のM・M・ポスタンに、これは「忌々しい話」で、イギリスの雑誌で長文の論文を載せる機会がなかったためだと語っており、イギリス国内の経済史の雑誌創刊を望んでいた。

しかし、同誌創刊の背後には、イギリス経済学界の勢力配置、つまりケンブリッジ対オクスフォードの問題もあった。A・マーシャルは一九〇八年にケンブリッジ大学教授を引退したが、一九二四年の死まで影響力をもっていた。J・H・クラッパムは一九〇八年にリーズ大学経済史教授からケンブリッジに戻った。J・M・ケインズは一九一一年から *Economic Journal*（＝*EJ*）を支配し、ケンブリッジの経済学者の優位が誰の目にも明らかになった。これに対して、オクスフォードの経済学はF・Y・エッジワースの教授在任中に衰退したと言われており、さらに一九二五年にG・D・H・コールが准教授になったことにより、ケインズは、オクスフォードの経済学は一層単純なものになると予想した。

こうした状況のなかで経済史の学会と専門雑誌が登場しつつあったわけであるが、ここで問題となったのは、経済史学会を設立した人物がケンブリッジに背を向けてオクスフォードに移ったE・リプソンだったことである。リプソンは、一九二二年にオクスフォードの経済史の准教授に任命され、その直後から準備を開始し一九二四年にA＆C・ブラック社に雑誌の刊行についてアプローチしていた。

ところが一九二五年三月五日の会合で、王立経済学会（Royal Economic Society）は *EJ* の独立した経済史編（*Economic History*＝*EH*）を刊行することを決定した。これが偶然であったのか、ケンブリッジがリプソンのプランに気付き、機先を制しようとしたからなのか、確たることはわからない。いずれにせよ、*EH* は一九二六年一月に発刊され、一九四〇年まで続くことになった。イギリスで経済史学会（Economic History Society = EHS）が設立されたのは、半年後の一九二六年七月一四日にロンドン・スクール・オブ・エコノミクス（LSE）で開催された第二回英米歴史会議の経済史部会（議長はアシュリー）のときであった。そしてリプソンとトーニーによる事前の準備にもとづき会則が承認され、役員と理事会メンバーが選任された。会長はアシュリー、副会長がE・F・ゲイとW・R・スコットであった。

T・C・バーカーは、EHS の特徴として二点を挙げている。ひとつは、学校との結びつきの強さである。リプソンは、学校のカリキュラムのなかに経済史を定着させることに熱心で、学校教師を学会に結びつけようとした。大学の経済史のポストがなお限られているなか、会員数を増やすためにもパブリック・スクールなどの学校教師や労働者教育協会関係者との連携は不可欠だった。そして初期の *EHR* には経済史教育についての記事が頻繁に掲載された。もうひとつは、北米の経済史家からの支援が大きかったことである。経済史学会の創立会合が英米歴史家会議に合わせて開催されたこと、N・S・B・グラス（ハーバード大学）と（イギリス人ではあるが）H・ヒートン（カナダ・クイーンズ大学）が理事に選ばれたことがそのことを端的に物語っている。一九二七年の時点で個人では一六・六％、図書館では実に五七・四％が北米の会員であった。

それでは、EHS とケンブリッジとの関係はどうであったろうか。クラッパムも創立会合に出席していたが、役員にも理事会メンバーにもならなかった。会合では、学会の設立を歓迎しつつ、経済史家は「クラフト・ギルド」になることに注意して「二つの世界（経済学と歴史学——馬場）に足をのせる」べきとし、近代経済史における統計的方法の利用を要請した。彼は、アシュリーが一九二七年に亡くなると副会長に就任したが、創立当初 EHS の運営には距離を置き、*EH* の刊行が終わった一九四〇年に第三代会長になって以後積極的に関わることになる。

三　日本における社会経済史学会の創立

1　経済史研究会と社会経済史学会の創立

一九三〇年頃の日本における経済史研究の状況を語るうえでまず指摘せねばならないのが、経済史研究会と日本経済史研究所の創立である。その起点は、一九二六年に京都帝国大学経済学部で本庄栄治郎、黒正巖を中心としてはじまった経済史懇談会であるが、一九二九年に入り京都経済史研究会を経て、経済史研究会が組織された。そして機関誌『経済史研究』が発刊され、一九三三年二月までに特輯号六冊を含めて四〇冊が刊行された。したがって、独自の機関誌をもつ日本で最初の経済史の団体は経済史研究会であったことになる。「一九三〇年一〇月頃」東京で経済史の全国的な団体を作る動きが起こり、経済史研究会との合同と機関誌の移管についての交渉が行われたがこれは実現せず、新たに社会経済史学会創立と機関誌『社会経済史学』発刊にいたって「経済史研究会関係者も個人として同会に加入してこれに協力することになった(14)」。

以上は経済史研究会側からの説明であるが、社会経済史学会側からの説明は以下の通りである。本位田祥男によれば、経済史研究会と『経済史研究』によって日本の社会・経済史家は刺激を受け、全国的な学会を組織しようとする機運が高まり、「一九三〇年の春」から具体化の動きが始まった。その際「最も留意したのは已に学会を組織されていた京都大学の経済史研究会の人々の諒解を得る事であった」。「此の学会と対立すべきものではない」し、この研究会の「解消を求める筋合のものではない」が「幸にして本庄黒正博士等も双手を挙げて此の学会の成立に賛成された」。実際、両人とも一九三〇年一二月二七日に開かれた創立総会の発起人五〇名に名を連ね、本庄は理事に推薦された(15)。

ニュアンスは微妙に違うが、こうして経済史の二つの学会は、対立や統合をすることなく、メンバーを一部重複させながら並行して活動を続けることになった。社会経済史学会は学閥色が弱いという特徴を現在も基本的に維持しているが、それは、このように全国組織であることの意義を強調して創立された事情が働いていたものと考えられる(16)。

2　創立時の社会経済史学会

次に問題となるのは、なぜ名称を「社会経済史学会」としたのかということである。この点について創立時の会則は以下のようになっている。

第一　本会ハ社会経済史学会ト称ス

第二　本会ハ社会史、経済史、法制史、政治史、思想史等ノ研究及普及並ビニ此等研究者の親睦協同ヲ目的トス(17)

経済史を中心としつつ、隣接分野を広く含めて社会経済史と称していることがわかるが、このことは「本会の会名及び雑誌名に社会経済史の文字を使用してあるが、之は社会の経済史と云う意味にあらずして、広い意味に於ける社会史経済史の中に包含せらるべき諸般の歴史という意である」と小野武夫が、また「故に経済史の研究はまた法制史社会史思想史等に渉って、その交叉を詳にすることを必要とする」と平沼淑郎が述べていることからも読み取れる(18)。とくに創立時には法制史との密接な関係が強調されているのが印象的である。社会経済史学の意味については様々な解釈が可能であるが、創立時の意味は以上のようなものだったのである。

社会経済史学会が一九三〇年に創立された直接の契機は上記の国際的動向および国内における経済史研究会の創立であったと思われるが、一九一八年の大学令に伴う一九一九年以降の国公私立大学の経済学部の独立・昇格により、一九二〇年代に「経済史の制度化」が生じ、これらの大学で専任教員による「経済史」ないし「商業史」関連の講義が次々に開設され、さらに一九二八年からの改造社の「経済学全集」所収の巻など経済史の著作が多く刊行されるようになったことも背景として重要であろう[19]。

実際、創立当初の社会経済史会は盛況だったようである。機関誌は、第一巻全四号の総頁数がすでに九〇〇頁近かったが、その後第二巻全一二号で一三四六頁、第三巻全一一号で一五六〇頁と増え、増減はあったが、第一〇巻全一二号でも一五二四頁と、大体一二〇〇―一五五〇頁で推移し、戦後の約二倍の分量を維持した。会員も創立早々に三〇〇名を超え、一九三三年の第三回大会記事には六〇〇名とある。同年のEHSの会員が個人、図書館併せて六八九だったので、遜色のない水準に達していたことがわかる[20]。イギリスでは財政難、個人会員の伸び悩みといった問題を抱えていたので、日本のほうに勢いがあったと言えるかもしれない。

3　社会経済史学会と歴史学研究会

ここで社会経済史学会と歴史学研究会の関係について見ておこう。永原慶二は社会経済史学会＝「アカデミズムの連合学会」、歴史学研究会＝「自由な有志の研究会」と特徴づけているが、社会経済史学会と経済史研究会との関係が明瞭でないとはいえ、同意できるものである。また、関口尚志は「「(日本資本主義―馬場）論争」のさなか昭和五、七の両年に社会経済史学会と歴史学研究会が創立され、それぞれ発足の翌年から機関誌『社会経済史学』『歴史学研究』を創刊していることも、経済史学の隆盛を反映し加速したものといえるだろう」と両者を並列している[21]。たしかに創刊直後の『歴史学研究』の目次を見ると、「荘園制」「マニュファクチュア」「近世酒造業」など経済史に関わる論文が少なくなく、たとえば土屋喬雄は初期の両誌に寄稿しており、『歴史学研究』を経済史の雑誌とみるのは正しくないとしても、内容的・人的に重なる部分があったことは事実である。他方社会経済史学会も、創立時から法学部、文学部、農学部など経済系学部以外の会員を多く擁していたことが、今日にいたるもうひとつの特徴であることを指摘しておきたい。

四　一九三〇年前後の社会経済史研究——経済学と歴史学のはざまで

1　「方法論争」以後の社会経済史

(1)　ドイツ

方法論争はいわばすれ違いに終わったが、理論と歴史の橋渡しの試みはその後も続けられた。メンガーも歴史的方法を否定していたわけではなく、シュモラー以外の歴史学派は「抽象的経済理論と実証的歴史研究の共存を模索していた」。K・ビューヒャーの『国民経済の成立』（一八九三年）で提示された経済発展段階論はそのような試みの代表的なものであるが、彼もまたメンガーの議論をふまえていた(22)。ビューヒャーの経済発展段階論の影響力は現在でも小さくないが、ここではそれが「歴史的現実から抽象された理論的構成物」であり「過去の時代の経済を分析するための手段」であったものの、世界史的な発展段階論や時代区分論を意図したものではなく、個々の民族を対象とする段階論であったことに注意したい。ビューヒャーの所説に対しては、歴史家のE・マイヤーとベロウから批判があった。マイヤーの批判はビューヒャーの古代経済理解に対するものであり、ベロウが問題としたのは、発展段階論のうちの「賃仕事」に関わるものであった。ビューヒャーはこれらの批判に対して、自著で展開したのは経済理論であり、経済史ではないと反論した。ヴェーバーは、これを踏まえて、ビューヒャーの概念は理念型的に構成されたもので歴史とは区別されるとしつつ、歴史を従属させるような性急な理論化にも警告を発するという立場をとった(23)。

最新歴史学派によってこの問題の研究はさらに推し進められた。ゾンバルトは、『近代資本主義』（一九〇二年）で、経済の発展段階はビューヒャーのように外面的な指標に基づいて構成されるのではなく「経済活動を推進する内的精神的な原理」に基づいて区別されなければならないと考え、「資本主義精神」概念を導き出すとともに、資本の源泉を商業利潤ではなく地代に求める「地代蓄積説」を打ち出した[24]。これに対してベロウは、資本主義の成立を「資本主義精神」という単一の要因に求めることを批判し、その担い手は、経済規模は大きくなかったとしても中世都市の商人であったと、ゾンバルトを批判した[25]。

ヴェーバーの方法論的論稿が登場するのはこうした状況においてであった。ヴェーバーはまず「ロッシャーとクニース」（一九〇三年）で、「歴史主義の立場に立ちながらも自然主義的な法則性・規則性への探求への一歩を進めた」ロッシャーに対する、個々の国民経済を「歴史的個性的な存在」として把握するクニースの優位性を認めつつ、クニースが果たせなかった歴史主義的な立場に立った国民経済学の方法を彫琢することを課題とした[26]。ついで「社会科学および社会政策的認識の「客観性」」（一九〇四年）で「理念型」と因果的説明の方法を導入したが、その際「理念型」は、メンガーの「厳密型」、ビューヒャーの「都市経済」、ゾンバルトの「資本主義的文化」のような概念を、名前こそ挙げなかったが強く意識していた[27]。そしてヴェーバーは、有名な「プロテスタンティズムの倫理と資本主義の「精神」」（一九〇四—〇五年）で「理念型」を駆使したのであるが、牧野雅彦によれば、それは「歴史学派の理論に対するベロウの批判に答えることでもあった[28]」。

このように、方法論争以後の経済理論と経済史の関係づけは理念型的な概念の彫琢という道を辿り、竹林史郎によれば、ゾンバルトとヴェーバーの資本主義論を介して歴史的国民経済学から歴史的社会学へと進んだ[29]。しかし、ベロウのような歴史家はそれに納得せず、*VSWG* に歴史学的経済史の拠点を確保したのである。

(2) イギリス

イギリスは資本主義の母国そして古典派経済学誕生の地であるが、経済史が独立の学問分野として成立するのは、ドイツよりも遅れた。それは、古典派経済学（とくにリカード）が反歴史的とは言わないまでも非歴史的である一方で、歴史学は経済的なものと関係ないと考えられたからである(30)。イギリスにおいて経済史が根付いたのはこのような状況下においてであり、一九世紀末にA・トインビー、W・アシュリー、カニンガムらが登場することになった(31)。

アシュリーはトインビーとドイツ歴史学派、とりわけシュモラーの影響のもとで歴史家としての訓練を受け、ドイツを何度か訪れていた。トインビーの有名な『一八世紀イギリス産業革命講義』(一八八四年)はアシュリーらのノートに基づき復元されたものである。一八八五年に彼はオクスフォードを離れてトロント大学の政治経済学および憲法史の教授になったが、一八八八年に刊行された『イギリス経済史および理論』第一巻はトインビーに捧げられている。オクスフォード大学に残ることはできなかったが、アシュリーは一八九二年にハーバード大学に移り、英語圏で最初の経済史教授となった。そして一九〇一年にバーミンガム大学商学部を設立するためにイギリスに帰国した(32)。

カニンガムは、ケンブリッジ大学で道徳哲学を専攻して一八七二年に卒業した。彼は、一八八二年に『イギリス商工業の成長』を公刊し、一八八四年にはケンブリッジ大学の経済史の講師となった。しかし、一八八五年にマーシャルが同大学の経済学教授に就任したことにより、ケンブリッジはカニンガムにとって居心地の悪い場所になった。マーシャルはカニンガムに講義の一部を経済理論に充てるように命じたからである。そしてカニンガムは一八九二年にマーシャルとJ・N・ケインズに対して論争をしかけ、いわばイギリス版の「方法論争」が始まるが、イギリス経済学の主流となりつつあったマーシャル学派の地位を脅かすものとはならなかった。ただし、イギリス歴史学派は、ドイツ歴史学派とは違って経済理論を消化したうえで歴史的方法を志向し、歴史と理論との共存を目指したので、方法論争といってもドイツとは違うことには注意が必要である(33)。

既述のように、アシュリーは当初ドイツ歴史学派の影響を受け、シュモラーやブレンターノとも強い個人的関係をもっていた。オクスフォードに残れなかったのは、アシュリーが歴史学派経済学者であったためにマーシャル学派に疎まれたことが大きかったが、逆にアメリカ経済学界に迎え入れられたのは、アメリカでもドイツ歴史学派の影響が強かったからである。アシュリーは、もともとは自由貿易主義者であったが、カナダ・アメリカ滞在により保護貿易主義者に転じ、イギリス帰国後はJ・チェンバレンの関税改革運動を支えた。また、ドイツの社会帝国主義者の影響を受けて、関税改革と社会改革を結び付けようとした。労働組合主義の重視もシュモラーやブレンターノと一致するものであった(34)。

ところが、一九二六年になると状況に変化が生じていたことがわかる。すなわち、アシュリーは同年のEHS創立集会での講演で、ドイツ歴史学派は「旧い」経済学を批判して「諸国民の経済発展の原理」に到達しようとしたのであり、かつては自分も同じ立場で、そのことに悔いもないが、いまや「純粋の経済学者が存在し、われわれ経済史家が彼らを受け入れなければならない」と述べている。経済史を尊重しない経済学者が増えていること、言い換えればイギリス経済学界における理論重視のケンブリッジ学派の優位を認めざるをえなくなっているのである。たしかに彼は経済学者と折り合いをつけることは可能とも言っているが、決して楽観的でなかったことは、理論経済学者が経済史家固有の領域を侵食しつつあり、経済史学会の創立と*EHR*の創刊は両者の間に隔たりができるリスクがあると述べていることからも読み取れる(35)。

しかし、初期の*EHR*では、リプソンが編集者だった一九三四年頃までは、数量的手法を強調するクラッパムの提言にもかかわらず、経済史教育に関する記事が多く、掲載される学術論文も歴史学的経済史のアプローチを取るものがほとんどであった。したがって、一九三〇年代のEHSの変化は緩慢であったということができよう(36)。

(3) 日　本

日本における経済史の草分けは二〇世紀初頭の内田銀蔵と福田徳三であるが、ともにそれぞれの仕方でドイツ歴史学派の発展段階論を取り入れた。内田の系譜を引く経済史研究会の本庄や黒正が「日本歴史学派」と呼ばれたように、二人の共著『日本経済史』（一九二九年）でもドイツ歴史学派の発展段階説を日本経済史に適用する形が取られていた[37]。日本の経済史に対する歴史学派の影響は欧米よりも長く続いていたと思われる。

同じことは社会経済史学会についても当てはまる。初代代表理事平沼淑郎の「社会経済史学の創刊に際して」を見ても、ドイツの *VSWG* のような雑誌の公刊を希望していたことが語られ、経済史家にも経済学の知識が必要であることは明らかであるが、「法制史社会史思想史等」との関わりの解明が必要であると主張する。そしてスミス、リカードのような「ラショナリズム派経済学の欠点」を補って「事実材料を収集して、その間に時代及国土の特色を発見し、その因果関係を説明」し、「結論として社会発達の本質如何を討究するのが研究の順序であ」るとして、「経済発達階段の諸説」を評価している。平沼個人の考えかもしれないが、全体として「歴史派諸先輩」の「帰納的論述」と「資料の収集」に基づき、「東洋の史実」を付け加える必要があるとはいえ「社会の推移進歩に就いてその因果関係に研究考査を及ぼ」してドイツの雑誌に匹敵するものを目指すべきことが謳われている。ドイツ歴史学派の強い影響下にあったことは明らかであるが、*VSWG* との関連づけは正確でないように思われる[38]。

永原慶二は、創立時の社会経済史学会について「当時登場してきたマルクス経済学・マルクス歴史学系の学者は誰一人顔を出して」おらず、「会自体がむしろかつての国家社会主義的傾向の強かった社会政策学会（一八九六年設立）との親近性を性格的にもつ人びとをも包み込んで、〝非マルクスまたは反マルクス〟的性質を内在させていた」と述べている[39]。平沼や本位田を見る限り、このような指摘には肯首できるものがある。社会経済史学会が社会政策学会の受け皿という性格を一部にもっていたことは否定できないであろう。平沼は一九二四年に活動を停止した社会政策学会の会員であり、「歴史派経済学者」を自認していた[40]。

2 一九三〇年代の大塚久雄

「戦後歴史学」を展望しつつ一九三〇年代の社会経済史学を考えようとするとき、どうしても大塚久雄を取り上げることになる。大塚は、一九三〇年に東京帝国大学経済学部卒業後助手に採用され、精力的に研究を進め、おびただしい数の論説・文献紹介・書評などを発表した。『社会経済史学』は所属大学の紀要である『経済学論集』と並ぶ主要な発表の場であったが、一九三四年に法政大学講師に就任してからは『経済志林』が加わった[41]。その過程で独自の経済史学が形作られることになった。

大塚独自の資本主義発達史論の登場を決定づけたのは一九四四年の『近代欧洲経済史序説』であったから、いわゆる大塚史学は一九四〇年代に成立したと言われることがある。しかし「前期的資本」といった鍵となる概念はすでに一九三〇年代に使われていたし、処女作『株式会社成立史論』が刊行されたのは一九三八年、初期の代表的論文である「農村の織元と都市の織元」、『近代欧洲経済史序説』の原型である『欧洲経済史序説』が発表されたのも同年であった。したがって、一九三〇年代は大塚史学が胚胎しつつあった時期であったということができる[42]。

大塚は師の本位田が理事であったこともあり、創立直後の社会経済史学会には雑務も含めて積極的に関わっていたようである。大塚は戦前の第一四巻（一九四四年）までに『社会経済史学』に論説・文献紹介・書評・文献目録など二七回（分載された論文を含む）寄稿している。東大助手の任期満了後法政大学に職を得たのも同学会での報告が小野武夫の目にとまったことがきっかけであった[43]。すでにこの時期にマルクスの『資本論』や「日本資本主義論争」とくに山田盛太郎『日本資本主義分析』から多く学んでいたが、本位田や創立時の社会経済史学会がもっていた上述の傾向から、マルクスを前面に出すような論考の投稿は避けていたようである。「いわゆる前期的資本なる範疇について」（一九三五年）も「他への影響が一番少ないようにと慎重に考えて」『経済志林』に発表された[44]。

大塚は一九五一年の『近代資本主義の系譜』上巻序で、この一九三五年論文の時点で「通例の見解、すなわち「自然経済から貨幣経済へ」というシェーマでもって近代資本主義の発達史を説明しつくそうとしたり、さらに商業資本（問屋制商業資本）の生産支配でもって産業資本（マニュファクチャーおよび工場制工業）の成立を割り切ってしまうブレンターノ＝ヘルト的見解、および経済学的には結局それを継承しているに過ぎないゾムバルト的見解を、私としては、すでに清算していた」と述べている(45)。

もっとも、「ブレンターノ＝ヘルト的見解」に具体的に触れたのは、「近代資本主義発達史における商業の地位」（一九四一年）においてであった。そこで大塚は「商業資本が商業の発達すなわち経済社会の商業化の進展とともに産業部面（生産）へ侵入しつつ、遂にこれを支配するにいたったとき、そこに産業資本が成立する」という「かような見解の明晰な抱懐者を示してみるならば、たとえばルヨ・ブレンターノ、アドルフ・ヘルトなどがそれである」と述べている。ただし、この説をドイツ歴史学派と同一視しているわけではない。アンリ・セーをはじめとして「経済史学上ほぼあらゆる学派を通じて支配的な地位を占めている」とも述べている(46)。

たしかに大塚は「いわゆる問屋制度をどう捉えるか」（一九八〇年）で、問屋制を重視して「商業資本の産業資本への転化」を近代資本主義成立の基本線とする説を「古典理論」と呼び、「もっとも重要なルーツをドイツの新歴史学派経済学にもっている」と述べ、一九三〇年代を、「実証的な個別研究」は「小生産者的発展説を裏付けて」いたが「古典的な問屋制度論に代わる新しい一般理論の形成はまだ萌芽状態を出ることがな」かった時期と捉えている(47)。

したがって、大塚はドイツ歴史学派だけを批判の対象としていたわけではない。実際、大塚理論とドイツ歴史学派との関係は単純ではない。「商業資本の産業資本への転化」説は否定したとはいえ、経済史が「独立の専門分科」となるうえでドイツ歴史学派の果たした役割は大塚も十分に認めているし(48)、比較史的・類型論的発想を組み込みながら、段階論的発想まで否定されているわけではない。シュモラーの重商主義概念が「絶対主義国家の現実」に基づくことに距離を置きながら、初期ブルジョワ国家の重商主義政策まで否定しているわけでもない(49)。「国民経済」概念が「ドイツ歴史学派の母胎から生みだされ、すぐれてこの学派の思考様式に結びつくものであった」ことを『国民経済』「まえがき」で認めている。[50] もっとも、これは戦後の仕事も含めたうえでの話であり、一九三〇年代の大塚は、ドイツ歴史学派起源の古典理論への批判的立場を固め、独自の理論を構築しようとしていたとは言えよう。

それでは、初期の大塚の仕事を支えたのは何だったのだろうか。古典理論に対する「実証的な批判」の高まりを大塚が読み取っていたことが大きいが、それと並んでイギリスにとどまらずオランダやドイツなどヨーロッパ各国の実証研究を幅広く利用する比較史的視角を身に付けていたことに注目するべきである。マルクスや講座派理論に加えて、ヴェーバーについても、一九三〇年代初頭からすでに親しんでいたといわれており、それが一九三八年の『欧洲経済史序説』序における「私は経済史研究に際して「経済史的な余りにも経済史的な」立場はこれを超えねばならぬと思う」という言葉につながることになる。[51] ただし、「精神史」的側面と並んで「法制史的、政治史的、社会史的、軍事史的」側面も重視されており、社会経済史学会創立時の社会経済史認識が共有されていたとみることもできる。ヴェーバー学説に正面から取り組むのはもう少し先のことであった。

五　おわりに——戦後、そして現在

岡田与好は一九七二年の論文で、第二次世界大戦を機に世界の経済史学界の中心はドイツからアメリカに決定的に移行し、一九六〇年代にかけて経済史と経済理論（「近代経済学」）との協力から統合へと課題が進んでいるという認識を示した。[52] しかし、こうした方向への変化は、その兆候はあったものの、ドイツはいうまでもなく、イギリスでもアメリカでも一九三〇年代にはまだ微弱であった。

一九三〇年代の日本ではドイツ歴史学派の影響がなお強かったが、欧米の研究の紹介・祖述の域を脱した研究が野村兼太郎、矢口孝次郎らによって生まれつつあった。そうしたなかで歴史学派（とくに商業資本の産業資本への転化説）からの脱却、ヨーロッパの新しい実証研究の積極的活用、マルクスとヴェーバーの学説の利用（とくに前者）といった新しい動きが現れており、それを一身に体現したのが大塚久雄であった。そして一九四四年の『近代欧洲経済史序説』を経て大塚は戦後歴史学の一翼を担うことになる[53]。その意味で大塚にとって戦前歴史学と戦後歴史学は連続していたということができる。

敗戦後の日本の歴史学は、程度の差はあれマルクス主義の影響を受けた戦後歴史学の隆盛により、欧米諸国とは異なる独自の展開を示した。しかし、大塚自身が「成長理論にもとづくさまざまな近代化論」や「計量経済史の盛行」によって「戦前の伝統的な経済史学が三〇年代までに営々と築き上げてきた成果も問題意識も一挙に葬られてしまった」と後年語っているように[54]、歴史学と経済学の境界領域としての社会経済史学はますます経済理論の浸透を受け、二〇世紀末以降国際的にも新たな段階に入っているように見える。それでは、シュモラーがドイツにおける新古典派経済学の発展を五〇年間阻止したと批判されたように[55]、戦後歴史学も同じ評価を受けるべきなのだろうか。そうではないだろう。シュモラー再評価の動きもあるように、経済理論の浸透が趨勢であることは否定できないとしても、社会経済史学会が創立時に目指していた政治史、法制史、社会史などを含めた広い意味での経済史をいかに構築するべきかが、社会経済史学の課題であることは今後も変わらないであろう。

（1）社会経済史学会は二〇二〇年に歴史学研究会よりも一足先に創立九〇周年を迎え、記念事業として『社会経済史学事典』（丸善出版、二〇二一年）を刊行した。本章は、その「1章　社会経済史学の歴史と方法」の一部の項目とも重なる内容をもつが、本シンポジウムの趣旨もふまえて筆者の責任でまとめたものである。

（2）Aubin, H., Zum 50. Band der Vierteljahrschrift für Sozial- und Wirtschaftsgeschichte, *VSWG*, Bd. 50, Heft 1, 1963, S. 4.

（3）Ibid., S. 6-8.

(4) Ibid., S. 8; Zorn, W., "Volkswirtschaft und Kulturgeschichte" und "Sozial- und Wirtschaftsgeschichte". *Zwei Zeitschriften in der Vorgeschichte der VSWG 1863–1900*, *VSWG*, 72. Bd, Heft. 4, 1985, S. 458; *ZSWG*, Bd. 1, Titelseite; 岡田与好「現代経済史学の成立」『競争と結合——資本主義的自由経済をめぐって』蒼天社出版、二〇一四年（初出は『社会科学研究』第二四巻第二号、一九七二年）、一三四頁。四人については、Aubin, op.cit., S. 9–11; H・ケレンベンツ著・神戸大学西洋経済史研究室訳『経済史学の歩み』晃洋書房、一九七七年、一一一—一一二頁、を参照。

(5) 田村信一『グスタフ・シュモラー研究』御茶の水書房、一九九三年、三三二—三三七頁、同『ドイツ歴史学派の研究』日本経済評論社、二〇一八年、二、一二—一三頁、竹林史郎著・田村信一・山田正範訳『歴史学派とドイツ社会学の起源——学問史におけるヴェーバー資本主義論』ミネルヴァ書房、二〇二二年、二四—二八頁。

(6) Aubin, op.cit., S. 9–10.

(7) *ZSWG*, Bd. 1, 1893, S. I.

(8) Ibid., Inhaltsverzeichnis; W. Zorn, op.cit., S. 470.

(9) Aubin, op.cit., S. 19; Zorn, op.cit., S. 470; 岡田、前掲「現代経済史学の成立」一三四頁。

(10) Aubin, op.cit., S. 16; Zorn, op.cit., S. 471; 岡田、前掲「現代経済史学の成立」一三四—一三五頁。

(11) Aubin, op.cit., S. 20; 土肥恒之「社会経済史学の萌芽と「挫折」——ドイツとロシアの場合、一八八〇年代〜一九三〇年代」山田達夫・徳永光俊共編『社会経済史学の誕生と黒正巖』思文閣出版、二〇〇一年、一一一—一一三頁。

(12) Zorn, op.cit., S. 473–4.

(13) 以下の記述は、Barker, T. C., „The Beginning of the Economic History Society", *EHR*, 2nd. Series, Vol. 30, No. 1, 1977、に全面的に拠っている。

(14) 山田達夫「日本経済史研究所 略史（上）」『経済史研究』第二号、一九九八年、二〇五—二〇九頁。

(15) 本位田祥男「社会経済史学会創立史」『社会経済史学』第一巻第一号、一九三一年、二六〇—二六三頁、正田健一郎「社会経済史学会五十年史」『社会経済史学会五十年の歩み——五十年史と回顧・総目録』有斐閣、一九八四年、四—五頁。

(16) 正田、前掲「社会経済史学会五十年史」一〇—一一頁。

(17) 正田、前掲「社会経済史学会五十年史」三頁。なお、現行の会則第二条は「本会は社会経済史及びこれと関連する学術研究発表とその普及並びにこれ等研究者の親睦協力を目的とする」となっている。

(18) 正田、前掲「社会経済史学会五十年史」一七—一八頁。

(19) 土肥恒之「『欧州経済史』の成立」社会経済史学会編『社会経済史学の課題と展望——社会経済史学会創立七〇周年記念』

有斐閣、二〇〇二年、四―七頁。

(20) 正田、前掲「社会経済史学会五十年史」一二頁、高村象平「会報　社会経済史学会第三回大会の記」『社会経済史学』第三巻第九号、一九三四年、一三二頁。Barker, op.cit., p. 2.

(21) 永原慶二『20世紀日本の歴史学』吉川弘文館、二〇〇三年、一一一―一一二頁、大塚久雄・関口尚志「経済史」鈴木鴻一郎編『経済学研究入門』東京大学出版会、一九六七年、一二一頁（関口執筆部分）。

(22) 田村、前掲『ドイツ歴史学派の研究』一三頁、竹林、前掲『歴史学派とドイツ社会学の起源』四四、八三―八五頁。

(23) 牧野雅彦『歴史主義の再建―ウェーバーにおける歴史と社会科学』日本評論社、二〇〇三年、一一一―一二四頁、竹林、前掲『歴史学派とドイツ社会学の起源』一〇九―一一二頁。

(24) 牧野、前掲『歴史主義の再建』一三五―一四二頁、田村、前掲『ドイツ歴史学派の研究』二四―二六、一九九―二三〇頁、竹林、前掲『歴史学派とドイツ社会学の起源』第七章。

(25) 牧野、前掲『歴史主義の再建』一四四―一四七頁。

(26) 牧野、前掲『歴史主義の再建』一〇七、一〇九―一一〇頁。

(27) 竹林、前掲『歴史学派とドイツ社会学の起源』二〇一―二一三頁。

(28) 牧野、前掲『歴史主義の再建』一四七―一四九頁。

(29) 竹林、前掲『歴史学派とドイツ社会学の起源』三七九、四〇三―四〇四頁。

(30) Harte, N. B., Introduction, Do. (ed.), *The Study of Economic History: Collected Inaugural Lectures, 1893–1970*, London, 1971, pp. xii–xiii.

(31) Ibid., pp. xiv, xvi–xix.

(32) Ibid., pp. xxii; Barker, op.cit., p. 5、野村兼太郎「アシュリィ」『社会経済史大系Ⅸ―社会経済史家評伝』弘文堂、一九六〇年、西沢保『マーシャルと歴史学派の経済思想』岩波書店、二〇〇七年、七二―七六頁、佐々木憲介『イギリス歴史学派と経済学方法論争』北海道大学出版会、二〇一三年、二七頁。

(33) Harte, op.cit., p. xxii; 小松芳喬「カニンガム」前掲『社会経済史大系Ⅸ』一二一―一二三頁、西沢、前掲『マーシャルと歴史学派の経済思想』九七頁、佐々木、前掲『イギリス歴史学派と経済学方法論争』二六―二七、三二―三七頁。

(34) 西沢、前掲『マーシャルと歴史学派の経済思想』七一―七六、八一―八三、八八―九〇頁。

(35) Ashley, W., "The Place of Economic History in University Studies", *EHR*, Vol. 1, No. 1, 1927, pp. 3, 4. 岡田、前掲「現代経済史学の成立」一二九頁、西沢、前掲『マーシャルと歴史学派の経済思想』九七―九八頁。G・アンウィンもドイツ歴史学派から

の脱却を図っていた。彼も当初はドイツ歴史学派の影響を受けていたが、国家ではなく「共同目的のための諸個人の自発的結合」を強調することで、そこから脱却した（Harte, op.cit., p. xxvi. 岡田、前掲「現代経済史学の成立」一二五―一二七頁）。

（36）ちなみにゲイが一九四一年のアメリカ経済史学会で、歴史学派経済学の限界を指摘したうえで、歴史学と理論経済学（オーストリア学派とマーシャル学派）との協働の強化を主張したが（Gay, E. F., "The Task of Economic History", *The Journal of Economic History*, Vol. 1, Supplement, 1941, p. 13. 岡田、前掲「現代経済史学の成立」一二一―一二三頁）、一九三〇年代には経済史の雑誌が途絶えていたこともあり、アメリカでも大きな変化はなかった。

（37）大塚・関口、前掲「経済史」一一八頁（関口執筆部分）、大島真理夫「日本経済史学の成立・展開と黒正巖」山田・徳永共編、前掲『社会経済史学の誕生と黒正巖』四二―四五、五〇―五五頁。

（38）平沼淑郎「社会経済史学の創刊に際して」『社会経済史学』第一巻第一号、一九三一年。リプソンが一九三三年九月に来日したときの歓迎会での様子を大塚久雄が『社会経済史学』に寄せており、そのなかに次のような一節がある。「日本では経済史学は独逸歴史学派の影響の下に生誕し、発達しました、との説明にうなずき乍ら、さうです、英国でも嘗ては経済現象の explanation に就いて独逸歴史学派の影響をうけたこともありましたが、今では独逸歴史学の影響を完全に（傍点は原文）completely 脱しています。と学問的な国民的矜持がほのかに顔を出す。――どこかで、さあ、どうだか、との声聞こゆ」（『社会経済史学』第三巻第七号、一九三三年、一三三頁）。

（39）永原、前掲『20世紀日本の歴史学』一一〇頁。

（40）入交好脩「恩師平沼淑郎博士の経歴とその業績――「生誕百年記念祭」における講演要旨」『聖心女子大学論集』第二四集、一九六五年、四六―五三頁。

（41）上野正治編著『大塚久雄著作ノート』図書新聞社、一九六五年、二〇―三〇頁。

（42）関連文献は多いが、ここでは比較的新しいものとして、土肥恒之『西洋史学の先駆者たち』中央公論新社、二〇一二年、第五章、齋藤英里「比較経済史の誕生――大塚久雄『株式会社発生史論』に関する一考察（一）―（四）」『武蔵野大学政治経済研究所年報』第一〇、一四、一五、一九号、二〇一五―二〇二〇年、を挙げておく。

（43）社会経済史学会編、前掲『社会経済史学会五十年の歩み』目録による。石崎津義男『大塚久雄　人と学問』みすず書房、二〇〇六年、四三、四七頁。

（44）石崎、前掲『大塚久雄』四三―四六頁。しかし、本位田からは叱責を受け、矢内原忠雄からも注意を受けた。

（45）大塚久雄『著作集』第三巻、岩波書店、一九六九年、一二頁。

（46）大塚『著作集』第三巻、一二五―一二六頁。

(47) 大塚久雄『著作集』第一一巻、岩波書店、一九八〇年、一六一、一六五頁。
(48) 大塚・関口、前掲「経済史」一〇〇―一〇一頁（大塚執筆部分）。
(49) 大塚久雄『著作集』第六巻、岩波書店、一九六九年、一二九―一三〇頁。
(50) 大塚『著作集』第六巻、三頁。
(51) 大塚久雄『著作集』第二巻、岩波書店、一九六九年、三六八頁。
(52) 岡田、前掲「現代経済史学の成立」一一一―一一三頁。
(53) 土肥、前掲「『欧州経済史』の成立」八頁。
(54) 大塚『著作集』第一一巻、一六六頁。
(55) 塩野谷祐一「グスタフ・フォン・シュモラー――ドイツ歴史派経済学の現代性」『一橋論叢』第一〇三巻第四号、一九九〇年、四一七頁。

5 戦前東洋史学の展開と歴史学研究会の創立者群像

小嶋茂稔

一 歴史学研究会の創立と東洋史学

1 一九三二年という年と歴史学研究会

歴史学研究会〔以下、歴研〕が創立された一九三二年という年は、近代日本の史学史においてどのような年として位置づけられるであろうか。例えば、後年の伊豆公夫の回想[1]に、

唯研と並行して、背景になる団体はなかったのですが、『歴史科学』という歴史の雑誌が一九三二年四月に創刊されました。三二年三月に三二年テーゼの発表、四月に『歴史科学』の創刊、五月には『日本資本主義発達史講座』の刊行が開始され、九月に歴史学研究会が創立され[2]、一一月に『唯物論研究』が創刊されました。三二年という年は、文化・思想、とくに歴史関係ではめざましい年で、三・一五事件から四年たっているわけですが、空前の盛り上りをみせた時期だと私は考えています。なぜ三二年になって歴史研究が盛んになったかをふりかえってみると、日本のアカデミー歴史学が、戦争とファシズムに傾斜してゆく激動の時代に、なんらの説明もできない。やはり歴史を学ばなければ現在はわからないのだということが痛感されたのではないでしょうか。……学問的にいえばマルクス主義・史的唯物論の立場にたつ歴史の総合という要求が高まってきたのではないか。[3]

とあることからは、『歴史科学』や『唯物論研究』の創刊、『日本資本主義発達史講座』とならぶ、マルクス主義歴史学研究の発展傾向の高まりの中に、歴研の創立は位置づけられるということになるだろう。もちろん、歴研それ自体の方向性は、唯物論研究会や、『歴史科学』を主たる活動の場としたマルクス主義歴史学研究者達との活動と必ずしも一致した訳ではなく、永原慶二の言を藉りれば、「雰囲気的には当時力を伸ばしつつあったマルクス歴史学に共感ないし関心をもちつつ、しかしそれを「主義」として標榜するのではなく、まったく自由な、しかし台頭しつつある皇国史観など国家主義的傾向には明確に反対する」(4)性質のものであった。

2　歴研と東洋史学

さて、その歴研の前史は、松田寿男の回想(5)によれば、一九三〇年四月の東京帝国大学文学部史学研究室出身者有志による懇親団体である新興史学会に遡り、それは一九三一年二月に庚午会に継承され、その庚午会の活動と一九三二年の歴史学研究会への移行を主体的に担ったのは東洋史の出身者であったという(6)。歴研の創立を東大東洋史の出身者が担ったという事実そのものは、これまで多くの場で語られていたが、なぜ一九三二年前後に、東洋史出身者からそうした「変革」の動きが胚胎し得たのか、その史学史的背景についてはこれまで十分に論じられてきたとは言い難い。本章は、歴研創立を促した当時の歴史学をおおう学問的背景を確かめ、歴研の創立を担った東洋史出身者に焦点を当てることを通して、一九三〇年前後の東洋史学の変革の相を明らかにし、あわせてそれを媒介に、彼らを歴研の創立に駆り立てたものとは何であったのか、追求してみようとするものである。

二　創立前後の歴研と東大東洋史学科

1　創立時の歴研を支えた人びと

創立時の歴研の活動の中核を担ったのはどのような人々だったのだろうか。一九七〇年代から八〇年代にかけ、歴研の機関誌『歴史学研究』が復刻され、その復刻版の各巻には、当時の歴研の活動に携わった方々の回想が掲載された「月報」が付された。この「月報」は、戦前から戦後直後の歴研の活動を振り返る上での重要な史料である(7)。この回想のなかで、繰り返し語られるのが、創立期から戦中の活動停止（一九四四年）まで歴史学研究会の代表者を務めた三島一と、創立当初、三島とともに会の運営に尽力した志田不動麿である。

一例を挙げれば、石井孝は、

私にとってもっとも印象の強い人で、同時に歴研にとってもっとも大きな役割を果していた人は三島一さんだった。歴研の創立当時、運営の中心になっていた人たちは二〇代であった。三〇代はもう長老格、なかでも三島さんは三〇代の半ばでとびぬけて年長であった。年齢ばかりでなく、性格や態度がまさに長老であった。……つぎに、志田不動麿さんが思い出される。志田さんは歌人でロマンチストだった。不幸にして病気にかかって第一線からしりぞいたが、非常に頭のきれる人で、文章もうまかった。包容力のあるやさしい人で、三島さんについで印象深い人だった。……ついで鈴木俊さん。鈴木さんは少し風格がちがって親分肌だった。後輩の面倒をとてもよくみる。この三人、三島・志田・鈴木の三氏が、創立当時の歴研にとってもっとも大きな役割を果たしていた(8)。

と語る。国史学科出身の石井が「創立当時の歴研にとってもっとも大きな役割」を果たした人物として東洋史出身の三人の名前を挙げていることは興味深い。学科や大学の枠を超えたインターカレッジ性が歴研の特徴であったとはいえ、この三人は、大学を卒業（石井の卒業は一九三三年）したばかりの石井に強い印象を残したことは間違いない。まずは、この三人と歴研との関わりについて、一瞥を与えてみたい。

2　三島一

一八九七年に生まれた三島は幼少時は病弱であり、そのため府立四中を卒業後、京都の第三高等学校に入学した時は満二二歳であった（通常、中学五年卒業で入学すれば満一七歳）。東京帝国大学文学部東洋史学科を一九二六年三月に卒業、卒業論文の題目は「唐代に於ける仏寺経済に関する一考察」で卒業後は東洋史学科の副手を務め、そのかたわら、史学会委員（一九二八年三月まで）として『史学雑誌』に動向・紹介を多数執筆している。

歴史学研究会創立に際して代表者として活躍し、『歴史学研究』創刊号には「生誕のことば」を寄せている。その後三島は、一九三六年度前期の総会で会長に推されてから一九四四年八月の活動停止決定まで会長を務めることになる。戦前の三島と歴史学研究会との関わり合いについて、戦前は歴史学研究会の活動に積極的に関わった林健太郎は、しかし戦前の歴研は全くこの三島さんと共にあったと言っても過言ではなく、そこに三島さんの大きな役割があったのである。当時から三島さんは積極的に会を指導したのではない。しかしまた単にかつがれていたのでもない。人がよくて、いつも時代の良心に忠実であろうとし、しかしまた十分エピキュリアンでもある三島さんは、右に述べたような性質を持った歴研の会長として全くうってつけであった(9)。

と評し、また、戦時中歴研の幹事団のなかにも「時局」の動向に迎合するかのような動きが見られたことに言及しつつ、「三島会長はさすがにこれには動かされなかった(10)」と林が評したことにも注目しておくべきであろう。三島は、敗戦直後の歴研再建の際の混乱に当たって会長を辞任し、その後は歴研の中心的活動とは距離を置いたようであるが、戦後創設された歴史教育者協議会の会長を長く務めた(11)。

3　志田不動麿と庚午会事件

旗田巍によれば[12]、志田は、弘前高等学校を経て、一九二七年に東京帝国大学文学部東洋史学科を卒業した。卒業論文の題目は「支那上代呪術考」で、「学生時代から秀才のほまれが高かった」という。卒業と同時に研究室の副手を、その翌年に史学会の委員を任されていること[13]からも、志田に対する教官連の評価が高かったことは想像に難くない。しかし、三上次男の回想[14]によると、三上が東大東洋史学科に入学した一九二九年ころ、不平等と貧困が溢れる社会を眼前に、「学術と社会、研究と生きることのかかわりあいを念頭におかない」でいられない気持ちの学生たちにとって、大学の講壇の雰囲気は社会の実相と大きくかけ離れていたものであり、そうした中で、志田は「われわれの上にたって、ズバリズバリと思い切ったことをいい、われわれを興奮させ」たという。後述のように、志田の学問が大きく変転するのは一九三〇年以降と思われるが、すでにその前から、既存の東洋史学への不満が志田の中にも充満していたのであろう。

歴研創設にかかる志田の貢献を考える上でまず重視しなければならないのは、一九三二年に発生した庚午会を巡る事件である。旗田によれば、一九三二年春頃から庚午会は会員が増加し、八月に「庚午会の中に左翼分子がおり、このままでは会員は連累者として検挙されるから、左翼分子を残して脱退せよといい、脱退の署名を集め」だすという事件が起こる。この時、「西洋史の全員と日本史の一部が脱会し、東洋史はほぼ全員がふみとどまった」が、旗田はその時のことを次のように回想する。

野原（四郎）さんと私は手わけして東洋史の主要メンバーの家々を訪問し、庚午会から脱会してはならないことを力説した。三島さん・志田さんをはじめ、私たちが会った方々は、みな脱会を思いとどまってくれた。当時、野原さんも私も若かったので、真夏の暑い中を暑さも忘れてとびまわった。このときの野原さんの動きは大きな意味をもった。私は無名の若僧であったが、野原さんは史学会委員の経歴をもち、とくに三島さんや志田さんと親交があり信頼されていた。その野原さんの動きによって、三島さん・志田さんの態度がきまったと想う。もし、あのとき三島さん・志田さんが庚午会を脱退していたら、庚午会はつぶされていたと思う。おふたりがふみとどまったことが、庚午会の崩壊の危機を救ったと思う。そして、もし庚午会がつぶされていたら、歴史学研究会は生れなかったにちがいない。おふたりのふんばり、それを導きだした野原さんの頑張りは、歴史学研究会の歴史の上で忘れてはならないことだと思う[15]。

この旗田の回想は、野原四郎への追悼文の中でのものであるが、当時の庚午会に集った若き歴史学徒の中での三島と志田への信頼の厚さが窺える。さらに旗田は、

事件が一段落したあとで庚午会に残ったものが集ったときに、志田さんは「だれが左翼分子かと詮索するようなことは警察のすることで研究者がするべきことではない。研究者は手をつないでいこう」という趣旨のことをいわれた。その言葉を忘れることはできない。あのとき東洋史のほぼ全員がふみとどまったが、それは志田さんの力が大きかったと思う。もとより野原さんをはじめ、その他の方々の尽力があったが、志田さんの信望は大きかったので、その去就は大きい影響力をもった。あのときの志田さんの立派な態度に私は今も深く感謝している。この事件を契機に私は志田さんへの尊敬の念を一段と深め親しく接するようになった[16]。

と語っている。こうした旗田の回想に依拠すると、志田への「信望」が庚午会に集った東洋史出身者の結束を強め、それが歴研の創立への原動力となったことが明らかになる。

歴研が創立し、『歴史学研究』が創刊されると、志田は、『歴史学研究』誌上にも健筆をふるい、一九三七年度後期から一九三八年度まで歴研の幹事長も務めた。ただ、『歴史学研究』第六二号（一九三九年二月）に「南北朝時代に於ける勅勒の活動（下）」を寄稿して以降は、『歴史学研究』誌に論考を掲載することもなく、幹事等の役員への就任も

確認できなくなる。石原道博の回想[17]によれば、一九三九年からは「志田不動麿・鈴木俊氏とともに『東亜論叢』（文求堂）の編集にあたった」とあるので、この『東亜論叢』の企画や編集に従事したものと思われる[18]。

志田が、歴研創立に前後する時期に自らの研究の方向性を大きく変え、歴研が創立された一九三〇年代の日本の東洋史学に新風を吹き込んだことは、第四節で詳述したい。しかし、旗田の回想によれば、志田は一九三〇年代の終り頃から健康を害し、やがて四国に転居し、戦後神戸大学が発足した際その教授に就任したものの、彼を知る者が期待した活動をみることはできなかったという。また、神戸大学に勤務した戦後の志田の研究活動においても歴研との関わりは殆ど認められなくなっている。志田その人については、まだまだ不明な点が多く後考に期したいと思う[19]。

4　鈴木俊

石井孝が三島・志田と並んで創設期の歴研に「大きな役割」を果たした人物として名を挙げたのが鈴木俊である。東京市京橋区に生まれた鈴木は、開成中学・浦和高等学校を経て東京帝国大学文学部東洋史学科を一九二九年に卒業する。志田の二学年下級、旗田の二学年上級にあたる。鈴木は、一九三〇年九月に研究室の副手に就任し、ついで一九三二年三月に助手に就任する。一九三九年三月に退官するまで、副手・助手としての鈴木の在任期間は一〇年近くに及び、その間「東京の下町で生れ育たれたせいか、江戸っ子気質の侠気と人情を身につけ」た鈴木は、研究室の事実上の主宰者として、教官達も「一切まかせきり」であったという[20]。平凡社の『世界歴史大系』や『東洋歴史大辞典』などの編集や、一九三九年の『歴史学研究』の出版元の四海書房から螢雪書院への変更でも、かなりの尽力をし、志田の退任後は、歴研の幹事長を一九三九年三月から一九四三年一二月まで務めている。

鈴木は、一九四四年六月に治安維持法違反の嫌疑で中野警察署に検挙された。検挙の理由は、当時鈴木が勤務していた法政大学において城戸幡太郎が主宰していた教育科学研究会の名目的な理事を務めていたことによるが、取り調べの刑事がそれには殆ど触れずに多く歴研に関することを調べたという。[21] このため鈴木は公職を離れざるを得ず、また戦災を受け蔵書の大半を失うなどの苦労があったが、戦後は、九州大学や中央大学で教鞭を執り、その生涯は座談会「先学を語る――鈴木俊先生」[22] で振り返られている。

5　野原四郎

石井孝の回想に名前は出てこないが、先にみた旗田巍の回想に名前が見える野原四郎もまた、歴研の創立を語るうえで不可欠の存在である。野原は、東京の高輪中学から鈴木と同じ浦和高等学校を経て、一九三〇年に東京帝国大学東洋史学科を卒業する。鈴木の一学年下級、旗田の一学年上級にあたる。庚午会の解散を思いとどまらせた功績は、確かに三島や志田の人望の厚さに帰せられるべきであろうが、旗田が語るように、その三島や志田の信頼の厚かった野原の奔走がなければ、歴研という学会が存在しなかった可能性が高いのであるとすれば、やはり野原四郎も歴研創立の貢献者として数え上げるべきであろう。

野原は、志田や鈴木のように、歴研の中心的な役職を担うことはなかったようであるが、いっぽうで初期の『歴史学研究』に野原は健筆を振るった。旗田の言を藉りれば、「当時の東洋史学界の風潮が、現代の問題をさけ、また一つの時代や一つの分野の専門に固執する傾向が強かった中では、異色であった。また現実を批判する視角をもち評論風の傾向があった点でも、現実を離れて史料をつみ重ねる実証史学あるいは考証史学とはちがっていた」[23] という。ある意味で、変革期にあった一九三〇年代の東洋史学のあり方を象徴する研究者であったとも言えるだろう。[24]

以上にみた三島・志田・鈴木・野原、そして彼らの後輩として貴重な証言を残した旗田も含めて、その全てが東京帝国大学文学部東洋史学科の卒業生である。庚午会解散を巡る事件の結末を考えれば東洋史出身者が歴研創立の中心になるのは必然であったとも言えるが、見方を変えれば、なぜ一九三〇年前後の東洋史学科からこうした「気運」が生じたのか、という問題にもつながり得る。そうした「気運」を生んだ当時の東洋史学の変革の実相はいかなるものであったのか。それは、歴研を生み出した何者かを探ることにもつながろう。

三　歴研創立期の東洋史学

1　近代日本史学史研究における東洋史

近年、近代以降の日本の史学史に関する研究が盛行を見せているが、そのほとんどは日本史研究を対象とするもので、東洋史研究を対象とする史学史叙述は等閑に附されている感が強い。しかし、管見の限りではあるが、敗戦直後から一九五〇年代にかけての時期[25]、一九六〇年代前半にアジア・フォード両財団からの研究資金供与問題についての関心が高まって以降一九七〇年代にかけての時期[26]には、戦前の東洋史研究に対する反省的見地からの史学史叙述が積み重ねられ、論者によって異なる視角からではあるが、戦前の東洋史研究のあり方への批判的な分析は蓄積されてきている[27]。

これら近代東洋史学史の叙述は、津田左右吉、内藤湖南、白鳥庫吉、桑原隲蔵らのいわば「巨人」の学問的特質なりその思想性に焦点が当てられる傾向が強く、一九三〇年前後以降、歴研創立に関わった研究者群には、十分な検討がなされてきたとは言い難い。その例外が、五井直弘の「東洋史学とマルクス主義[28]」であるが、五井の言及も、「さて、創刊当初の『歴史学研究』には、学会動向や書評・雑誌評にかなりの力が注がれた。少壮の研究者たちの関心と息吹とを窺うことができる。……『プロ科[29]』や『歴史科学』のように直接的でなかったとはいえ、科学的歴史学への志向を示すものにほかならなかった。けれどもそのような志向が「動向」や書評にとどまって、研究論文として発表されることは少なかった。力量の不足が原因であったといってよい」というものに止まり、本章でここまで紹介した三島・志田らの研究活動の分析を介して一九三〇年前後の東洋史学のあり方を論じたものにはなっていない。前節で紹介した鈴木俊は、明治以降の東洋史学の発達を七期に分け[30]、「昭和の初期から第二次世界大戦の終結に至る同二十年頃まで」を「第五期」に位置づけ、「従来の研究が歴史地理や表面的な政治、文化の方面が主であったのに対し、唯物史観の影響をうけて下部構造に深い注意が向けられ、社会、経済や諸制度など、社会科学的な方面にめざましい業績」が挙がった時期とする。歴研の創立はこの鈴木のいう第五期の前半期にあたる。本節では以下、歴研の創立をもたらすこの時期の動向を概観してみたい。

2　一九二〇年代後半から一九三〇年代前半期の東大東洋史学科

東京帝国大学の東洋史学科の草創期を担った白鳥庫吉・市村瓚次郎は、一九二五年に揃って停年退官を迎え、池内宏・箭内亙が教授に昇格する。箭内の急逝後は、一九二七年に和田清が、一九二八年に加藤繁が助教授に就任した。この間、藤田豊八（剣峰）が、一九二五―二八年に教授として在籍していた。しかし、五井によれば、退官後も白鳥の影響力は依然残ったという[31]。いっぽう、鈴木の語るような変化も生じていた。それを代表するものに加藤繁による「社会経済史」的中国史研究の飛躍的推進を挙げられよう。加藤の関心はマルクス歴史学のそれとは全く異なったが、中国史研究の新生面を開いたことは疑い得ない。

歴研の創立期の活動を担った三島らが入学した当時の東大東洋史学科は右のような状況にあった。三島は、白鳥の「東洋史概説」に間に合っていて[32]、「その当時の東京大学で、各学部や学科を超越した学生が廊下にまであふれ」たその講義から「一番影響を受けた」と述懐している。しかし、数年後輩の野原や旗田には、東洋史学科は違った印象を与えた。野原は、「ぼくは大学で東洋史を三年間やったけれど、実におもしろくないんだ。ことに和田さんの明代の蒙古史には弱ってしまった。ぼくだけじゃない、みんな困っちゃったんだ。……元の残党を征伐していく道すじの考証だった。……その考証が実にくわしくて、どこにどういう村があって、という具合さ。日本史の連中は、単位はとらなくちゃならないし、ことに困っていたな[33]」と振り返り、旗田もまた、「入学してみると、東洋史学科には池内宏・加藤繁・和田清の三先生がいて、それぞれ「満鮮史」・「支那経済史」・「蒙古史」に関する講義をされた。三先生はいずれも大変な勉強家で、わき目もふらずに勉強に専念され、立派な講義をしておられた。しかし正直にいって入学当初の私にはとりつきようもないような講義で、興味をもてなかった[34]」という。旗田の入学は一九二八年、卒業は一九三一年である。金融恐慌から世界恐慌へと進む経済的苦境の中、時局から超然とした東洋史学科の講義内容に対して疑問を持った学生は野原や旗田だけには限られなかったようである[35]。

そうした中での変革の一つに文化史への関心の萌芽を挙げることができる。再び野原の回想をみれば、「東京の東洋史学はいかにも官僚的東洋史学だった。それでも私どもが卒業した前後の昭和四年から八年ごろにかけて、東洋史に文化史をやる動きが少しあった。だが束のまであった。そこですぐ赤い波がぐわっとおしよせてきちゃって、僕ら一きょに動いちゃった[36]」とある。野原自身の卒業論文のテーマが『礼記』に出てくる縁結びの神である「高禖」であり、野原に先立つこと三年前の志田不動麿の卒業論文の題目が「支那上代呪術考」であることもそうした動向を反映していよう[37]。野原は自らの卒業論文について、「ぼくは高禖という神さまのことを書いて卒業したけれど、東洋史にはがっかりしていた。何とかもうすこしうるおいのある歴史がほしいと思っていた。そこでデュルケーム流の社会学をやったグラネーにとりついたわけです。……こんな東洋史では困るという考え方はずーっとあったわけです。そこへブハーリンの『史的唯物論』があらわれた。それがわれわれの教科書だったわけです[38]」と語るが、一九二〇年代後半から三〇年代前半にかけて、既成東洋史学への疑問やもの足りなさを感じていた学徒が、新しい研究方法を模索していたことが確かに伝わってくる。

3　東洋史研究へのマルクス主義の浸透

志田や野原が、東大における既成の東洋史学からの脱却を模索していた時、「赤い波」がおしよせる。言うまでもなく、マルクス歴史学である。鈴木は「卒業すると山口高等女学校に赴任し、在任一年間で東京に帰ってきたのであるが、驚いたのは、副手諸君や学生などによる研究室の空気が一変し、唯物史観一辺倒になっていた[39]」と語る。鈴木の卒業は一九二九年、東京にはその翌年に戻っていることから、東大東洋史学科の学生や若い卒業生達にマルクス歴史学の影響が及んだのは、一九二九—三〇年頃であったと見てよい。野原が「われわれの教科書」と語るブハーリン『史的唯物論』の邦訳は、一九二九年に広島定吉による翻訳が『唯物史観』の名称で白揚社から『スターリン＝ブハーリン著作集』第二巻として刊行され、平明な訳文によって多くの読者を獲得したという[40]。また、この時期は、プロレタリア科学研究所が支那問題研究所を設置して、積極的に中国研究の成果を公刊し[41]、羽仁五郎が、「プロレタリア歴史学研究方針」など、マルクス歴史学の理論的研究を次々と発表していた時期でもあった[42]。あわせて、中国革命の方向性を巡る中国社会の現状認識と関わる形で、アジア的生産様式論争が起こり、それがやがて日本の歴史学界にも影響を与えていくというような状況も存在していた[43]。

こうして見てくると、一九三〇年前後の東洋史学科から歴研（歴研の前身たる庚午会も含めて）を生み出したものを自ずと窺えるだろう。それは、既成の東洋史学に対する飽き足らなさや不満であり、マルクス歴史学が若き学徒に与えた影響の大きさであった。しかしそれだけであれば、多かれ少なかれ、国史や西洋史の学生・卒業生にも存在したはずである。なぜ東洋史だったのか。それは三島や志田という学生・若き卒業生の輿望を担った優れた組織者の存在ももちろん大きいが、研究対象が自ら属する国家の侵略の対象となろうとしていたということも、少なからず影響したのではないかと思われる。

後年、小倉芳彦は、戦前の東洋史学の独得の体質構造を、日韓併合、二十一カ条要求などのアジア諸民族に対する抑圧・侵略によって支えられた日本〈国力〉の発展は、そのまま教育研究体制の充実となって現われた。一九一八（大正七）年末に公布された大学令・高等学校令によって、翌年から単科大学・公私立大学・高等学校（旧制）が多数生れる。それらの中で、東洋史学もしだいに地盤をひろげてくる。東洋史学はアジア諸民族への抑圧・侵略を給養源としながら、その抑圧・侵略の対象を研究する、というパラドクスを内部に含むようになる。抑圧・侵略しつつ研究する、という場合の研究とは、どういう性格のものになるか。たとえ自分は直接抑圧・侵略には手を貸していない、学問研究は厳正に中立であると主張しても、抑圧・侵略される諸民族の眼はその主観的幻想性をたちまち見抜くであろう。一九二〇～三〇年代の東洋史学は、抑圧・侵略しつつ研究する者と、抑圧・侵略される者との間の亀裂を深めつつ発達した。蔑視が研究を生み、その研究が敵視を増大させる。白鳥によって「一大礎石」がおかれた東洋史学は、この体質構造を自覚的に克服しない限り、この悪循環から逃れ切れないように思う。[44]（引用文中、傍点は小倉による）

と喝破した。小倉のいう「亀裂」は、同時代の東洋史学徒にどこまで自覚されていただろうか。仮に自覚されていたとして、その「亀裂」への思いを直截に語ることは、すでに三・一五や四・一六を目睹した者にとって難しいことであったろう。当時の若き東洋史学徒の歴研への結集は、当事者には無自覚であったかもしれないが、小倉のいう「悪循環」からの脱却を求める行動であったと評することもできるのではないだろうか。

次節においては、歴研創立者群像の重要な一角を占め、そうした東洋史学徒の苦闘を今日に伝える志田不動麿の若き日の歩みを辿ることで、歴研創立期の東洋史学の学問的雰囲気を探ってみたいと思う。

四　志田不動麿の苦闘

1　新しい東洋史学と既成東洋史学への反撥

改めて志田に対する旗田巍の回想を見てみよう。

志田さんの信望が高かったのは、その高潔な人柄によることが大であったが、それだけではなかった。志田さんの学問のなかに当時の若いものの心をひきつけるものがあったからである。一九三〇年代の初期は日本の思想界全体が激動した時期であるが、歴史学の分野でも、既成の歴史学を批判し、また台頭し来った国粋主義的歴史学に反発する空気が高まった時期である。そういうなかで新しい東洋史学の方向を誠実に追求したのが志田さんであった(45)。

本節では、当時の若き学徒を惹き付けた志田の戦前の歴史学の歩みを辿り、歴研を生み出した学問的情熱の一端を垣間見ることにしたいと思う。

初期の志田の研究活動の対象に、邪馬台国の方位問題があった。一九二七年に発表された「邪馬台国方位考(46)」がそれであり、白鳥庫吉の九州説に対して正面から近畿説を対峙したものである。退官してなお研究室に影響力を有したとされる白鳥庫吉の存在を考えたときに、この論文を発表するのは、大学を卒業したばかりの志田にとって相当の勇気が必要だったのではないかと思われる。論文の発表に先立って、志田のこの研究は、一九二七年五月一八日午後六時から開催された第一〇一回東洋史談話会にて講演されている。その様子を伝える記事によると、「出席者約廿名。晩餐後大要左記の講演あり。問題が問題とて談論風発、その尽くる所を知らず、十時に至りしを以つて即ち散会せり(47)」とある。「談論風発」の内容は窺い知れないが、仮に白鳥庫吉が同席していたとすれば、かなり厳しいやり取りが行われていたのではないかと推測される。白鳥は、晩年の病床にわざわざ当時の東洋史研究室の助手であった矢沢利彦を呼んで、卑弥呼や邪馬台国問題に関する白鳥の最終的結論を口述筆記させているが、五井直弘によれば、そこで矢沢は「門弟」と呼ばれている[48]。退官後に入学した学生（矢沢の東大入学は一九三三年）すら周囲が「門弟」呼ばわりするような研究室の雰囲気を築きあげた白鳥にとって、その講筵に直接連なったであろう志田の、自説とは異なる説の開陳はどのように受け止められたであろうか。そして、そうした白鳥の存在を顧慮することなく、堂々と近畿説を主張した志田の態度は、後進には威風堂々たる者と見受けられたのではないだろうか[49]。

先に述べたように、志田の卒業論文の題目は「支那上代呪術考」であり、また、マルクス歴史学の方向に転ずる前の志田の研究として注目されたものに「支那における化粧の源流[50]」がある。前者の内容は不明であるが、戦前の志田は、折りに触れて古代中国の習俗に関する論文を発表しており[51]、広い意味での文化史方面への関心は持続したようである。志田は、東京の東洋史における文化史の開拓者的位置にあったともいえ、「昭和四、五年のころに『史学雑誌』に発表された「支那における化粧の源流」などは、斬新な問題の扱い方に、当時のわたくしたちはひどく感心した」という三上次男の回想や[52]、「結局あの辺で志田（不動麿）さんあたりが文化史なるものを……」「開くわけだったんですよ。……本当いえばね、文化史研究に安心しているというような時期がまだ数年あったとすれば、もうちょっとその後の東洋史の動きにも変化があったでしょう。……志田さんには、……むしろ、文化史の方面で、もっと働いてもらった方がよかったんだ」という野原四郎の回想もある[53]。確かに、「洗練された文化センス」を持ち、和歌をたしなみ[54]、「風貌もなかなかハイカラで都会的な感じ[55]」がしたという志田がそのまま文化史研究に専念していれば、それはそれで新しい東洋史学の建設につながったであろう。しかし、「ぐわっとおしよせてきた」「赤い波」は、志田を文化史研究に安住させることはなかった。

2　一九三二年の志田不動麿

志田の方向転換の具体的な契機は必ずしも明確ではないが、歴研の創立の年でもある一九三二年に発表した二編の論文が、マルクス歴史学に立脚する志田の新たな方向性を示すものとなった。

その一つは、「晋代の土地所有型態と農民問題[56]」である。この論文の直接の対象は、西晋時代において実施された「占田・課田法」と呼ばれる土地制度・税制であるが、この研究は、いわゆる制度史に跼蹐《きょくせき》するものではない。その第一節「問題の歴史的前提」の中で「それ故土地法を問題にするにしても、我々は国家権力の干渉の程度といふ事実に就いて、厳密な観察を行はねばならないと同時に、此の如き国家の内部的構成――主として其れは階級の分裂と其の性質に就てゞあるが――を分析することによつて、其の権力干渉の方向、権力の実体を見究め、以て世上に流布されてゐる支那国家の超階級性、乃至無階級理論を克服しなければならぬ要に迫られてゐる」（傍点は原文）と述べるように、占田・課田に関する法令の分析を媒介に、そこから見出される階級分裂の状態を見極めた上で、史的唯物論によって、中国の国家や社会を解析しようとする志向性を有するものであった。この論文での志田の結論は、「即ち晋法の性質は農民的土地所有の名の下に、貧農・小農の国家への永久的隷属の要求――国家の農奴としての存在――を提起したものだ。私的農奴と国家的農奴との差別は僅に紙一重の事に過ぎない」とあるように、農奴制の範疇で中国史における封建制の段階を理解しようとするものであった。しかし、志田の筆致は、理論志向の無機質な文章とは対極にあり、あくまでも流麗である。「即ち上述来の貴族連とは打つて変つて、極めて廉潔で・名利に恬淡で・清貧で・国法を遵守した所謂良吏といはれる人々、又は詩人的・隠者的で出仕を好まない貧窮な小地主等の小さい一群を見出す事は必しも困難でないであらう。之は支那封建社会の泥沼に咲く一群の白蓮だ。我々はかういふ人々の言行を読み、然ういふ人々の手になつた詩文に接して、何かはなしに清涼高貴な一種の空気を感ぜしめられることがある。此の時代一人の適例として陶淵明を挙げることが出来る」とは、この論文の結語の一節で、志田と同世代に属する京都帝国大学出身の宇都宮清吉を「感動させた」一節でもあった(57)。

一九三二年に発表されたもう一つの論文は、『研究評論歴史教育』第七巻第九号（「明治以後に於ける歴史学の発達」）（一九三二年一一月）に掲載された「漢南北朝時代史」である。この論文は、掲載された雑誌の特輯題目に示されるように、近代史学確立以降の歴史学の展開を、地域別・時代別に叙述した論文を編纂したものである。志田は自らの担当部分において、「徒に政治的な現象形態に見入つて演義三国志的なる幻想に捕はれてゐる人々の「特殊性」なるものが、如何なる役割を果たしてゐるものであるかは云はずして明である。我々は今日此の如き妄想を一早く掃ひ除ける必要がある。かくて現代支那の客観的情勢を見究はめることによつて、支那の特殊性が消失するばかりか、単に資本主義的経営が発展すれば将来の支那は変化するであらうといふやうな漠然たる空想は後かたもなく消滅するであらう。現在に及ぶ迄の支那は固定的で不変的であつたが、特殊的でなかつたことの正確なる説明こそ、今日最も期待さるべきものである。我々は過去の為めに古き歴史や古き社会をいぢくつてゐるのではない」と、「特殊性」の呪縛から中国を解き放つべきことを力説し、「史学研究には唯物弁証法的方法の絶対的に必要なる事、その為めには歴史学の分野に於て苛責なき批判の巻き起こさるべき事、其事によつてのみ始めて此の行詰れる歴史学の分野に、新局面を打開し得るであらうことを確信する」と、歴史学研究における「唯物弁証法的方法」の必要性、即ち、マルクス歴史学の方法による研究の重要性を明言したのであった。

文化史からマルクス歴史学へと展開した志田が、その代表的な論文を立て続けに発表したのが、歴研創立の一九三二年であったというのも象徴的である。志田の奮闘は、歴研に集おうとする若き東洋史学徒に勇気を与えたに違いない。

五　その後の志田とその中国認識

1　その後の志田

志田は創刊された『歴史学研究』創刊号にも「支那都市発達史の一齣」なる論考を寄せ、北魏から隋にかけての華北の代表的な都市――代（平城）・洛陽・鄴――における「商業資本」の発達と当時の支配階級との相剋の様子を描き出した。志田なりの史的唯物論理解に基づく、将来の通史叙述を意識した研究の一環であったかと思われる。この論文も含め、歴研創立以降の志田の研究の歩みは、先に述べた中国の習俗史も含めて多岐に亙り、その詳細を論じるには機会を改めざるを得ない。

本章のしめくくりにあたり、その後の志田を語るうえで注目したい出来事を二つ紹介したい。まず第一は、唯物論研究会の機関誌『唯物論研究』への寄稿である。三島が唯物論研究会発足時に同会の幹事を務めていたことが志田と唯物論研究会との接点になったものであろう。志田が寄稿した「白話文学の起源」(58)は、唐末五代に起源を有する白話文学発生の社会経済史的背景を論じたものであり、当時の志田の面目躍如たる内容を含んでいて興味深いが、ここで指摘したいことは、この寄稿と唯物論研究会の会員であったことが、結果的にのちに志田を文部省の警戒対象としてしまったことである。奈須恵子の整理・分析によれば(59)、東京大学大学史史料室所蔵の「小池行松氏旧蔵史料」のなかの「極秘　共産主義的傾向アル直轄・私立学校教職員一覧表（昭和一五年六月一四日調）」（「小池行松関係文書」Ⅱ―四七）において志田不動麿は「要注意」教員とされ、その理由は「旧唯物論研究会会員」とされているのである。先に、志田は、一九三八年以降、歴研の活動から表面的には退いたと述べた。江副敏生の回想によれば(60)、一九四一、四二年ごろには「創設時の主だった先輩は、ほとんど表面から退き、比較的目だたない同輩あるいは後輩の人たちが表に出て、かろうじて歴研活動を維持していた」ということであるが、志田が歴研の活動から「表面的に」退いた背景にはこうした事情もあったのかもしれない。

2　東洋史教育と中国認識

第二の点は、志田には東洋史教育への関心があり、「如何に屓屭《ママ》目に見ても中等学校で最も人気のないもの、一つ」(61)であった東洋史教育の革新に向けた提言を行ったり、義務教育段階における東洋史教育の重要性を提案していることである。

前者については、城戸幡太郎が編集にあたった『教育』誌に「中学校に於ける東洋史教科書批判」(『教育』一―一、一九三三年)を寄稿していることである。志田は、この論考の中で、旧制中学校での東洋史教育の比重を阿片戦争以降に移すべきことを提言している。本章では詳述できなかったが、志田の研究対象は秦漢魏晋南北朝から次第に隋唐から宋以降へと移っていく。その先には、志田自らの手になる近代史叙述を想定していたのかもしれない。第二節3で述べたように、志田が歴研の幹事長を退いたのちに携わったとされる雑誌『東亜論叢』も、その創刊号は「近代支那研究」の特集号であった。東洋史教育の改善に向けた志田の提言の背景には、眼前の中国を理解するための近代史研究の重要性への指向があったものと思われる。後者については、『研究評論歴史教育』に「義務教育に於ける東洋史教授の重要性」(『研究評論歴史教育』一三―一二、一九三八年)を寄稿し、義務教育を受ける少年少女に東洋史的知識を授けることを主張したことである。志田は、中国の国家・政府・軍隊・文化がいかなるものであるかを、そして日本がこれまで中国の文化を受け入れてきた理由を、「純真にして汚れなき処女地ともいふべき児童の脳裏に植ゑつけ」ることこそが、次代の担当者に幸福をもたらすと主張する。あわせて、「我々は少年時代に日清日露の二大戦役の後を経つゝ、隣邦支那を目してチャンコロてふ蔑視の観念を脳中深く刻み込まれて成人し来つた。これは一面永年の思想的隷属状態より脱却し得たことを記念する、尊むべき凱歌歓呼の声であると同時に、偏見誤解行き過ぎの観念ですらあつたことを反省せざるを得ない。この観念が又支那今日の変化の跡を明視し得ざらしめた障害となつたともいひたい。チャンコロ的観念を捨てること、換言すれば一切の色眼鏡的既成的偏見を排棄して、明澄慈愛の眼光を以て隣邦に対することが両者の不幸を救ふ道であると痛感する」と、日中関係に対する反省と展望も語っている。奈須恵子が「このような見方の提示は、当時発表された文章の中では確かに数少ない存在である。当時の中国と日本との関係について、日本人側の無理解や差別意識がもたらす問題を指摘していたということは、やはり注目に値する[62]」と語るように、この志田の発言は一九三八年という時代をふまえて考えれば深い意味を持っている。もし、この発言に、第三節で紹介した小倉芳彦のいう「亀裂」を埋めようとするような志田の想いが内在していたのであるとすれば、志田その人はもちろんのこと、歴研に集った三島や野原などを含めた戦前の東洋史学徒の研究や行動を、小倉の言う「亀裂」との向き合い方という観点から再検討してみる必要も生じてこよう。

菊池英夫が語ったように、戦前の中国史学と戦後のそれとの間には、マルクス歴史学の方法による場合でも確かに断絶があり[63]、それは、歴研に集った戦前の東洋史学徒の研究を対象とする史学史叙述の欠落をも結果的にもたらしたともいえるだろう。その史学史叙述の欠落には、かつて五井直弘が論じたように[64]、戦前日本の中国（史）研究が、マルクス主義の方法によるものであっても、結局は停滞論的中国理解に陥ったことも影響しているかもしれない。しかし、侵略し戦火を交える相手国を研究対象とする者が、「亀裂」を自覚したうえでいかなる想いを込めて研究を進めたかは十分に史学史研究の対象となり得よう。志田その人も含め、本章で論じきれなかったいくつかの課題については他日を期して擱筆することとしたい。

（1）　その前身たる庚午会が発展的に解消される形で歴史学研究会が一九三二年一二月に創立されたことは、『歴史学研究』創刊号（一九三三年一一月）掲載の「歴史学研究会の歩み来つた途」に「一九三二年十二月末に至り、全会員一致決議の下に庚午会が解消し、新たに歴史学研究会が結成せられ、こゝに会規が全員参加の上制定せられ、組織的・集団的研究樹立の彼岸に向つて、その輝かしいスタアトを切つた」とあることから確かめられる。

（2）伊豆公夫「一九三〇年代の歴史学」『歴史評論』一八五、一九六六年。伊豆は、本名赤羽寿、歌人（赤木健介）としても知られる。その半生については、「私の歴史研究　在野の歴史学に生きる」上・中・下（『歴史評論』四四〇―四四二、一九八六―八七年）を参照。

（3）伊豆は、歴研の創立を「九月」と言明しているが、根拠は示されていない。同様に「九月」説を採るものに、犬丸義一「日本におけるマルクス主義歴史科学の発達」（『現代歴史学の課題――新しい歴史科学を学ぶために』上、青木書店、一九七一年）があり、「歴研の創立された一九三二年九月といいますと」（同書八九頁）と犬丸は語る。ただ、犬丸は、「このような平泉の天皇制ファシズム史学にたいする東大官学アカデミズム内部の抵抗として、歴史学研究会が、一九三二年十二月に結成されました」（同書八八頁）と別の箇所では語っており、混乱も見られる。

（4）永原慶二『20世紀日本の歴史学』（吉川弘文館、二〇〇三年）、「Ⅰ近代歴史学の成立」一一一頁。なお、永原は、唯物史観歴史学・マルクス主義歴史学が、「ただちに主観的で、いわゆるイデオロギー的であることを意味」しないことを強調し（八九頁）、「マルクス歴史学」の表記を用いると言明しており、本章においても同様の表記を用いることとしたい。

（5）秋山謙蔵・三島一・松田寿男・旗田巍・（司会）松島栄一・永原慶二「座談会（一）「歴研」創立の前後」（『歴史学研究会四十年のあゆみ』〔以下、本章では『あゆみ』と略称〕歴史学研究会、一九七二年）。

（6）注（5）前掲座談会において、秋山謙蔵（東大国史学科出身）は、「この庚午会そのものが三島さんを中心にしてだいたい東洋史中心に動き出した。それで東洋史と国史の方ではちょっと空気がちがうんですよ。それで国史の人がこういう会へ入る程の気運がなかった。むしろ仲間であつまって遊ぶ会だから、僕だけ入れておけばいいということだった。だから他は誰も入っていないでしょ。これはただの遊びの会、ピクニックばかりやっていたのです。それで西洋史もあまりいなかった。だいたい東洋史が主流です」と語っている。

（7）この復刻版「月報」は、『証言　戦後歴史学への道――歴史学研究会創立八〇周年記念』（歴史学研究会発行・青木書店発売、二〇一二年、以下本章では『道』と略称）に全文再録されている。

（8）石井孝「第3巻解題――皇国史観への抵抗」（『歴史学研究　戦前期復刻版　月報』〔以下、『月報』〕第三号、一九七四年二月、『道』六八―六九頁）。

（9）林健太郎『移りゆくものの影――インテリの歩み』（文芸春秋新社、一九六〇年、一四三頁）。

(10) 林、前掲『移りゆくものの影』一四七頁。
(11) 三島には、遺稿集である『中国史と日本』(新評論、一九七七年)があり、また自らその半生を語ったものに、「ある歴史家の回想」(『専修大学社会科学研究所月報』第五三号、一九六八年二月)、「私と歴史学」(『小林・阿部・三島教授最終講義集　学問への道』専修大学経済学会、一九六八年八月)がある。
(12) 旗田巍「志田不動麿氏を想う」『歴史学研究』第四六三号、一九七八年。
(13) 副手就任については志田の戦後の著作『倭の女王』(吉川弘文館、一九五六年)の「著者略歴」により、史学会委員就任については、財団法人史学会『史学会百年小史　一八八九―一九八九』(山川出版社、一九八九年)「(4)史学会役職員一覧」(二一〇頁)による。
(14) 三上次男「庚午会前後のこと」(『月報』第三号、一九七四年二月、『道』七〇―七一頁)。
(15) 旗田巍「野原さんを想う」(『歴史学研究』第四九八号、一九八一年。のち、旗田『朝鮮と日本人』[勁草書房、一九八三年]に収録)。
(16) 注(12)前掲、旗田「志田不動麿氏を想う」。
(17) 石原道博「「歴研」の並木路――第19巻解題にかえて」(『月報』第一九号、一九七六年一〇月、『道』二一四―二一八頁)。
(18) 『東亜論叢』は一九三九年七月に創刊。第一輯の副題には「近代支那研究」とあり、初期は主に明清以降の歴史論文を掲載していたが、徐々に古代を対象とする研究も掲載するようになった。戦前に第五輯まで刊行し(一九四一年一〇月)、戦後、一九四八年四月に第六輯を刊行して、その後の刊行は確認できていない。掲載論文の詳細な検討は後考に委ねざるを得ないが、戦後中国史学の進展の中で参照されるような重厚な研究も掲載されており、力のこもった編集活動の存在が推測される。しかしながら、『東亜論叢』には、編集後記の類や編集委員等の記載は一切なく、実際に志田・鈴木・石原らがどのような活動を行ったかは今のところ不明とせざるを得ない。
(19) 三島や後述する鈴木俊・野原四郎は、戦後にあっても東京で研究活動を継続し、勤務する大学の退職にあたっては、後進による年譜や著作目録が作成されていて、その研究活動の全容を把握することが容易である。しかし志田については、著作目録や年譜の類が編纂された形跡はなく、その生涯には依然として明らかでない点が多い。その点、小嶋茂稔「戦前期東洋史学史のための初歩的ノート――志田不動麿論のための前提」(『史海』第五四号、二〇〇七年)で論じたことに付け加えられるものは現時点ではほとんどない。
(20) 旗田巍「序」『鈴木俊教授還暦記念東洋史論叢』一九六四年。
(21) 鈴木俊「私と東洋史五十年」『鈴木俊先生古稀記念東洋史論叢』山川出版社、一九七五年。

(22)『東方学』九八、一九九九年。座談会の主席者は、池田温・池田雄一・市古宙三・菊池英夫・山本達郎。

(23) 旗田、注(15)前掲「野原さんを想う」。

(24) 野原は、一九三八年から敗戦まで、回教圏研究所の研究員を務めたが、そこでの同僚の一人が竹内好であり、竹内の名著『魯迅』が日本評論社から刊行された背景に、日本評論社の編集者であった伊豆公夫と野原四郎の交流があった。また、一九五七年には、国民的歴史学運動の退潮のなか活動が厳しくなっていた民主主義科学者協会歴史部会の機関誌『歴史評論』の編集長に就任し、一九六七年に歴史科学協議会が結成されるまでその任に当たっている。こうした事実をふまえれば、野原の生涯それ自体を、近代以降の日本の中国研究や歴史学のあり方を考察する上での貴重な研究対象と考えるべきであるが、これについても後考に期したい。なお、野原の半生については、「在野三十年」(『歴史評論』第一六一号、一九六四年一月、のち野原『歴史への視点』〔研文出版、一九八二年〕に収録)を、野原と竹内好の接点や、一九四〇年前後の歴研と竹内の主宰した中国文学研究会との接点の存在などについては、小嶋茂稔「〈魯迅〉にいたる道――復員まで」(黒川みどり・山田智編『竹内好とその時代――歴史学からの対話』有志舎、二〇一八年)参照。

(25)「中国社会史の新たなる課題――そのはしがき」『史学雑誌』五八―三、一九四九年)などの松本善海の一連の発言や、市古宙三・古島和雄・野沢豊・野原四郎・旗田巍・前島信次・三島一「座談会　東洋史研究の跡をたずねて」(『歴史評論』第五〇号、一九五三年)など。

(26) 増淵龍夫『歴史家の同時代史的考察について』岩波書店、一九八三年、旗田巍「日本における東洋史学の伝統」『歴史学研究』二七〇、一九六二年、のち、幼方直吉・遠山茂樹・田中正俊編『歴史像再構成の課題――歴史学の方法とアジア』御茶の水書房、一九六六年、上原淳道「東洋史学の反省」『歴史評論』一五〇、一九六三年、小倉芳彦『吾レ龍門ニ在リ矣――東洋史学・中国・私』龍渓書舎、一九七四年。のち『吾レ龍門ニ在リ矣――小倉芳彦著作選Ⅱ』論創社、二〇〇三年、に再録、五井直弘『近代日本と東洋史学』青木書店、一九七六年、など。

(27) 比較的近年のものとしては、『岩波講座「帝国」日本の学知　第三巻　東洋学の磁場』(岩波書店、二〇〇六年)収載の中見立夫「日本的「東洋学」の形成と構図」、吉澤誠一郎「東洋史学の形成と中国――桑原隲蔵の場合」など。

(28) 五井、注(26)前掲『近代日本と東洋史学』第三章。以下の引用は同書一九二頁。

(29) プロレタリア科学研究所が、一九二九年一一月から一九三四年一月にかけて刊行した同研究所の機関誌『プロレタリア科学』の略称。

(30) 鈴木、注(21)前掲「私と東洋史五十年」。

(31) 五井、注(26)前掲『近代日本と東洋史学』第三章、一七二頁。

（32）東大東洋史学科入学後の三島と教官達との交流については三島、注（11）前掲「ある歴史家の回想」を参照。
（33）野原、注（24）前掲「在野三十年」。
（34）旗田巍「朝鮮史研究をかえりみて」『朝鮮史研究会論文集』一五、一九七八年、のち旗田、注（15）前掲『朝鮮と日本人』に収録。
（35）三上、注（14）前掲「庚午会前後のこと」。
（36）野原四郎・橋川文三・高杉一郎・竹内実・尾崎秀樹「座談会　日本と中国――「中国湖南省」にふれて」『久保栄研究』九、一九六七年。
（37）志田と同年に卒業した他の学生の卒業論文の題目は「漢代に於ける西南支部の歴史地理上の研究」（潮田富貴蔵）「鄭氏占拠以前の台湾島史」（小長谷達吉）「晋代及び其の前後の林邑に就いて」（佐伯義明）「支那上代の刑罰に関する思想について」（高野忠男）「王安石と其財政政策」（山下敏兼）であり（「東京帝国大学文学部昭和二年卒業論文史学並に同関係題目」『史学雑誌』三八―二、一九二七年）、文化史に関心を示した志田の先進性が際だつ。この点は、野原についても同様である。「昭和五年度東京帝国大学文学部卒業論文中特に史学関係のもの」（『史学雑誌』四一―二、一九三〇年）参照。
（38）野原、注（24）前掲「在野三十年」。
（39）鈴木俊、注（21）前掲「私と東洋史五十年」。また三島も、「私は東大時代にはまだ唯物論とか唯物史観というものに関心を持っていなかったように思います。そういう方面の影響を受けるようになったのは、大学を出て後に野原さんや、志田不動麿さんとお付き合いをする間に影響を受けてきた」（三島、注（11）前掲「ある歴史家の回想」）と語っているが、三島が「影響を受け」たのも恐らくこの時期であろう。
（40）佐野勝隆・石川晃弘「解説」現代社会学大系第七巻『史的唯物論』青木書店、一九七四年、四一六頁。
（41）『支那問題講話』鉄塔書院、一九三〇年、『支那大革命』共生閣、一九三〇年、『ソヴェート支那の成長』共生閣、一九三〇年など。
（42）この時期の羽仁五郎の著作については、犬丸義一「解説」（『羽仁五郎歴史論著作集』第一巻、青木書店、一九六七年）を参照。ちなみに、三島は、府立第四中学校で羽仁と同級であり、志田は、東大で同級生であった。
（43）アジア的生産様式についての研究は多岐に亙るが、差し当たって福本勝清『アジア的生産様式論争史――日本・中国・西欧における展開』（社会評論社、二〇一五年）を参照。
（44）小倉芳彦「日本における東洋史学の発達」『岩波講座世界歴史』別巻、一九七一年、のち注（26）前掲『吾レ龍門ニ在リ矣――小倉芳彦著作選Ⅱ』に収録。

(45) 旗田、注(12)前掲「志田不動麿氏を想う」。
(46) 『史学雑誌』三八―一〇、一九二七年。
(47) 「第百一回東洋史談話会記事」『史学雑誌』三八―八、一九二七年。執筆者の署名には「松田」とあり、松田寿男のことと思われる。
(48) 白鳥庫吉「卑弥呼問題の解決（上）（下）」『オリエンタリカ』第一―二号、一九四八―四九年。のち、『白鳥庫吉全集』第一巻、岩波書店、一九六九年に収録。なお、この論文の口述筆記を矢沢利彦が行ったことは、五井、注(26)前掲『近代日本と東洋史学』第二章、九五頁ならびに一二二―一二三頁を参照。ちなみに、矢沢を「門弟」と呼んだのは、同論文（上）末尾の石田幹之助の「附言」においてであり、白鳥自身の言の中には見出せない。しかし、石田に矢沢を白鳥の「門弟」と呼ばせるような雰囲気なり、退官後の白鳥その人と東洋史研究室との関係が存在したことは容易に推測できよう。
(49) 藤井宏は、「志田氏は東大東洋史学科出身にしては珍しく近畿説論者であります。私は学生の頃、当時新進気鋭の少壮学者であられた志田先輩をお招きして有志の者たちだけで当時の志田氏の御専門の魏晋南北朝の土地問題に関するお話を拝聴したことがございます。その時、志田氏は恩師・先輩・友人などの人間関係を一切捨象して縦横に従来の諸学説を批判され、後輩の我々に多大の感銘をお与え下さいました。そのことを、私はつひ昨日の如くに思ひおこします。「東大東洋史学科にはじめて近代的史学者あらはる」と言ふのが、その時の私のいつはらざる感想でございました。志田氏が、多大の学恩をうけられた恩師白鳥氏の学説の真向から対立する近畿説を展開されたのも故なきことではないと存じます」と回想している（藤井『回答書』私家版、一九七二年、四六頁）。
(50) 『史学雑誌』四〇―九、一九二九年。また、志田が内藤湖南の文化史研究に注目し、内藤の『研幾小録』を絶賛したことは小嶋茂稔「戦前期東洋史学における湖南学説の受容をめぐって」黒川みどり・山田智編『内藤湖南とアジア認識　日本近代思想史からみる』勉誠出版、二〇一三年において指摘してある。
(51) 志田は、戦前勤務した立正大学で刊行された学術雑誌に例えば「樗蒲卜考」（立正大学『史学論叢』五、一九三三年）のような論文を数編掲載している。
(52) 三上、注(14)前掲「庚午会前後のこと」。
(53) 野原四郎・姫田光義・増井経夫・旗田巍「座談会　アジア史研究の現状と課題」（『専修史学』七、一九七五年）での野原の発言。
(54) 旗田、注(12)前掲「志田不動麿氏を想う」。なお、志田の死（一九七八年）後、妻の志田初子によって『歌集　みちのく』（私家版、一九七九年）が編まれている。

(55) 三上、注(14)前掲「庚午会前後のこと」。
(56) 『史学雑誌』四三―一～二、一九三二年。
(57) 宇都宮清吉は「漢代豪族論」(『東方学』二三、一九六二年、のち同『中国古代中世史研究』創文社、一九七七年に再録)で、「この論文は、私に多くのことを教えたが、陶淵明という隠逸詩人を、社会経済史的研究の光にあてて論じた、短かい部分が特に私を感動させたと思う」と語っている。また、この論文は、羽仁五郎「東洋における資本主義の形成」(『史学雑誌』第四三巻二、三、六、八号、一九三二年)でも言及されており、当時注目度の高い研究であったことがわかる。
(58) 『唯物論研究』八、一九三三年。ちなみに、三島一も、同誌第六号に、「中世支那に於ける寺院経済に関する社会史的考察」を寄稿しているが、「三村元」の筆名を用いた。志田は敢えて筆名を用いずに寄稿したことになるが、その理由はわからない。
(59) 駒込武・川村肇・奈須恵子編『戦時下学問の統制と動員――日本諸学振興委員会の研究』東京大学出版会、二〇一一年、「第I部　教学刷新新体制の構築　第四章　教学刷新体制と高等教育機関　第二節　教員に対する調査・監視」。
(60) 江副敏生「歴研は私の研究生活の〝ふるさと〟である(1)」『月報』一四、一九七五年一二月、『道』一七五頁。
(61) 有高巖「卒業生諸君に餞す」(『立正大学歴史地理学会誌』一九三四年)の一節。有高は、当時東京文理科大学の教授を務めながら、立正大学にも出講していた東洋史学者で、東洋史教育に造詣の深かった人物である。
(62) 奈須恵子「一九三七年「中学校教授要目」に関する「東洋史」教育の論議」(『立教大学教育学科研究年報』四五、二〇〇一年)。なお、この志田の発言については、奈須「一九三一年「中学校教授要目」に関する「東洋史」教育の論議」(『立教大学教育学科研究年報』四三、二〇〇〇年)もあわせて参照。
(63) 菊池英夫「中国における封建制理論覚え書き」『歴史評論』一九七、一九六七年。
(64) 五井、注(26)前掲『近代日本と東洋史学』第三章。

コラム3

一九三〇年代の『歴史学研究』にみる地方郷土史家へのまなざし

古畑侑亮

『歴史学研究』四号（一九三四年）の「雑誌批判」において、久米誠は郷土史家たちの関心の変化に言及している。

　最近の農業恐慌に原因するものであらふ、彼らの間でも、もはやお稲荷様の鎮座や信玄傘掛の松のみが問題でなくなつたらしい。広く郷土の社会経済史が熱心に研究されるやうになつた。（三一二頁）

ここで指摘されるように、地元の寺社や名所について調べるというのが郷土研究の定番であったが、一九三〇年代には、社会経済史研究に関心を寄せ、実証史学の方法をとる郷土史家が出てくる。中央の学界とも交流を持った彼らは、熱心に資料を蒐集し、学術雑誌に論文を寄せた。それらの研究成果の中には、同時代的にも評価され、現代まで継承されているものが少なくない(1)。

一方、創刊からの二年を振り返った「動向」欄「「歴史学研究」の回顧と展望」二七号（一九三六年）では、『歴史学研究』に掲載された原稿の傾向について次のように述べられている。

　論文では社会経済に関するものが最も多く、過半数を占めている。近世が最も多く、次いで中世、上代、現代の順。（八三頁）

社会経済史研究が隆盛する中で、両者は類似した傾向を見せていたことがうかがえる。それでは、初期の歴史学研究会の人々は、地方の郷土研究をどのように見ていたのだろうか。ここでは、一九三〇年代前半の『歴史学研究』の誌面、とくに「郷土報告」欄に注目することで、彼らのまなざしを探りたい。

はじめに「郷土」の語が見られるのは、一九三三年刊行の二号「学界動向」欄の「郷土研究雑誌の展望」である。そこでは郷土研究の雑誌が二一件挙げられ、とくに信濃史学会『信濃』と仙台郷土研究会『仙台郷土研究』が絶賛されている。一方で次号の「郷土研究雑誌の展望2」では、「地方的な貴重なる素材に対して一家言的な歪曲及び素材を単純なる考古的趣味による解釈」（二〇六頁）が郷土雑誌に共通する欠点として挙げられる。

一九三四年四月の日本近世史部会では、山陰地方の史料採訪旅行から帰った福山精義によって、史料の分布状況や郷土史研究の実態についての「興味ある報告」（八号「会報」欄、九八頁）がなされた。史料採訪の成果であろう、「島根県能義郡母里村の人、真摯なる郷土史研究家」早亀岩治の『母里村精史』の抄録を同号の「郷土報告」欄に掲載している。これは、七号からの新設欄である。同欄の「南信地方における郷土史研究」では、今井穀積が『諏訪史』（一九二四―三七年）を模範例として、地方＝蒐集者、中央＝指導者・著述執筆者と分業することによって両者が結合し、相互補完的な発展が期待できると主張する。アカデミズム史学が自立するためには、古文書や歴史地理学的知見といった〈史料〉の蓄積が必要とされたため、在野の歴史研究者の協力が求められた。そして一八九〇年代には、それに呼応するように地方学会が簇生してゆく。(2) 今井の主張もその流れに連なるもののように見える。しかし、「現在のやうに有能な専門家に欠けた南信地方では不可能である」が、将来的には「郷土史は郷土人の手で」というのが彼の考えであった。他にも「郷土報告」欄には、「長野県上伊那郡朝日村の郷土史家、民族研究会（機関誌「蕗原」）を組織せらる」中村寅一の「村の金融」（九・一〇号）が掲載される等、近世の社会経済史研究を中心に郷土史家自身による投稿も見られる。

「益々内容の充実」（八号）の感を深くしていた「郷土報告」欄であったが、早くも一一号の「編輯後記」には、「最近一部会員間に郷土報告欄の扱ひ方について色々考へられてゐるやうである」と阿部真琴が記している。

吾々は地方史家の研究を歓迎したが、この欄の筆者を地方在住者に限らなかつた……この欄の主旨は地方的問題についての研究を収載することになつた。

従つて、郷土報告なる名が不適当だとすれば、改称の必要があるのではないか。（九九頁）

はたして一三号から「郷土報告」欄はなくなり、郷土史家の著述も「論文」欄に掲載されるようになる。一六号（一九三五年）には、「千葉県土木科勤務の郷土史家」渡部英三郎の「東京湾交通史＝江戸時代を中心として＝」および「長野県岩原田高女校長」岩崎長思の「善光寺平の村落史研究」が掲載され、「編輯後記」では鹽見薫が「地方在住の支持者より、すぐれたる労作の得られたことを、喜びたい」（九六頁）と記している。

一方で、同号の「談話室」では、一五号の「会報」欄に掲載された「悪意の論戦」との記述に対し、「日本近世史部会の報告は、我々に対しては不当なる忠告がある」（九〇頁）と郷土史家と思われる読者が反駁している。これに対して青木富太郎は、「毎号本誌のために種々御忠言を賜はる地方在住の支持者に対し、我々は満腔の謝意を表したい」（九六頁）と受け流しており、部会運営の現場では不穏な空気もあったことが推察される。

二一号では、「見らる丶通り、改巻後多少その編輯方針は変つてゐる」としつつ「なほ地方郷土史家の寄稿を歓迎することには変わりない」として「地方の篤学者」を掲載している。日高次吉の「旧佐土原藩の財政窮乏と其の対策」を掲載している。しかし、郷土史家による論文や郷土研究に関する記述は、その後ほとんど目立たなくなる。この変化をどのように考えるべきかは、『歴史学研究』の購読者の実態解明とともに今後の課題であるが、一九三〇年代前半の歴研の編輯委員が郷土研究に目を配り、誌面上に地方郷土史家が参入できる余地があったことは注目されてよいだろう。それは、伝統的な研究会やその機関誌の存続が危ぶまれる一方で、大学や研究機関に所属を持たない「在野研究者」が活躍しつつある二〇二〇年代の学会のあり方を考える手がかりにもなるのではないだろうか。[3]

（1）　古畑侑亮「戦前における在野研究者の蒐集活動と史料認識――金沢甚衛の河川交通史研究」『大倉山論集』六七、二〇二一年。

（2）　廣木尚『アカデミズム史学の危機と復権』思文閣出版、二〇二二年。

（3）「在野研究者」については、礫川全次『独学で歴史家になる方法』（日本実業出版社、二〇一八年）、荒木優太編著『在野研究ビギナーズ――勝手にはじめる研究生活』（明石書店、二〇一九年）他がその可能性を投げかけている。

6 歴史学研究会と二つの皇国史観
——平泉澄・吉田三郎を中心に

昆野伸幸

一 歴史学研究会と平泉澄・吉田三郎

歴史学研究会〔以下、歴研と略記〕の創立をめぐって、一九七〇年代になされた回想では、歴研の創立・活動が平泉澄の歴史学（皇国史観）に対する反発・抵抗であるとしばしば言及される[1]。とはいえ、創立期の歴研と平泉の歴史学との対抗関係は、歴研関係者にとって必ずしも自明な共通認識ではなかったようである。一九七一年一一月六日に開催された座談会において、「歴研のできる頃には、平泉さんはまだ東大助教授で特別の存在ではなかった」という秋山謙蔵の発言を受け、永原慶二が「すると平泉史学に対抗して〔歴研会則に——昆野註、以下同〕「科学的」と書いたのではなかったのですね」と引き取ると、松島栄一はそれに反論するかたちで、歴研と平泉との対抗関係を強調した[2]。その後、機関誌『歴史学研究 戦前期復刻版』全二三巻（青木書店、一九七三—七七年）が刊行され、関係者による当時の回想が各巻の月報に多数掲載されるようになると、そこでは改めて歴研と平泉との対抗関係が繰り返し強調された。そのような認識は、永原慶二『20世紀日本の歴史学』（吉川弘文館、二〇〇三年）に至るまで一貫している。

戦後の歴史学界は、精神主義的、非科学的な歴史観に基づき、侵略戦争を合理化した平泉とその門下に、歴史学の戦争責任を負わせるとともに、それと対抗した歴研に歴史学の良心を見出し、戦後歴史学の起源の一つとして歴研を位置づけた。

このような構図が長らく研究者に共有されたせいか、これまで平泉に関する実証的分析は低調なうえ、平泉史学に対する理解も画一的なままだった。このような状況に対し、平泉門下の一部が異議申し立てを行い、積極的に師の汚名返上に取り組んできたが[3]、学界の主流的な見方を大幅に変更するには至らなかった。ところが、様々な要因が作用した結果、二〇〇〇年代以降、平泉研究は格段に進展し、今日に至るまで、実証的な平泉論が多数発表されている[4]。

本章の目的の一つは、近年の平泉研究の成果をふまえて、改めて歴研と平泉史学の関係について問い直すことである。具体的には、まず歴研関係者による後年の回想からではなく、実際の『歴史学研究』誌面に基づいて、歴研の平泉（史学）観を実証的に明らかにする。次に、平泉の側から歴研創立に至る動きを捉え返す。歴研が平泉史学を意識していたように、平泉も歴研側（歴研創立に至る若手史家）を意識していたのではないか。このように歴研・平泉両者の相互のまなざしを確認することで、より具体的に歴研と平泉との関係を検討したい。

ところで、歴研は平泉＝皇国史観と対峙したとされるが、歴研の会員のなかには、「皇国史観」の用語を使って新しい歴史観を説いた吉田三郎や、戦時期に急激な右旋回を遂げ、「皇国史観錬成会」の講師を務めた秋山謙蔵もいる[5]。歴研の歴史にとって彼ら「皇国史観」論者の存在をどう考えればよいのか。果たして彼らの存在は単なる逸脱、例外にすぎないのか。平泉史学に批判的で、歴研に入会した彼ら（それも創立に関わったり、京都班の設立に関わるくらい縁の深い人物）が、なぜ歴研の歴史学から離れ、「皇国史観」を説くようになったのか、その背景・要因を内在的に理解する必要がある。本章の二つ目の目的は、まさにこの背景・要因の一端を探ることである。

以上のような問題意識から、本章は歴研と二つの皇国史観——主に平泉史学が想定される分析概念としての皇国史観と、戦時期に実際に使われた資料用語としての「皇国史観」——との関連について分析する。

二　平泉史学と歴研

歴研創立の頃、東京帝国大学文学部国史学科の助教授を務めていた平泉澄（一八九五―一九八四年）の歴史認識の展開と歴研の動きについて見ていこう。

明治以来の学風は、往々にして実を詮索して能事了れりとした。所謂科学的研究これである。その研究法は分析である。分析は解体である。解体は死である。之に反し真を求むるは綜合である。綜合は生である。而してそは科学よりはむしろ芸術であり、更に究竟すれば信仰である。まことに歴史は一種異様の学問である。科学的冷静の態度、周到なる研究の必要なるは、いふまでもない。しかもそれのみにては、歴史は只分解せられ、死滅する。歴史を生かすものは、その歴史を継承し、その歴史の信に生くる人の、奇しき霊魂の力である。この霊魂の力によつて、実は真となる。歴史家の求むる所は、かくの如き真でなければならない。かくして史家は初めて三世の大導師となり、天地の化育を賛するものとなるであらう。(6)

大正末期、平泉は、歴史学は「実」（科学的分析）をふまえたうえで、「真」（信仰、歴史の継承）へと至るべきと説く。当時の平泉批判や先行研究においては、「科学よりはむしろ芸術」との一節に注目し、平泉史学の非科学性を示すものとして批判的に取り上げられることの多い資料だが、素直に読めば、平泉が科学的分析を全否定しているわけではないことは明白だろう。

ただし、もともとは「実」と「真」の両立を模索していた平泉が、昭和期には、それも外遊にでかける前の時点で、現代に盛んな科学的方法・解釈もいずれ失墜するものとして相対化するに至っていることには注意する必要がある。

今や科学は其の全盛を極め、……一切の文化に対し、科学的方法による研究を加へ、科学的解釈を下さんとしつゝある。その傾向の極端に走り、その勢の激する所、所謂社会科学の主張を見る。……しかるに斯くの如き見解は、科学の万能を信じ科学の全盛に酔ふ現代の特徴であり、或はその余沫に過ぎざるものであつて、そのいふ所には幾多の真理を含み、又清新なる示唆に富むとはいへ、之を以て唯一の解釈となし、絶対の真理なりとなす事は出来ない。時代は推移する。[7]

「科学的方法による研究」「科学的解釈」の極端な例として、平泉は「所謂社会科学」つまりマルクス主義による研究を挙げる。彼が科学的方法・解釈への否定に傾いた背景には、マルクス主義に対する批判意識があった。

そして、ヨーロッパ外遊は、それまでの持論である閉鎖的な「国史」観や世界史への懐疑をますます強めることとなる。平泉は「歴史は一つの国家、一つの民族に於てのみ初めて可能である[8]」という閉鎖的な「国史」観を前提に、「従つて彼の所謂世界史なるものは、何等の連絡なく、何等の統一なき寄木細工にして、真の歴史の意義と遠く離れたるものなる事、予年来の説、こゝに至つて愈々牢固動かすべからざるを想ふ[9]」と、世界史への懐疑を表明する。

平泉が外遊で不在の間に、一九三一年二月、志田不動麿、秋山謙蔵、三島一ら東大文学部史学科出身の若手史家によって、庚午会が結成されている。

一九三一年七月に帰国した平泉は、学生や若手研究者の間におけるマルクス主義の広がりに衝撃を受けたのだろう。一九三二年二月、東大の学生を会員とする朱光会の会長となり、国家主義の学生を糾合しようとする。とはいえ、一九三二年の時点で会員は二七名ほどで、当初は外部に積極的に働きかける団体ではなく、研究会の性格が強かったらしい[10]。

まだ外部への影響力が限定的だった頃、一九三二年一一月、平泉は「若き史学者たち」に向けて、「冀くは我が若き史学者たちをして、更に深刻なる苦悶を通して、真に日本精神に目ざめ、先哲の思想を闡明するに至らしめん事を[11]」と、安易にマルクス主義に便乗することなく、「深刻なる苦悶」を経て「日本精神」に覚醒する期待を表明する。

ところが、翌月に庚午会が発展的に解消し、若手史家を中心に「歴史の科学的研究を行ひ、併せて会員相互の親睦を図るを以て目的となす」(12) 歴研が創立されると、平泉の期待にもかかわらず、卒業生や在籍学生からは歴研への入会が相次いだ。一九三三年四月、平泉が青々塾を開設し、より直接的な師弟関係の強い教化に踏み切るのは、学生への強いマルクス主義の影響に対する抵抗なのだろう。

実際、この頃の東大国史学科の学生にはマルクス主義の影響を受け、社会経済史研究を志向する者が多かった。一九三一年四月に入学した鳥巣通明によれば、「学生にいちばん接触する機会の多い副手は、私等新入生に唯物史観入門書を推薦し、アカデミツクな教授連を無能、また反動ときめつけ、あの羽仁五郎をもつともすぐれた史学者であるとほめた丶へてゐた」(13)。このような普及活動の存在も理由の一つだろう。また青々塾に入塾し、平泉に師事して後年『山鹿素行先生』『水戸学の源流』を刊行する松本純郎も、一九三三年四月に入学した頃には「社会経済史的な方面をやつて見たい」(14) という思いを抱いていたくらいである。歴研創立の前後に卒業した国史学科の学生ら――遠藤元男（一九三一年卒業）、阿部真琴（一九三三年卒業）、伊東多三郎（一九三一年卒業）、杉山昌三（一九三二年卒業）、石井孝（一九三三年卒業）、福山精義（一九三三年卒業）、田名網宏（一九三三年卒業）、豊田武（一九三三年卒業）――が続々と歴研へ入会し、在籍する学生を会に誘うさまは、平泉にとって青年がマルクス主義に翻弄された姿に他ならなかっただろう。

そのような情勢において、単に忠孝を説いているだけでは何の役にも立たないことに平泉は気づく。

義勇の精神のない連中に、どれだけ忠孝を説いても何の役にも立ちませぬ。謀反はしますまい。温良ではありませう。恭順でありませう。併ながら国家将に傾かんとする非常の時に遭遇して、温良恭謙これを望視する連中が何の役に立ちませうか。幾多の青年がマルクスシズムに翻弄されて、日本は殆んど赤化するかと思はれた時に於て、たゞ穏かに温良恭謙以て忠孝を説くものが何の役に立ちますか。……これ〔「義勇の精神」の重要性〕に気が附いて一昨年〔一九三三年〕夏八月の十六日頃であつたかと思ひますが「武士道の復活」を書いたのであります(15)。

一九三三年夏のタイミングで平泉が「義勇の精神」の重要性を発見する背景には、同年三月に日本政府が国際連盟理事会に対して脱退通告を行い、日本が国際的に孤立する対外的な危機感があった。そして国内的には「幾多の青年がマルクスシズムに翻弄されて、日本は殆んど赤化するかと思はれた」という平泉の危機感は、国史学科を卒業した学生が続々と歴研へと合流するという身近な現象によって否が応でも昂進させられたのだろう。

そして、「義勇の精神」に気づいた平泉が書いたのが「武士道の復活」である。

今之を大にして世界の匡救に、之を小にして亜細亜の覚醒に、貢献せんとする日本は、先づその内に存する所の此の弊風〔外来文化に心酔して、自国の伝統を無視する傾向〕を除去して、真に日本らしき日本にかへり、純乎として純なる日本精神に蘇らねばならない。……こゝに一切の問題の先決として、吾等当為の急務は、日本人をして真に日本人たらしめ、日本をして真に日本たらしむる事、即ち日本人の間に於ける日本精神の復活でなければならぬ。(16)

このように日本への回帰、「日本精神」＝武士道の復活を説く平泉に対し、一九三三年一一月に創刊された歴研の機関誌『歴史学研究』は、批判的態度を鮮明にする。創刊号の編集後記は、「祖国日本に還れ！　とある人々は絶叫してゐる。然し祖国日本も世界的な社会状勢の波浪に漂つてゐる以上、世界史的な把握なくしてどうして祖国日本が理解され得やう」(17)と、世界の中の日本、世界史の一部としての日本史という立場から、「祖国日本に還れ！」という主張を批判する。一巻（一号—六号、一九三三年一一月—一九三四年四月）の編集部委員は、松田寿男、小林元、遠藤元男、杉本勲、伊藤世美である。(18)創刊号の編集後記は無署名だが、執筆者はかつて国史研究室の副手を務めた遠藤元男らしい(19)ことをふまえると、「祖国日本に還れ！」と絶叫している人々とは、平泉とその門下を念頭においていると考えられる。また同じく創刊号には、アナトール・フランス『エピクロスの園』を出典とする彼の歴史論——「歴史は科学ではない。芸術である」(20)——が翻訳・紹介されている。この記事も読者に平泉を連想させることだろう。

『歴史学研究』創刊号が平泉批判を示す一方、他方ではその翌月の一九三三年一二月には、国史学科学生の小野壽人（一九三三年入学、一九三六年卒業）が主導するかたちで朱光会の会誌『朱光』が創刊される。内海秀夫（朱光会責任者・青々塾塾頭）の反対を押し切って、小野が会誌発行を実現させたのは、マルクス主義を批判すべき日本主義運動が確固とした理論を欠き、無力ななか、朱光会がより積極的に外部、とくに高等学校に働きかける必要性を認識していたからであった[21]。朱光会の研究会的性格が変化した背景には、歴研の活発化、平泉批判の動向が関係しているように見受けられる。

さて『歴史学研究』は創刊号以降も平泉批判、「日本精神」論批判を展開する。

世を挙げての非常時は歴史家をも街頭に狩り立てずにはおかなかつた。大学教授はその地位に安閑と研究にのみ没頭せしめ得ない。講演に実践に自己の職場を忘れたかの如くに狂奔してゐる。（改行）この傾向は歴史の学問的研究よりも、その教育的方面が又これらの人々によつて絶叫されてゐる。云はく日本精神・武士道的精神。それは又過去への憧憬となつて現はれる。弘法大師一千百年紀念・建武中興六百年紀念・山鹿素行百五十年紀念等々。（改行）これらは確かに正しく望ましいことではある。しかしそれらの人物・事件の真実性がある事情によつて覆はれるならば意味のないことである。（改行）歴史の科学性は地に墜ちて終つた。しかし若き歴史家はこれらを護りつゞけてゐる。そしてそれは当然の義務でもあらねばならぬ[22]。

「歴史の科学性」を放棄し、「日本精神・武士道的精神」を絶叫する歴史家（おそらく平泉）と、「歴史の科学性」を護持する「若き歴史家」（＝歴研）とが対立的に把握される。「〔建武中興六百年紀念展覧会の〕目録の巻頭には〔楠公会の〕理事平泉澄氏が建武中興の概説をしておられる。それは例によつて烈々たる焔の如き文字である[23]」といった揶揄も散見されるが、歴研の想定する「日本精神」論者が平泉であること――平泉に限定されるわけではないが――は、「我々が実に生けるものに依つて悩まされるのみでなく、又死せるものによつて悩まされてゐる事実――歴史学におけるその一例として「日本精神」の問題を挙げ得る。（具体的には同じく思想四月号巻末「日本精神」文献に提示せられたる平泉澄氏、清原貞雄氏等の著作を見よ）[24]」といった一節から明らかである。

そして読者から「近頃バッコする神話的『日本精神』的論文の批判は急務だと思ふ。「歴研」を読む者は大学の文科の学生だけでない事を忘れぬこと。……もつと有意義であり、現実的・科学的でありたい[25]」との感想が寄せられると、さっそく対応する記事が相次いで登場する。

特に近来所謂非常時局の発生に伴つて、さうした教説（武士道を日本民族に固有な優秀な精神とする説や武士道を現代生活の規範とする説）が跳梁を極め、而もそれが抑圧的な響きを以つて吾々に臨んで居る[26]。……非科学的な論説の横行を歴史学の分野から駆逐する事に就ては吾々は充分にその用意をなすべきである。その為には、経済史の研究と共に、芸術・思想等、精神史の方面にも、科学的な批判の手を伸ばし、所謂「精神史家」の活動に対して、適切な忠言を呈すべきであらう[27]。

さらに歴研は、一九三四年の日本史学界の動向をまとめるなかで、「日本精神」的立場の勃興について触れるが、その例として小野壽人「日本史学序説」（『歴史教育』八巻八号、九号、一一号、一九三三年一一月、一二月、一九三四年二月）を挙げる[28]。小野は「日本史学序説」執筆当時、まだ東大文学部国史学科在籍の一回生に過ぎない。朱光会会員、青々塾塾生として平泉の薫陶厚い小野を意図的に選んだのだろう。

このように『歴史学研究』誌上では、とくに創刊号から二五号（一九三五年一一月）にかけて、平泉やその門弟の「所謂「精神史家」」、非科学的な「日本精神」論を批判する論調が目立つ一方、他方では平泉の大正期における実証的研究を評価する記述も見受けられる。例えば、豊田武は、座に関する研究動向を紹介するなかで、平泉の二論文（「座管見」『史学雑誌』二八編一二号、一九一七年一二月、「再び座に就いて鄙見を述ぶ」『史学雑誌』二九編三号、一九一八年三月）に触れ、「平泉博士が座に二義ありとて、市座と座とを区別せられたのは卓見である[29]」と評価する。また、日本教育史研究の動向が掲載された際にも、平泉の『中世に於ける精神生活』（至文堂、一九二六年）が「誠に暗黒時代とせられた中世教育史に一炬火を点じたもの」と評され、教育学者による教育史研究において「曾々歴史家の研究著述にして教育史に関する物あれば金科玉条として引用せられ（例へば近頃の日本教育史にして平泉博士の「中世に於ける精神生活」より引用し又は恩恵を被つてゐないものはない）てゐる」と、平泉の業績がもてはやされている現状が紹介されている。[30]他にも、平泉の『中世に於ける精神生活』、『中世に於ける社寺と社会との関係』（至文堂、一九二六年）を注で挙げる論文もある。[31]

以上のように『歴史学研究』誌上からは、昭和期の平泉における時局的な著述については、非科学的で学問的には無価値と見なし、批判しつつも、大正期における実証的な中世史研究の業績は評価するというスタンスが確認できる。歴研は、必ずしも総体としての平泉史学を否定したわけではなかったのである。

三　歴研と吉田三郎

吉田三郎（一九〇八―四五？年）は一九二八年、京都帝国大学文学部に入学し、一九三一年、京大文学部史学科国史学専攻を卒業する。大学では西田直二郎に師事し、卒業論文として「近世に於ける学問の新傾向」をまとめる。[32]卒業後は京大副手、京都府立桃山中学校講師[33]（一九三二―三四年）、史学研究会編纂委員（一九三二―三四年）を務める。一九三四年三月、禰津正志らとともに歴史学研究会京都班を設立する。[34]ただし、同年に文部省管轄下の国民精神文化研究所〔以下、精研と略記〕の助手となり、四月中旬、東京に転居しているので、[35]吉田が京都班で活動した事実はほとんどなかったと思われる。実際、京都班で活動した藤谷俊雄も、吉田について「私たちは全然交渉はなかった」[36]と回想している。一九四〇年精研所員。一九四一年京大文学部講師を兼任。一九四二年以後は興亜錬成所錬成官も兼任。一九四三年興南錬成院錬成官としてマニラに赴任。一九四五年頃死去したと推測される。

初期の吉田が発表した学術的な業績として、史学研究会（京大文学部）の機関誌『史林』に掲載された「近世に於ける学問の新傾向」（『史林』一七巻四号、一九三二年一〇月）と、歴研の機関誌『歴史学研究』に掲載された「外国貿易と大名」（『歴史学研究』九号、一九三四年七月）の二論文を挙げることができる。それぞれ毛色の異なる内容の論文だが、前者は吉田の卒業論文であり、師事した西田直二郎の文化史をふまえた思想史の論文である。吉田のこの論文は、小葉田淳、赤松俊秀、宇都宮清吉、内田吟風、宮崎市定、三品彰英らの『史林』掲載論文とともに、「新進学徒の精進に成るものが雑誌〔『史林』〕の根幹を形造つて居る」、「こゝに見る冥々の気魄こそは何ものにも換へ難きこれからの史林の生命であるといへる」と『歴史学研究』誌上において高く評価されている。(37)

吉田は、新井白石、三浦梅園、本居宣長、本多利明、佐藤信淵ら五名の学問の進歩的な性格を指摘し、次のように結論づける。

……こゝに看過すべからざるは、此等の学問〔新井白石から佐藤信淵に至る学問〕が没我観念、保守主義、主情主義、無批判的主観的学問、演繹的独断によつて論をなす絶対主義等の如き所謂封建主義的精神、封建主義的学問の無力無意味さを学問的に明らかにし……以て来るべき時代の精神や学問の発展すべき基礎を固め道を清めると云ふ役目をなし、革新的な歴史的意義を担うたことである。(38)

新井白石から佐藤信淵に至る学問の新傾向が「所謂封建主義的精神、封建主義的学問」を打破し、新時代の精神の登場を準備したと評価される。吉田はとくに宣長の学問に「一種の宗教」という「近代的な学問の方法から遠ざかる」要素を看取しつつも、「文献学的方法、客観主義、実証主義、自然状態の愛好と尊重の態度」を見出し、その進歩性を重視した。(39)そのため後年の歴研日本近世史部会において、北山茂夫が宣長の反動性を論じた際には、異論を呈し、「意見対立のまゝ閉会した」一幕もあった。(40)

ところで、吉田が否定される対象と捉えた「没我観念、保守主義、主情主義、無批判的主観的学問、演繹的独断」といった特質は、当時における平泉の歴史学に対するイメージと重なる。この点をふまえると、吉田は、近世の思想状況と現在を重ねて議論しており、新しい精神や学問に期待する心情を読み取ることができる。

この論文の註に挙げられた文献には、西田直二郎『日本文化史序説』のみならず、本庄栄治郎『日本社会史』、福田徳三『日本経済史論』、羽仁五郎『佐藤信淵に関する基礎的研究』があるように、吉田は、盛行しつつあった社会経済史研究やマルクス主義歴史学の成果も吸収している。吉田が期待した新しい学問とは、社会経済史的な学問であったことがうかがえ、自分自身もその方面から幕末における貿易について調査し、その成果が論文「外国貿易と大名」として結実し、『歴史学研究』に掲載されたのだろう。

吉田は、この論文において、幕末における大名を考察することで、明治維新の歴史的意義を解明することを試みた。

大名自体が近世初頭とは甚しく変容し、その変つた容に適するための組織を編成せんとし、そのもくろみが、尊王討幕の運動を支持するものであつたからこそ、容易に新政府が成立し得たと見る。(41)

吉田は大名が変容し、進歩的存在になったと捉えるが、この見解に対しては石井孝が『歴史学研究』誌上で、大名は進歩的意義を持たず、明治維新への推進力はあくまで封建制内部の矛盾であるとする批判を行っている。(42)とはいえ、「〔吉田〕氏が外国貿易との〔ママ〕明治維新との関係に関する有意義な研究に着手されたことは、今後の研鑽に多大の期待をかけさせる(43)」と期待も表明されている。

このように吉田は、思想史と社会経済史の二領域で、日本近世史研究者としてデビューしており、どちらの業績においても『歴史学研究』誌上において一定の評価をうけ、今後の研究の進展を期待される若手史家の一人であった。彼が思想史と社会経済史の二領域を扱った背景には、歴史研究は思想・社会・経済・政治・芸術等の各方面を総合してなされるべきものという文化史観があった。そのような考えは吉田に限ったものではない。例えば、秋山謙蔵は

「この思想史的のものが同時に政治史であり、経済史であり、経済史的のものが同時に政治史であり思想史であることは、歴史上の鉄則である」、「日本文化史とは、日本の歴史上各部門に分れて研究せられつゝあるもの、綜合せられたものであるべきは勿論のことであり、其の綜合とは単純な並立などであるべきもので無いのも勿論のことである」と主張している(44)。

一九三四年四月、吉田は精研の助手として赴任するが、着任から一月後に次のような抱負を語っている。

国民精神文化研究所など申しますと直ちに反動思想団体を想起されることゝ存じますが、やつと今日正式に世間に名宣りをしたばかりで何と思はれても致方ありません。併し其使命は必ずしも空な日本精神の宣伝機関ではない〔ママ〕……否かくの如きものに終らしめてはならないと少くとも私は考へてゐる次第で御座います。……「とらはれざる研究の態度」これこそ唯一の精神文化研究所の指導原理たるべきものでありませう(45)。

吉田は、精研を空虚な「日本精神」論の宣伝機関とすることに反対し、何よりも特定の見方にとらわれない研究的態度こそが重要であると強調する。非科学的な「日本精神」論を批判し続ける歴研とは、むしろ親和的である。

「日本精神」論に批判的な吉田は、一九三四年度の思想史研究を振り返り、京大と東京文理科大学の歴史学に代表される「文化史的研究」が「寧ろ日本精神史的研究に譲歩し著しく近似したる業績を発表してゐるのではあるまいか(46)」と、自身の依拠する「文化史的研究」が「日本精神史的研究」の進出に押され、妥協している現状を危惧している。

その一方で、社会経済史研究は盛行しており、吉田は一九三五年度における『歴史学研究』『歴史科学』『経済史研究』『社会経済史学』等に掲載された諸論文を挙げ、警鐘を鳴らす。

……本年度〔一九三五年度〕の近世史研究の主潮は、社会経済史研究にあり、左翼史家の進出又注目すべきものがある。それ等の中には、学界の進歩に大いなる貢献をなすもの、あることは既に述べたところから明瞭であるが、果してこの現状を見て、国史研究が正道を辿つてゐると云へるであらうか。従来は史家に余り顧慮せられなかつた社会経済史が非常に進歩したことは悦んでよいだらう。又、そのことは、歴史が哲学や文学とわかれて、独自の領野を有つに至つた近世期の傾向としては必然的なる帰結に相違ない。しかし人類歴史の営みは、現在あるが如き経済史や社会史によつては、充分に闇より救拯せらるべき底のものではなく、創造の糧を直ちにこゝにくむことも不可能である。そも〳〵社会経済史研究の重要であると云ふ意味は、対象を経済に限ることではなく、歴史の全体的綜合的把握のために社会経済史的考察が重要であるとの義でなければならない。私は、歴史家の歴史・文化についての思想の貧困が喞たれる声を聴く。より深く広く歴史を知ることが、より創造的であると云ふ歴史の運命を覚知することこそ実多き歴史研究の将来を約束するのではあるまいか。(47)

吉田は、日本史研究の現状が社会経済史偏重に陥っていることに危機感を抱く。平泉流の精神史偏重の史学(『日本精神史的研究』)が蔓延するなか、社会経済史研究の盛行には意義があるし、そのことは吉田も重々承知している。しかし、吉田からすれば重視すべきはあくまで「歴史の全体的綜合的把握」なのであり、社会史・経済史に偏り、文化史・思想史が抜け落ちている現状は、歓迎できないのである。

このような不満が反映されてか、この頃の吉田は実証主義に飽き足りない思いを抱き、「学的なる研究を地盤とする浪漫主義の提唱」へと向かう。彼は、『歴史学研究』誌上で伊東多三郎『国体観念の史的研究』(同文館、一九三六年)を書評して、次のように述べる。

第二に実証主義的なる歴史研究、実証主義に立脚する思想が現代の社会を救ふものであるとするかの如く見える著者の思想が、評者にそのまゝに同感し難い。即ち評者は、現代に於いて必要なる事は、学的なる研究を地盤とする浪漫主義の提唱であると考へ、その表現の方法として本書の第七章生田萬の思想と生涯を高く買いたい念願にかられるのである。……転換期の歴史学の任務は、鋭き批判を通じて形骸化せる過去の悪伝統を殲滅に帰せしめることであるのは云ふ迄もないが、他面には、明日の文化形態の理想的類型を読者の心に描かしめそれに駆られた生活の本質的なるものを現実に救ひ生かさしめ得るものでもなければならないと思ふ。[48]

吉田が高く評価した第七章において、伊東多三郎は、生田萬の遺稿や書簡を丁寧に調査・分析し、生田という強烈な個性をもった人物の嘆きや葛藤を明らかにし、以て当時の社会の矛盾を浮き彫りにする叙述を行った。まさに「実証主義」と「浪漫主義」の併存を求める吉田の期待通りの内容である。国立国会図書館デジタルコレクションで公開されている本書には「第六章迄はさしたる興感なかりしも第七章に於ては伊東兄なるかなの感を深うしたり[49]」との書き込みがある。吉田の感じたことは、当時の読者の感想にも通じるものであった。

結局『歴史学研究』への掲載はこの書評が最後となる。吉田は歴研の歴史学から離脱したかのように見えるが、歴研の会員のまま精神史偏重（世界史を否定した国史）でもなく、社会経済史偏重（世界史の法則のもとの日本史）でもない、第三の道（日本を中心とした世界史）を模索していく。

イギリスの学問戦、ソ連の思想戦を思ひ、独逸民族の精神力最も沈滞せる時期に於いて擡頭した所謂科学的史学・歴史主義学派の思想と方法とが我が国に与へた影響の以〔ママ〕外に大なる事実に注意するならば、わが国の史学が、イギリス・ソ連、今はなき帝政ドイツの学問戦の術中に陥つたと見做すべき節が多々存するやうに思ふ。……われらが所謂科学的史学に対して日本を中心とする世界史編纂の必要を説く所以は、政治的に共同陣営をなすイギリスとソ連等の学問戦に対する学問戦としての防策が是非共なされねばならぬことを確信するからである。否消極的防策に終るのではなく、積極的に、イギリスの壟断に帰してゐる近代史を否定する理論構成の必須なることを痛感するからである。（改行）然らば、今日要求される歴史学は如何なるものであるか。結論的に云へば、日本史を語ることが、やがて世界史である如き日本史を編述することである。日本史・東洋史・西洋史と云ふが如き地域別研究を止揚して、日本を主軸とする世界史が描かれねばならぬ。この事業に対して、日本史専攻者も東洋史専門家も、西洋史家も動員せられねばならない(50)。

吉田は、ゼルフィ、リース、ランケ、ヴィンデルバント、リッケルト、ゲオルグ・ベロー、マイヤー、マックス・ウェーバー、ゾンバルト、マックス・レンツらの名を挙げつつ、日本の近代史学の形成・発展の過程を、総力戦の一環たる「学問戦」「思想戦」における敗北として把握する。その背景には、日中戦争を契機とする強い反英論がある。日本の近代史学の歩みを否定した吉田は、「日本史・東洋史・西洋史と云ふが如き地域別研究を止揚」して「日本を主軸とする世界史」を希求する。彼にとってこの「日本世界史」の歴史観こそが「皇国史観」と呼んだものである(51)。これまでのヨーロッパ中心の世界史に替えて、日本を主体とする新たな世界史を構想する吉田の「皇国史観」は、世界史を否定する平泉史学を批判するものだった。

そして、この吉田の「日本世界史」構想は、同時期の秋山謙蔵と問題意識を共有するものである。

大日本帝国の指導のもとに更生される支那、それに新しき満洲を加へた新東亜の協同体が、健かに成長することは、ヨーロッパ中心の過去の世界史を更改することであり、そこに展開される真に正しい世界史は、現実に我々の前に置かれてゐる。この我々の時代は、永き伝統を想起しつゝ、日支交渉の歴史も亦、新しい行進を開始した紀念すべき時代と云ひ得るのである(52)。

秋山謙蔵は、日本を中心とした現実の動きこそ「ヨーロッパ中心の過去の世界史を更改すること」であり、「真に正しい世界史」の始まりと捉える。そして、日本と中国の交渉の歴史を反省・理解することで「ヨーロッパ中心の過去の世界史の下に置かれてゐたアジアは、始めて、真の世界史を構成するものゝ一つとして、誕生し、真の意味に於ける世界の黎明は訪れるであらう(53)」と、自身の研究をふまえて、新たな世界史の主体としてアジア・日本を設定する。

さらに秋山は、一九四三年一〇月九日、富山県文教課主催の皇国史観錬成会において「皇国史観の徹底」と題して講義しているが、そこで明治以後の歴史学研究の成果を「覇道を原理とする西欧の歴史的現実を基準」とするものと批判的に捉えている(54)。

　秋山における歴史研究は、明治以降の歴史学の展開を批判し、日本を中心とするアジアが世界史の主体となる「真に正しい世界史」を展望するものであり、吉田の「日本世界史」構想＝「皇国史観」論に通じる。その点で、吉田にしろ秋山にしろ、「日本世界史」＝「皇国史観」を唱える急激な右旋回に見えても、実は平泉史学と対立するという点では一貫しているといえる。

四　皇国史観の誕生と定着

　敗戦直後、藤谷俊雄、高橋磌一らは戦時中の国家主義的な歴史観、侵略戦争を合理化した歴史観を皇国史観と呼び、それへの強い批判意識から戦後の歴史学は出発した。換言すれば、戦後歴史学の歩みとは、分析概念・学術用語としての皇国史観の誕生と定着の過程に他ならない。戦時中の国家主義的な歴史観が皇国史観として画一化され、一九五〇年代以降、平泉澄個人と皇国史観が強く結びつけられるようになる(55)。

　戦前の歴研が示した平泉史学に対する態度は、「平泉澄の『中世に於ける寺《(マ》社と社会《マ)》の関係』（至文堂、一九二六）は今日なお顧りみる価値のある労作だが、『国史学の骨髄』（至文堂、一九三二）以後の著作のほとんどは、ただの「超国家主義」プロパガンダと見なすことができるだけで、史学史として取り上げるほどの価値は絶無に近い(56)」というように戦後の歴史学界にも長らく継続する。皇国史観は批判されても、実証的とされる中世史研究も含めた総体としての平泉史学が問題とされることはなかった。

　さらに戦後の史学史においては、皇国史観内部の多様性に注意が払われることはなく、平泉以外の国家主義的な歴史家も平泉の同類として認識された。そのため本来平泉史学を批判した吉田三郎の「皇国史観」も、平泉史学に対峙した歴研初発の問題意識との連続が顧みられることのないまま、単なる皇国史観として扱われ、本来の意義が看過された。むしろ吉田や紀平正美、板澤武雄らが戦時期に使用した「皇国史観」は、分析概念としての皇国史観を正当化する材料の一つとなった。すなわち、皇国史観という分析概念・学術用語は、戦後になって新しく作った語ではなく、戦時中から使われていた言葉だから、戦時期の国家主義的な歴史観を総括して皇国史観と呼ぶことは妥当であるという論法が駆使された。史学史叙述では、長らく「皇国史観」＝皇国史観という認識が自明視されることとなる。

　平泉史学を総体として問い直し、また「皇国史観」と皇国史観との間のズレが留意されるようになるのは、二一世紀になってからのことである。

（1）　歴史学研究会編『歴史学研究会　四十年のあゆみ』歴史学研究会、一九七二年、一三五頁、一三六頁、一五四頁。石井孝「第3巻解題——皇国史観への抵抗」『歴史学研究　戦前期復刻版　月報』三号、一九七四年二月、一頁。岩間徹「創刊号管見」『歴史学研究　戦前期復刻版　月報』八号、一九七四年一二月、四頁。三浦一郎「歴研と私」『歴史学研究　戦前期復刻版　月報』一六号、一九七六年四月、四頁。中屋健一「歴研と私」『歴史学研究　戦前期復刻版　月報』一七号、一九七六年六月、五頁。榎一雄「歴史学研究と私」『歴史学研究　戦前期復刻版　月報』一八号、一九七六年八月、七頁など。

（2）　秋山謙蔵・三島一・松田寿男・旗田巍・松島栄一・永原慶二「座談会（一）「歴研」創立の前後」『歴史学研究会　四十年のあゆみ』一三五—一三六頁。

（3）　その代表が田中卓氏の一連の平泉論である。田中卓『皇国史観の対決』皇學館大学出版部、一九八四年、『田中卓評論集2　平泉史学と皇国史観』青々企画、二〇〇〇年、『続・田中卓著作集5　平泉史学の神髄』国書刊行会、二〇一二年、など。

（4）　植村和秀『丸山眞男と平泉澄——昭和期日本の政治主義』柏書房、二〇〇四年、若井敏明『平泉澄』ミネルヴァ書房、二〇〇六年、小原淳「一九二六年の西岡虎之助と平泉澄——戦後史学への分岐としての」『紀州経済史文化史研究所紀要』三四号、二〇一三年一二月、山口道弘「正閏再続論」『千葉大学法学論集』二八巻四号、二〇一四年三月、平野明香里「日本近代史学史と〈信仰〉——平泉澄を中心に」『新しい歴史学のために』二九三号、二〇一八年一二月、湯川椋太「「皇国史観」と「祖国のために死ぬこと」——平泉澄の「神道」について」『龍谷日本史研究』四二号、二〇一九年三月、拙著『増補改訂　近代日本の国体論——〈皇国史観〉再考』ぺりかん社、二〇一九年、松川雅信「平泉澄の山崎闇斎研究と「日本精神」——昭和戦前期にとっての近世思想史」『新しい歴史学のために』三〇一号、二〇二二年一二月、など。
（5）吉田も秋山も一九四二年一二月の時点で歴研の会員であることが確認できる（歴史学研究会編『歴史学研究会会員名簿昭和十七年十二月五日現在』歴史学研究会、一九四二年、二八、一頁）。会員名簿は早稲田大学津田左右吉文庫所蔵。閲覧に際しては、井上文則早稲田大学教授のお世話になった。記して感謝申し上げる。
（6）平泉澄「歴史に於ける実と真」『史学雑誌』三六編五号、一九二五年五月、三九頁。
（7）平泉澄「中世文化の基調」『史林』一四巻一号、一九二九年一月、四一—四二頁。この論文が『国史学の骨髄』（至文堂、一九三二年）に再録された際に、引用資料中の「社会科学」の語は「唯物史観」に変更されている。
（8）平泉洸・平泉汪・平泉渉編、平泉澄著『DIARY』平泉洸、一九九一年、七二頁。『DIARY』は、植村和秀「平泉澄博士の滞欧研究日記」（その一）—（その八・完）『藝林』六三巻一号—六七巻一号、二〇一四年四月—二〇一八年四月、に植村氏による補注とともに原文が掲載されている。
（9）平泉洸・平泉汪・平泉渉編、平泉澄著『DIARY』七頁。
（10）以上、朱光会については、前掲、若井『平泉澄』一四四—一五二頁に拠った。
（11）平泉澄「思想史」『歴史教育』七巻九号、一九三二年一一月、八六頁。
（12）「歴史学研究会々則」『歴史学研究』一号、一九三三年一一月、六七頁。
（13）鳥巣通明「小野壽人兄を憶ふ」（小野助教授追悼録編纂会編『小野助教授余韻』小野助教授追悼録編纂会、一九五五年）一一三頁。
（14）松本純郎「小野壽人の学問に於ける足跡」『小野助教授余韻』一七頁。
（15）平泉澄『楠公精神の喚起』大阪府南河内郡教育研究会、一九三五年、三四—三五頁。
（16）平泉澄「武士道の復活」『大亜細亜主義』一巻五号、一九三三年九月、五八—五九頁。
（17）無署名「編輯後記」『歴史学研究』一号、一九三三年一一月、頁数なし。
（18）「編輯後記」『歴史学研究』一八号、一九三五年四月、頁数なし。
（19）山本三郎「創刊のころ」『歴史学研究　戦前期復刻版　月報』三号、一九七四年二月、七頁。
（20）A・フランス「歴史とは何？」『歴史学研究』一号、一九三三年一一月、三一頁。
（21）松本純郎「小野壽人の学問に於ける足跡」『小野助教授余韻』二二頁。
（22）無署名「歴史家非常時風景」『歴史学研究』四号、一九三四年二月、二九一頁。
（23）無署名「展覧会見聞記」『歴史学研究』六号、一九三四年四月、四八三—四八四頁。

(24) 呉松一三「平野義太郎「明治中期における国粋主義の台頭、その社会的意義」」『歴史学研究』九号、一九三四年七月、九三頁。
(25) 八公「希望と感想」『歴史学研究』一一号、一九三四年九月、九八頁。
(26) 岡本堅次「橋本実著『武士道の史的研究』」『歴史学研究』一二号、一九三四年一〇月、八二頁。
(27) 塩見〔薫〕「編輯後記」『歴史学研究』一三号、一九三四年一一月、一〇四頁。
(28) 阿部真琴「国史学界　一般」『歴史学研究』二五号、一九三五年一一月、一九七―二〇〇頁。
(29) 豊田武「座をめぐる論争の展開」『歴史学研究』四号、一九三四年二月、二九四頁。
(30) 以上、桃裕行「日本教育史研究の動向」『歴史学研究』七号、一九三四年五月、八五頁、八三頁。
(31) 谷義彦「山鹿素行の歴史的批判的考察」『歴史学研究』一三号、一九三四年一一月、遠藤元男「中世職人座の独占型態――大工職を主題として」『歴史学研究』三四号、一九三六年八月。
(32) 「彙報」『史林』一六巻三号、一九三一年七月、一八二頁。
(33) 吉田が講師を務めていた際の生徒に、日本近代政治史研究者の山本四郎氏がいる（山本四郎「陸軍将校から歴史研究者へ――私の戦中・戦後史」『史窓』六九号、二〇一二年二月、五五頁）。
(34) 「京都班の成立」『歴史学研究』七号、一九三四年五月、九九頁。
(35) 「会員動静」『国史研究室通信』一五号、一九三四年七月、七頁。
(36) 藤谷俊雄「歴研京都支部の組織その他」『歴史学研究　戦前期復刻版　月報』四号、一九七四年四月、五頁。
(37) 以上、藤木邦彦「史林」『歴史学研究』二号、一九三三年一二月、一五四頁。
(38) 吉田三郎「近世に於ける学問の新傾向」『史林』一七巻四号、一九三二年一〇月、五八頁。
(39) 同右、四五頁。
(40) 「国史近世史部会」『歴史学研究』一四号、一九三四年一二月、八八頁。
(41) 吉田三郎「外国貿易と大名」『歴史学研究』九号、一九三四年七月、五〇頁。
(42) 石井孝「吉田三郎「外国貿易と大名」」『歴史学研究』一三号、一九三四年一一月。
(43) 石井孝「幕末」『歴史学研究』二五号、一九三五年一一月、二四四頁。
(44) 以上、秋山謙蔵「日本文化史研究批判」『歴史学研究』三八号、一九三六年一二月、九八頁、九九頁。
(45) 吉田三郎「国民精神文化研究所と云ふところ」『国史研究室通信』一五号、一九三四年七月、一三頁。『歴史学研究』誌上において、精研は「研究所がはじめてつくられた頃、その陣容より見て、一たいどんな仕事が出来るのか、或は抽象的な議論倒れになるのではないかと危む人も少くなかつた。が、創立以来六〔ママ〕年の年月を経、その業績をふりかへつて見ると、他はいざ知らず、少くとも国史の部門では、所員や助手諸兄の真剣なる研究態度によつて、予想外の成績を挙げてをるやうに思はれる」（豊田武「国民精神文化研究所『日本教育史資料書』五冊」『歴史学研究』四五号、一九三七年七月、九〇頁）と評されている。

(46)「国史学界・思想史　一般」『歴史学研究』二五号、一九三五年一一月、二四九頁。引用箇所は吉田の執筆。

(47) 中村光・吉田三郎「最近の研究を通じて見たる国史学界の傾向」『国民精神文化』一巻四号、一九三六年三月、一一九頁。引用箇所は吉田の執筆。

(48) 吉田三郎「伊東多三郎著『国体観念の史的研究』」『歴史学研究』三三号、一九三六年七月、一〇四頁。

(49) 伊東多三郎『国体観念の史的研究』同文館、一九三六年、二九三頁。国立国会図書館デジタルコレクション https://dl.ndl.go.jp/info:ndljp/pid/1914195［最終閲覧二〇二三年二月九日］

(50) 吉田三郎「総力戦としての歴史教育」『歴史教育』一四巻四号、一九三九年七月、三一―三三頁。

(51) 吉田三郎「皇国史観」『教学』九巻五号、一九四三年六月。

(52) 秋山謙蔵『日支交渉史研究』岩波書店、一九三九年、六四五頁。

(53) 同右、六四六頁。

(54) 秋山謙蔵「皇国史観の徹底」『歴史の意志』八雲書店、一九四四年、二一一頁。

(55) 戦後における「皇国史観」論については、長谷川亮一『「皇国史観」という問題――十五年戦争期における文部省の修史事業と思想統制政策』白澤社、二〇〇八年、参照。

(56) 岩井忠熊「「戦後歴史学」は本当に破産したのか」『日本史研究』五四三号、二〇〇七年一一月、四六頁。

コラム4

「戦前歴史学」における軍事史・戦争史研究の一側面——原種行の研究を例に

三澤拓弥

　昨今、軍事史・戦争史研究の進展が著しい。元来、戦後歴史学における軍事史研究は、日本軍の抑圧的体質を批判的に検討する研究、旧軍関係者による戦史研究、政軍関係史研究の三潮流が併存する状態であった。それが九〇年代以降になると、研究者の世代交代と共に軍事史研究者が大幅に増加し、研究視角の多様化・学際化（戦争犯罪・戦争責任研究の展開、社会史・地域史への接続など）が進んだ。近年では、戦後から現代までの軍事史研究を総覧・整理する試みも行われている[(1)]。

　さらには、政治・経済・技術・思想などの要素を包含し、かつ比較史的分析をも踏まえた、「広義の軍事史」からの歴史観の提示もなされるようになっている[(2)]。

　このように、活況を呈する近年の軍事史研究だが、翻って、「戦前歴史学」の中の軍事史・戦争史研究は、いかなる様相を呈していたのだろうか。また、同時代の戦争の歴史を、「戦前歴史学」の担い手たちは一体、どのような姿勢で見つめていたのだろうか。軍事史研究が活況を呈する今だからこそ、これらを問うてみる価値があるように思われる。

　戦前の軍事史・戦争史研究というと、参謀本部による戦史編纂がしばしば想起される。他方、マルクス主義軍事学の紹介・歴史分析を始原とする〈科学的〉軍事史研究も、一定程度存在していた[(3)]。

　また、外交史の視角から戦争を捉える研究も散見され、第一次世界大戦研究を例に示すと、原勝郎『世界大戦史』（同文館、一九二五年）、鹿島守之助『世界大戦原因の研究』（岩波書店、一九三四年）などの開戦原因の解明に力点を置いた研究が挙げられる。

このような研究成果に対して、同時代の「戦前歴史学」の担い手たちからは、いかなる〈応答〉があったのだろうか。本コラムでは、原種行（一九〇八―六九年）の研究を例に取り上げ、「戦前歴史学」における軍事史・戦争史研究を体系的に把握・整理するための、一つの切り口を提示したい。

原は、科学史を専門とする西洋史学者であったが、第一次世界大戦を中心とする戦争史研究においても実績を残した、「戦前歴史学」の重要な担い手の一人であった。一九三四―三五年にかけて原は、ドイツ政府刊行の第一次世界大戦史である Reichsarchiv, *Der Weltkrieg 1914-1918*, Berlin: E. S. Mittler, 1925-1944 の一巻序第一章（一九二五年）を翻訳し、『歴史学研究』三巻二・三・五号に「ドイツの両面戦争計画（一）―（三）」として投稿している。これは、ドイツの対仏露戦争計画である「シュリーフェン計画」(4)の策定過程とその兵力配備について論じたものである。

原は訳文の冒頭、翻訳に取り組んだ理由について、大戦をめぐる外交史研究では、「戦争計画が有する重大な役割は、兎もすれば看過され易い」が、「外交と軍備とが如何に密接なる関係にあるかは」クラウゼヴィッツの言葉の通りであり、「外交史研究に於ける此の欠陥を多少なりとも補ふため」、この文を「訳出する」と述べている。軍備や戦争計画という純軍事史的な視点を欠いた外交史研究の戦争分析の手法を批判し、本国の「戦史」を翻訳することでその克服を試みようとする、原の学問的〈応答〉の様子が見て取れよう。

では、この翻訳の成果を、原はどのように自身の研究に消化したのだろうか。原は翻訳から三年後、「シュリーフェン計画」を「批判し検討する事なく……ドイツの戦争計画に臨む事は、仏作つて魂入れずの観がある」という問題意識のもと、「世界大戦とドイツ軍部」（歴史教育研究会編『戦争と文化』歴史教育研究会、一九三八年）と題する論考を発表する。彼はそこで、大戦直前のドイツ陸軍の出師計画は、現実の大戦で仏露と共に主要な交戦国となったイギリスの存在を全く想定していなかったことから「根本に於いて誤つて」おり、「幻想の上に樹てられてゐた」と指摘する。その上で、陸海軍を併せた

「統一的な戦争計画と云ふものは無かつた」と、徹底的に作戦計画の「無責任」さを批判するのである。

このような、〈作戦〉を批判的素材として真正面から取り上げる原の姿勢は、軍が戦史・作戦史研究の主たる担い手であった戦前期において、極めて〈挑戦的〉なものであったと評価するのは言い過ぎだろうか。

（1） 吉田裕「戦争と軍隊——日本近代軍事史研究の現在」『歴史評論』六三〇号、二〇〇二年、中野良『日本陸軍の軍事演習と地域社会』吉川弘文館、二〇一九年。

（2） 布施将夫『近代世界における広義の軍事史——米欧日の教育・交流・政治』晃洋書房、二〇二〇年。

（3） 山田朗『近代日本軍事力の研究』校倉書房、二〇一五年、三五五頁。

（4） この計画の大要は、木村靖二『第一次世界大戦』ちくま新書、二〇一四年、六一—六七頁を参照のこと。

7　両大戦間期フランス歴史学界における危機と刷新
――L・フェーヴルの視点から

舘　葉月

一　一九三八年の歴史学界――リュシアン・フェーヴルによる総括

日本で歴史学研究会が生まれた一九三二年前後に、フランスの歴史学界で起こっていたことを尋ねられたら、大半の人が一九二九年の『社会経済史年報』、通称『アナール』の創刊を挙げるだろう。伝統的な「実証主義歴史学」(1)の方法論と射程の狭さを批判し、学際的な方向からの歴史学の刷新をめざして、当時ストラスブール大学で同僚だったリュシアン・フェーヴルとマルク・ブロックが共同で創刊した雑誌である。しかし、創刊者の功績がいわば神話化され、雑誌『アナール』に集う人びとが緩く「アナール学派」と呼ばれ、この雑誌がいっそう多くの研究を生み出して国内のみならず国際的な認知を得るのは、第二次世界大戦以降のことである。一九三〇年代、『アナール』創刊者たちは、雑誌の方針には自信を持ちながらも、伝統的歴史学が保持する圧倒的な存在感や社会における歴史学の役割をめぐる議論を前に、試行錯誤を繰り返していた。ピーター・バークの言葉を借りれば、「運動は小規模で、急進的な転覆活動を繰り広げていた。それは、伝統的歴史学と政治史と事件史にたいしてゲリラ戦をたたかっていた(2)」。

本章では、同時代の日本の状況と比較対照可能な論点を浮かび上がらせるために、一九三〇年代の時代状況の中に新興雑誌『アナール』やその創刊者たち――とりわけリュシアン・フェーヴルを位置づけることを試みる。日本ではマルク・ブロックの名の方が知られているように思われるが、[3] 慎重で研究に邁進したいブロックに比べ、論争的な筆致で知られるフェーヴルは、学問世界以外にも広く関心を持ち、雑誌の方向性についてもより野心的だったという点で、[4] 本書の問題関心にいっそう合致する人物と言えるだろう。最初に、本章の分析視角を提示するために、一九三八年に雑誌『科学』上にフェーヴルが発表した短い論考「この一〇年におけるフランスの歴史学」を確認しておきたい。[5]『アナール』創刊以降の一〇年を対象に、歴史学が置かれている状況の総括と自身の見解を彼特有の調子で開陳したものである。フェーヴルは、社会学や心理学のような新しい学問領域が発展著しい情勢下で、アンリ・ピレンヌ擁するベルギーをはじめとした諸隣国では歴史学にも新たな進展が着実に見られるのに対して、フランスにおいては、歴史学の刷新の動きはあるにもかかわらず、それらが実を結んでいない状況を嘆いた。そして、その劣勢の要因を、第一次世界大戦によって戦前に歴史学の訓練を積んでいた世代が大きく喪失されたこと、そのため伝統的歴史学が依然として支配的な現状が続いていること、そして、戦後社会において「歴史」そのものへの批判・攻撃と興味・関心の双方が著しく増加していること——その状況に歴史家が適切に対応できず混乱するばかりであること——に求めた。本章では、こうしたフェーヴルの見解をふまえ、第一に、第一次世界大戦が歴史家たちに与えた衝撃、第二に、「歴史」の社会的役割をめぐる議論と歴史関連書籍の活況、第三に、これらの情勢を前にした『アナール』の実践の順に、両大戦間期のフランスで歴史学が置かれていた状況を検討していく。

二　第一次世界大戦と新世代の歴史家たち

一九三〇年代のフランス歴史学界を考える上で、世代の問題は重要である。一八七〇年の第三共和政成立以降、歴史学は職業的に徐々に専門化され、大学では講座数も学生数もうなぎのぼりとなった。職業歴史家たちは大学にポストを得て、歴史学の権威拡大を享受するようになる[6]。この間、政治史・外交史中心のフランス史叙述に対して、社会、宗教、経済などの新しい視角の提案が歴史家からなかったわけではないが、実証主義歴史学という伝統への異議申し立てを積極的におこなうようになるのは、第一次世界大戦前後にポストを得た世代である。総力戦となった大戦はすべての世代に関わるが、彼らは前線を経験したという点でそれ以前の世代と大きく異なる。一九一四年八月に戦争が始まると、二〇歳からおよそ四〇歳代までの学生・若手研究者の多くが学業や研究を中断し、前線に向かった。ディジョン大学で教鞭を取っていた当時三六歳のフェーヴルも即座に第五四歩兵連隊での軍務に動員された。年長の同僚で経済史家のアンリ・オゼールに宛てた一九一五年一月付の手紙では、塹壕での慌ただしい生活や肉体的・精神的疲労を綴り、「はっきり言って、［前線の電信係は］歴史家が就くにはなんとも奇妙な職業です。とはいえ、私がかつては歴史学をしていたなんて本当でしょうか」と、戦前の生活との断絶を冗談めかして伝えている[7]。フェーヴルは研究活動の中断に焦りを隠せない一方で、過酷で単調な塹壕生活や身近に起こる死に苦しんだ。師として仰いでいた哲学者アンリ・ベールへ前線から送った一九一七年一一月五日付の手紙では、知的な関心を維持し、手に入る文献で隙間時間に少しでも研究を進めることがいかに難しいかを嘆きながら、フェーヴルは次のように言う。

しかし、突き通さねばなりません。私たちは皆いまやその人生のうちに二つか三つのやるべき仕事があるのです。つまり、私自身のものと、斃れていった者のうち二人か三人の分の……。そして、社会史です。平和が戻ったとき、それが非常にアクチュアリティを持つだろうとの思いがあります。労使間の対立やかつてない階級の変動が起こる苦しい激動の時代が幕を開け、私たちは平凡ではない数年を過ごさねばならないでしょう[8]。

引用の後半は、ロシアで一〇月革命が起こったことが漏れ聞こえてきた直後の雰囲気を反映していると思われるが、もともと社会主義者であったフェーヴルは、出身地や社会階級を超えた兵士たちとの前線での「出会い」をつうじて、いっそう歴史研究と現代社会を繋げる必要性を感じていたのではないか[9]。そして、前半部分が示すのが、前線世代の喪失の大きさである。フランスでは動員された兵士の一八％にあたる一五〇万人が戦死している。世代として最も犠牲の大きい「一九一四年度兵」（一九一四年に二〇歳で入隊した男性）は戦時中にその二四％が失われ、開戦時に三〇代半ばのフェーヴルの世代であってもおよそ一〇％の犠牲があった。(10) 大戦を前線で過ごした若手研究者たちに、その経験が与えた影響の大きさは想像に難くないだろう。フェーヴルもまた、この世代の喪失を強く意識しながら戦後を生きることになるのである。戦時中に二回の負傷を経験し、いくつかの勲章を授与されて最終的に大尉として休戦を迎えたのち、(11) フェーヴルは、一九一九年一一月にストラスブール大学に赴任した。その近世史講座の初回講義を「廃墟の世界における歴史学」と題し、「今日、これまでと同様に歴史家としての仕事を再開する権利が私にあるのだろうか」という問いから始めている。(12) そして、その後の論考や講演でも何度も大戦経験に立ち戻り、生きていれば大きな仕事を成していたであろう死者たちに思いを馳せている。一九三三年、コレージュ・ド・フランス教授就任講演というキャリアにおいて栄誉ある場においても、

危機と疑念の最中に、突然不快な覚醒が生じました。[……] まず戦争から生まれた疑念です。再び平和的な職業に戻ったが、ひとたび戦火をくぐったからには、もう昔のような流儀では営めない。そのうえ、ときおり前線で横切った悪夢の森の木々のように無残にも薙ぎ倒され、残る者も僅かになったあの二世代の人びとの仕事がある。(13)

と述べ、ストラスブール大学赴任時からおよそ変わらない気持ちを抱き続けてきたことが確認できる。自身を「生き残り」(14) と感じていたフェーヴルは、歴史学を続けるのであればそれを意味あるものにしなければならないと考えており、それが、実証研究にとりかかる前にまずは現在から導かれる過去への問いを設定するという「問題史」の提唱へと繋がっていった。(15)

歴史家の方法論やテーマ設定への大戦経験の直接的影響は、マルク・ブロックのなかにも見出される。彼もまた開

戦時から休戦まで従軍し、情報担当の下士官として軍務に就いていた。戦時経験を回想録に残したブロックはそれを批判的に反省し、偽情報をめぐる論考をつうじて「歴史学の方法論的考察に接続」しようとしたと、王寺賢太は論じる。[16]そして、こうした考察の延長線上に、中世フランスにおいて国王の治癒能力への信仰が広まる過程を論じた『王の奇跡』（一九二四年）を位置づけ、ブロックもまた現在の関心と過去を密接に結びつけていることを指摘している。[17]また、アナール学派以外の例として、フランスにおける国際関係史の創始者ピエール・ルヌヴァンにも言及しておきたい。戦争によって二度の怪我を負い、左腕を失ったルヌヴァンは、戦後、近世史から現代史へ転向する。そして、戦争責任をめぐる当時の論争からできる限り距離を置き、史料に依拠して直近の大戦原因を探究することに取り組んだ。一九二三年には『世界戦争史雑誌』を創刊し、今でいう「同時代史」「現在史」の扉を開いた。彼は、方法論としては伝統的な実証主義を採用した一方で、国際関係を構成する要因を政治・外交面だけでなく、社会、経済、心理の側面から探ることに関心を持ち、外交史を国際関係史へと広げていくことになる。[18]

こうしたフェーヴル、ブロック、ルヌヴァンらの姿勢は、それぞれに大戦の衝撃を契機に歴史学を新しい方向に向かわせなければならないという意識に貫かれているように思われる。この点は、年齢やそのほかの理由で前線に動員されなかった大学人や知識人が、銃後で愛国主義的プロパガンダに協力するために自らの学問分野を積極的に動員していたことと対照的である。[19]歴史家エルネスト・ラヴィスが戦前対立関係にあった社会学者エミール・デュルケームと和解し、『すべてのフランス人への手紙』（一九一六年）を共に刊行した例を筆頭に、過去を引き合いにフランス人の軍事的・精神的優位性を謳ったり、大戦の起源とドイツの戦争責任を「明らかに」したりする書籍が戦時中から歴史家の手によって数多く出版されていた。[20]前線の若い知識人たちのあいだにも強い祖国愛やナショナリズムへの傾倒は当然見られるが、それらが苛烈な愛国主義とドイツ批判という形で歴史学の実践と結びつくことはなかった。フェーヴルは、前述のストラスブール大学初回講義のなかで、再生したフランスの「偉大さ」のために歴史を研究することは「美しい」ことかもしれないが、それは歴史家のあるべき姿ではないと述べ、ここを「自由な研究の場」にしたいという所信表明を行っている。(21)大戦直後という社会的には文化的動員解除にほど遠い時期にあっても、ナショナル・ヒストリーを自明としない比較史という『アナール』の方向性がすでに彼の頭の中にあったと言える。

大戦後、フェーヴルとブロックが歴史学の刷新に具体的に着手することができたのは、ふたりが籍を置いていたストラスブール大学の学問的環境に拠るところも大きい。ドイツから「回復」されたばかりのアルザスに位置するこの大学は、フランス政府によりその再編が急務とされ、それゆえに期待される若手が集められた。(22)フェーヴルとブロックは戦前よりアンリ・ベールのサークルや彼が編集していた『歴史総合雑誌』をつうじて交流があり、戦後にストラスブールで同僚として再会したのである。さらに社会学者モーリス・アルヴァックス、心理学者シャルル・ブロンデル、哲学者エティエンヌ・ジルソンといった他領域の優れた同世代の研究者たちとの交流が生まれたことが、導かれた問いに答えるための分析対象を広く社会や人間とし、文献資料以外も活用するといった、新しい歴史学の形を作っていった。こうして、ストラスブールを拠点として、フェーヴルとブロックは一九二九年に『アナール』を創刊する。

他方で、一九二〇年代、予算の削減、内部紛争の加速、地方の孤立性などが重なり、ストラスブール大学における学問的環境は徐々にその魅力を失い、フェーヴルもブロックもともにパリにポストを得ることを考え始める。(23)現代においてもなおその傾向があるが、当時のフランスではパリが学問の中心として圧倒的存在感を有し、地方との差は容易には埋められないものとなっていた。(24)そして、幾度かの挑戦ののち、一九三三年にフェーヴルがコレージュ・ド・フランスの近世史講座の教授、一九三六年にブロックがソルボンヌ大学の経済史教授のポストを獲得する。この時期、先ほど挙げたルヌヴァンもやはりソルボンヌ大学の国際関係史教授になっている。それぞれに革新を目指していた分野でパリの権威ある高等教育機関で教授に任命されたことは、彼らの方向性が徐々に評価されていたことを示しているだろう。他の人文社会系分野の台頭に伴い一九二〇年代には頭打ちになっていた歴史学のポストをめぐる、一九〇〇年前後から滞留していた世代のあいだでの競争を経た結果であるからだ[25]。一九三〇年代末には、彼らのもとで多くの学生が学ぶようになり、第二次世界大戦後のアナール学派や国際関係史の発展の土壌が作られていくのである。

三　「歴史」への攻撃――ポール・ヴァレリーV.S.歴史家たち

大戦に刻印された新たな歴史学の方法論が以上のように少しずつ鍛えられていたが、こうした歴史学界内の刷新の動きは、その外では十分に認知されていたとは言えない。この間に、むしろ歴史学全般への攻撃が激しくなっていた。大戦後のヨーロッパでは、オズワルト・シュペングラーの『西洋の没落』（一九一八年）やアーノルド・トインビーの著作が広範に読まれ[26]、ヨーロッパの衰退や文明の危機が盛んに議論されていた。フランスにおいては、一九三〇年前後から、大学外の知識人が歴史という学問分野への批判の声を高め、その急先鋒に詩人にして批評家のポール・ヴァレリーが立ったことで、歴史学界に「方法論的、倫理的、専門的」危機がもたらされた[27]。一九二五年に権威あるアカデミー・フランセーズに選出されていたヴァレリーが、とりわけ注目され、その言葉に正統性が認められた知識人であったことが、議論を目につくものにした面もある。一九三一年に出版された『現代世界の考察』におけるヴァレリーの歴史への評価は次のようなものである。

「歴史」は知性の化学が作製したもっとも危険な産物である。その特性は十分知られている。この産物は夢想させる。民衆たちを酔わせ、彼らに贋の追憶を生みつけ、彼らの反射作用を過大にし、彼らの古傷を維持し、休息中の彼らに苦患を味わわせ、彼らを繁栄強大の妄執かあるいは迫害の妄執にみちびき、諸国の国民を手厳しい、傲慢な、我慢のならぬ、虚栄心の強いものにする[28]。

そして、おのおのの場所で起こったことを局地的・事件的に語る歴史は、地球全体がほぼ隙間なく国家に覆われ、短期間のうちにその関係が変化する予測不能な現代世界の複雑さに対応できるものではないというのが、ヴァレリーの見解である。『現代世界の考察』は一九五一年までに四三版を重ねるほどの反響を呼び[29]、一九三〇年代、哲学者や批評家など歴史家を自認しない人びとが、著作や大手メディアの論説などで歴史やその方法論についてさまざまに意見を述べるようになった。この状況をフェーヴルは次のように概観する。

歴史家たちはここ数年来、光栄にも多くの注目すべき人びとによって訊問台に乗せられている。これらの人びととは詩人、小説家、ジャーナリスト、エッセイストで、彼らはアマチュアとして歴史研究に手を染め、歴史家が専門的な研究に長年没頭しているために把握・表現しえないものを、一瞬のうちに理解するとうそぶいているのだ[30]。

議論のあまりの白熱ぶりに歴史家たちは応答せざるを得なくなるのだが[31]、ヴァレリーが「歴史」という大きな枠組みを批判したのに対して、それに反応した歴史家コミュニティは当然ながら一枚岩ではなかった。職業歴史家に関して言えば、大学のポストを長らく維持してきた伝統的実証史学を実践する層と、『アナール』周辺の歴史学の刷新を目指していた層に大別できる。さらに、両大戦間期においては、保守ないし極右の非職業歴史家の層も存在感を増していた。

ここで最初に、『アナール』周辺の反応を考えたい。なぜなら、ヴァレリーの主張と『アナール』の主張はそれほど矛盾するようには思われないからである。ヴァレリーは、「ところが私はというと、それにひどい混ぜを見出したばかりだった。ヨーロッパ史という名のもとに、私は、ところどころで混りあう相平行した年代記集をみるばかりだった[32]」と嘆くが、歴史研究そのものを否定しているわけではなく、一九三二年の講演では、

歴史の価値と効用の意味をはっきり理解する最良の方法――歴史の読み方と用い方を知る最良の方法――は、自分自身の経験を、過去の出来事を認識する基準とし、そして、現在のなかから、過去に対する好奇心のモデルを引

き出すことにあるのです。［……］質問書は、われわれ自身の生活から引き出されるのです。ついで、われわれは、これを歴史に向って提出して回答を求めます。それに対して歴史は、われわれが自ら直接に生きなかった時代について問うた時、何とかこれに答えようと努めるべき筈のものなのです[33]。

と述べ、新しい歴史叙述の可能性を考察し、提言していた。このヴァレリーの言葉はフェーヴルの問題史と重なる部分があるだろう。そして、ヴァレリーもまた第一次世界大戦以降の現代世界の変容をふまえて思考を重ねてきたことを考えれば、こうした一致は不思議ではないように思われる。フェーヴルもブロックも、ヴァレリーによる歴史批判を承知しており、その名前は彼らの文章の中にしばしば登場し、フェーヴルに至っては、事件史中心の伝統的な歴史叙述を批判するために、ヴァレリーの見解を巧みに用いた側面もある[34]。一九三三年の講演でも、従来の歴史学の方法論を、このままでは「歴史はどれほど危険なものとなることか」と、おそらくヴァレリーの言葉を念頭に置いた表現で糾弾している[35]。一方のヴァレリーは、歴史学で起こっていた刷新に気づいていなかった、もしくは、少なくともそれを大きな変革の兆しと認識していなかった[36]。フェーヴルはその点に強いフラストレーションを抱えており、一九四九年に彼が行った「新しい歴史へ向かって」と題された講演のなかにも次のような痛烈な表現を見つけることができる。

世間一般の人びとの歴史に対する態度や冷笑は、彼らに向けて語っていたのがヴァレリーであることを思えば理解される。ヴァレリーはある種の歴史［……］をかなり正当に裁いていた。彼の話を聞くまでは、たとえば家庭における電灯の出現が、一時的な解決しかもたらさない外交会議より大きな歴史的事件であることに気づかなかった愚か者に教訓を施していた。まったくのお笑い草で、我々の検察官がくだらぬ歴史書しか読んでいないことは明白である[37]。

いずれにせよ、フェーヴルがヴァレリーに幾度も言及し、強く意識しているのは確かなのである。では、なぜ『アナール』の試みは、ヴァレリーやその他の歴史批判者たちの耳に届かなかったのか。直接の理由は特定できないが、歴史研究が一般社会にどう届いていたかを一九三〇年代の出版事情から考えることで探ってみることは可能だろう。

まず、ヴァレリーの批判が最もターゲットとしていた厳密な実証主義歴史学を推進する層が、依然として、高等教育における教科書、入門書を独占的に執筆し、とりわけ歴史学教員の養成を一手に引き受けていた点を指摘したい。一九世紀後半に始まる初等・中等教育での歴史科目の義務化は、フランスにおける国民意識の形成ならびに大学における歴史学の専門化と時期を同じくしていた。「実証主義歴史学の大御所[38]」エルネスト・ラヴィスが一八八四年に初版を上梓した政治史・軍事史中心の初等教育教科書は改訂を経つつも両大戦間期をつうじて使われ続け、中等教育教科書もラヴィス門下の手によるものが広く採用されていた。また、フランスにおいては、リセ（高校）以上で教えるための教員免許であるアグレガシオン取得のためのプログラムの運営が大学の歴史学科における重要な役目のひとつだった。セニョボスとラングロワによる『歴史学入門』（一八九八年）が歴史学科の基礎文献であり[39]、教員志望の学生たちのために大学教員は年ごとに定められる受験テーマに沿った教科書や参考書を執筆し、試験対策のための講義を行っていた。これらの制度は、中等教育の歴史教員の質を担保する上で重要であった一方で、伝統的な歴史学を受け継ぐ教員を再生産し、全国のリセに送る場として機能した。こうして実証主義歴史学者の層は、歴史教育の現場を独占することで長きにわたって社会に「歴史」が何たるかを届けてきたのである。彼らは、ヴァレリーの歴史批判に対して、五〇年以上にわたる伝統と厳密な史料批判に裏打ちされた科学としての歴史、その客観性の重視ゆえの歴史の役割を強調することで応戦した[40]。しかし、歴史学の発展が進歩への信頼や共和国の展開と並行して進んできたため、それらが揺らいだ大戦以降、とりわけ一九三〇年代には、職業歴史家たちのあいだに迷いや不安が広まっていたことも確かである。歴史家コミュニティのなかに、歴史学やその役割を社会にアウトリーチしなければならないという意識も芽生え始め、一九三七年には「歴史とその方法論に関する展覧会」が開催された。ここにおいて紹介された史学史の構成は、二〇世紀の欄でアンリ・ベールとヴァレリーのふたりを伝統的歴史学への批判者として紹介する一方で、『アナール』には言及しておらず、[41]当時のアカデミアにおける認識を端的に示している。

続いて、より広い読者層を対象とする歴史書に目を向けると、両大戦間期は歴史に関するコレクション（叢書）がさまざまな出版社から数多く創刊された時期であった。フランス社会において歴史への関心が高まっていたと言えるが、その中でも最も人気を博していたのがファイヤール社の「歴史大研究」シリーズである。[42]極右団体アクシオン・フランセーズ（以下、AF）に属するピエール・ガクソットが、職業歴史家ではなくジャーナリズム・作家活動に従事する名の知れた文筆家――たとえばアカデミー・フランセーズ会員であったジャック・バンヴィルやアンドレ・モーロワなど――を集め、読みやすい大衆向け歴史シリーズという出版社からの要望に応える形で、刊行を進めた。[43]ガクソット自身はソルボンヌ大学で歴史学を修め、アグレガシオンも取得していたが、同シリーズの保守的なカラーは顕著である。執筆者全員がAF所属というわけではなかったものの、彼らの多くが歴史に教訓を求め、フランス革命以前の時代や伝記風歴史叙述を好む傾向を持ち、その歴史認識は共和主義的な傾向の強い大学の職業歴史家と対立していた。[44]最も売れた一作目は、AFの重要人物でもあったバンヴィルの『フランス史』で、一九四四年までに二五万部以上を売り上げている。[45]シリーズ累計は一九四七年に二五〇万部に達した。[46]これらのAFに連なる歴史家たちもまた、ヴァレリーの歴史批判に強く反駁した。過去の軽視こそ危険であり、歴史はフランスを構成するものに光をあたえるのだと唱え、AFの機関誌上ではヴァレリーへの個人攻撃まで行われた。[47]

他方で、職業歴史家たちも叢書刊行の流れに乗っている。[48]フェーヴルの『大地と人間の進化』（一九二二年）と『ラブレーの宗教』（一九四二年）やブロックの『封建社会』（一九三九―四〇年）は、一九二〇年に刊行が始まったアンリ・ベール監修の「人類の進歩」叢書の一冊として出版されたものである。一九四〇年までに四七タイトルを出版し、発行部数は各々九〇〇〇から二万三〇〇〇部となり、これはベールの予想を超える結果だった。一九二六年にフランス大学出版会が刊行を開始した「人類と文明」叢書は、専門家としての権威を与えるものと理解されていた。けれども、いずれの叢書も出版部数では「歴史大研究」には遠く及ばなかった。出版社は一九三〇年代以降、読者の拡大、経済危機、信頼できる著者といったさまざまな要素を勘案しつつ、ますます特徴あるコレクションの創刊に力を入れるようになる。職業歴史家たちも徐々に一般出版社の大衆向け叢書に参入し、垣根は以前より低くなった。また、特定テーマを冠するコレクションも増え、とりわけ一九三八年より始まった日常史を扱う叢書「日常生活」には、専門性、大衆の好み、社会史という新機軸への目配りが見て取れる。

以上見てきたような両大戦間期の歴史書をめぐる出版状況から言えるのは、図書館での閲覧が多かったとはいえ毎号の発行部数が一〇〇〇部前後の雑誌『アナール』周辺に集う人々の発信力は、ヴァレリーはもとより、極右・保守の非職業歴史家や、大学の実証主義的歴史家たちに比べても、大いに劣るものだったということである。特定の歴史家を攻撃するつもりのなかったヴァレリーが、『アナール』周辺に言及せずに、現代世界と歴史の関係、そして歴史全般への批判を展開したのも無理からぬように思われる。(49)

四　一九三〇年代の『アナール』の実践

こうした歴史学をめぐる状況と懸念を総括したのが、冒頭で言及した一九三八年のフェーヴルの論文である。発展著しい隣接学問や近隣諸国の歴史学に比べ、フランスの歴史家たちは多方面からの攻撃に混乱し、不安を抱えている、他方で、歴史分野の出版は活況を呈し、それはそうした歴史書の著者たちが専門の歴史家が応えない大衆の好奇心を満たしているからだと、フェーヴルは述べる。しかし、悲観に終わるのではなく、自身と『アナール』が目指してきたように、いま専門家による問題史が求められているのだと強調する。

もう一度確認しよう。どのような時代にもそれにふさわしい歴史があるとは言わないが、関心を掻き立てる歴史がある。あるいは少なくとも、時代はそのような歴史を求めている。目を開こう。例はあふれているのだから。［……］人びとの要望に応えて、歴史家は歴史の言葉で問うべきだ(50)。

では、こうした問題意識を持っていた雑誌『アナール』は、実際のところいかなる実践を創刊一〇年のあいだにおこなってきたのだろうか。研究上の刷新まで含めた全体像を提示することは本章の射程を超えるが、フェーヴルらの提唱する問題史がどのような形で反映されていたのかを、一九三〇年代の時代状況と掲載論文や書評の傾向のあいだの関連性を検証することで確認していきたい。『アナール』は当初より雑誌名にある社会経済史に留まらない分野をカバーしようとしてきたものの、やはり経済史に分類される論文が多く、この傾向が経済恐慌を経験する一九三〇年代の関心にそもそも合致していた。さらに、一九三五年三六号の特集号「技術、歴史、生活」は、時間的・空間的広がりを持つ技術史のための共同研究を提案しているのだが(51)、個別の歴史的事実の解明を越えて複数の論文に通底する特集の意図を解題で説明している点は、問題史の実践において一歩踏み込んだものと言えるだろう。解題においては明確にされていないが、技術史への着目もまた現代の関心に根差すものであることが一九三八年の総括では明かされている。また、当時のフランスの知識人たちには「軽蔑されていたか無視されていた」アメリカとソ連の二つの社会を対象とした論文が「好意的に」掲載されていたことを、アンドレ・ビュルギエールは『アナール』における「当時の知的世界の、とりわけ歴史家の世界の支配的メンタリティと対照をなすモダニズム」によるものと説明する(52)。くわえて、一九三〇年代のヨーロッパの情勢が、政治から目をそらすことをますます難しくしていた。若い頃よりドイツの知的・文化的土壌に親しんできたフェーヴルとブロックは、ナチスの台頭後もドイツの研究者との交流を絶つことはせず、ドイツ社会におけるナチズムの広がりを歴史的分析の俎上に載せることで理解しようとした(53)。歴史家リュシー・ヴァルガやその夫で社会学者のフランツ・ボルケナウなどドイツ語圏からの亡命者の協力を得て、一九三七年四八号は、解題こそないもののドイツに関わる論考や書評が集められた「ドイツ特集」となっている。社会文化的側面からナチズムの拡大を論じたヴァルガの研究にも示唆を受け、ナチズムという新たな政治イデオロギーが台頭するプロセスは政治史よりも「感性の歴史」から解明されうると、フェーヴルは考えていた(54)。

『アナール』の目標が、新しい研究を生み出すことに留まらず、フランスにおける歴史学の在り方全般に影響を与えることにもあったことは、フェーヴルとブロックが歴史教育の改革を誌面で訴えていることからも明らかである。『アナール』一九三七年四四号に、前述したフランスの上級教員資格であるアグレガシオンの制度の硬直性を糾弾する巻頭論文が二人の名義で掲載された(55)。アグレガシオンそのものを否定するのではなく、現状その準備に学生も大学教員もあまりに時間を取られ多大な負荷がかかっている点、また試験で扱われるテーマに幅や柔軟性がなく、学生の思考を狭めている点を指摘し、改革の必要性を論じた。教育史家ジャン＝フランソワ・シャネは、歴史科目の教育法上の価値や教育的重要性と、人間を対象とする科学的な歴史学の立場を固めていく必要性のあいだの補完関係は、一九三〇年代のフェーヴルの主要な関心事だったと述べている(56)。

もう一点強調しておきたいのは、雑誌の半分程度を学会動向、書評、短評が占めていたことである。単なる紹介や要約ではない、雑誌の問題意識を反映させた論評が求められ、短い書評であっても書名ではなく独自のタイトルがつけられているため、批評の観点がいっそう明瞭であった。とりわけフェーヴルは若いうちからベールの『歴史総合雑誌』で多くの書評を執筆してきたこともあり、新しい歴史や問題史の目指すところが明確になるにつれ彼の書評の技はなお磨かれていった。その批評は、対象書籍の著者が何を問題として設定しているかを軸に構成されていた(57)。ミュレルによれば、フェーヴルが『アナール』上で一九二九年から一九三八年のあいだに執筆した批評は五五一本に上る(58)。歴史書だけではなく、社会学や地理学など他分野の分析方法や社会の観察手法も誌面で取り上げられていたが、その中にあっても少し異質に感じられるのが、第一次世界大戦後に設立されたばかりの国際連盟や国際労働事務局（以下、

ＢＩＴ」に関係する時評や書評が時折掲載されていることである。実はフェーヴルは、ＢＩＴ初代局長を務めていたフランスの社会主義者アルベール・トマと高等師範学校時代の同級生であり、ふたりの友情はトマが一九三二年に亡くなるまで続いていた[59]。フェーヴルは、トマの協力を得て、『アナール』を実業界や国際社会と関連づけ、ＢＩＴや国際連盟から執筆者を集めようとした。トマが早逝したこともあり、この試みは軌道に乗るには至らなかったが、次に引用する一九二九年一〇月八日付トマ宛ての手紙にはフェーヴルの目指していたところがよく示されている。

雑誌（『アナール』）には私が望んでいるような活気はまだない。共同編集者が非常に歴史家で、碩学タイプなのだ。私は彼にやりたいようにさせてきたのだが、もしかしたらさせすぎたのかもしれない。パリに来たのはまさに、雑誌をもっと「アクチュアル」に生き生きしたものにする手段を検討するためなのだ[60]。

フェーヴルはこう述べるものの、問題史や社会における歴史の役割にブロックが関心を持っていなかったわけではなく[61]、目指すべき歴史学についてのふたりの考えは実際のところ多くの点で一致していた[62]。新しい雑誌を理想に近づけようと奮闘する中での見解の相違は、ブロックが専門の学問分野での仕事に集中しようとしたのに対し[63]、フェーヴルの関心がしばしば外へ向きがちであったことに求められるかもしれない。とはいえ、すでに例示した一九三〇年代後半のいくつかの特集号や歴史教育改革の提言といった実践は、新興雑誌『アナール』のその時点での妥協であり成果と位置づけられよう。

以上、リュシアン・フェーヴルの視点から検討してきた一九三〇年代の『アナール』の在り方は、日本において中心的であったブロックをつうじた『アナール』創刊期の理解よりも、まさに「歴史のための闘い」の様相を鮮明に示しているのではないか。複数形の「闘い combats」は、歴史学の方法論上の刷新のみならず、社会における歴史学の役割を問い直し新たに位置づけるためのさまざまな実践を含むものであった[64]。そうした「闘い」は、同時期に誕生した日本の歴史学研究会とその周辺の歴史家たち、あるいはその並走者や対抗者のなかにも見出されるものであろう。

危機の時代における歴史家の自己形成と新しい歴史運動、一九三〇年代に広く知識人が歴史に向けた眼差し、大衆化を迎えた時代の出版状況と読者、歴史家の社会的役割などを、日仏あるいはよりグローバルな比較対照の論点として提案することで、本章を締めたい。

（1）フェーヴルやブロックが批判した実証主義歴史学とは、方法主義歴史学とも呼ばれ、史料批判と分析による事実の析出を何よりも重視し、問いは史料から導かれる――逆はない――とした。シャルル・セニョボスとシャルル・ラングロワが一八九八年に出版した『歴史学入門』がその方法論をまとめた入門書とされるが、ジェラール・ノワリエルによれば、従来の物語的歴史叙述と当時台頭しつつあったデュルケーム社会学の理論志向の双方から距離を置いた、「科学的」歴史学の方法論を打ち立てることが同書執筆の原動力であった。Gérard Noiriel, « Préface » in *Introduction aux études historiques* ［en ligne］.（Charles-Victor Langlois et Charles Seignobos, Lyon: ENS Éditions）, 2014.

（2）ピーター・バーク（大津真作訳）『フランス歴史学革命――アナール学派、一九二九―八九年』岩波書店、一九九二年、五頁。

（3）ブロックについては、二宮宏之による『マルク・ブロックを読む』（岩波書店、二〇〇五年）のほかに、キャロル・フィンクの翻訳（『マルク・ブロック――歴史のなかの生涯』（河原温訳）平凡社、一九九四年）があるが、フェーヴルについて日本語でまとまって読めるものは管見の限りない。ただし、『20世紀の歴史家たち〔4〕世界編（下）』（尾形勇・樺山紘一・木畑洋一編、刀水書房、二〇〇一年）に、長谷川輝夫による簡潔ながら要点を押さえたフェーヴルについての文章が収められている。

（4）Bertrand Müller, *Lucien Febvre, lecteur et critique*, Paris: Albin Michel, 2003, p. 151–152.

（5）Lucien Febvre, « L'histoire en France dans les dix dernières années », *Science*, mai 1938. Müller, « "Histoire traditionnelle" et "histoire nouvelle": un bilan de combat de Lucien Febvre », *Genèses. Sciences sociales et histoire*, no. 34, 1999, p. 132–143 に再録。

（6）ジェラール・ノワリエル（小田中直樹訳）『歴史学の〈危機〉』木鐸社、一九九七年、一八三―一九二頁。

（7）フェーヴルは戦時中の記録をほとんど残していないが、以下の論文には一九一四年から一九一五年にかけてオゼールへ宛てた数編の手紙が採録されている。Denis Crouzet, « Quand Lucien Febvre racontait sa guerre à Henri Hauser（1914–1915）: Préhistoire d'une conscience de l'histoire » in *Lucien Febvre face à l'Histoire*（Philippe Joutard et Marie Barral-Baron（dir.）, Rennes: Presses universitaires de Rennes, 2019), p. 317–364.

（8）Lucien Febvre, *Lettres à Henri Berr*, Paris: Fayard, 1997, p. 39–40.

（9）前線における「仲間意識」や知識人の立場については、以下を参照：Nicolas Mariot, *Tous unis dans la tranchée ? 1914–1918, les intellectuels rencontrent le peuple*, Paris: Éditions du Seuil, 2013; Alexandre Lafon, *La camaraderie au front, 1914–1918*, Paris: Armand Colin, 2014.

（10）François Héran, « Générations sacrifiées: le bilan démographique de la Grande Guerre », *Population & Sociétés*, vol. 510, no. 4, 2014, p. 1-4. 極端な例ではあるものの、歴史学者を多く輩出していたパリの高等師範学校の一九一〇年から一九一三年入学者（一九一〇―一九一三年度兵）の戦死率はおよそ五〇％に達した。Nicolas Mariot, « Pourquoi les normaliens sont-ils morts en masse en 1914–1918 ? Une explication structurale », *Pôle Sud*, vol. 36, no. 1, 2012, p. 9–30.

（11）Müller, *Lucien Febvre, op. cit.*, p. 56.

（12）Febvre, *L'Histoire dans le monde en ruines: leçon d'ouverture du cours d'histoire moderne à l'Université de Strasbourg*, Strasbourg: Léopold Cerf, 1920.

（13）リュシアン・フェーヴル「歴史と歴史家の反省――一八九二―一九三三」（一九三三年）『歴史のための闘い』（長谷川輝夫訳、平凡社、一九九五年）、二四頁。

（14）フェーヴル、「嵐に抗して――新しい『年報（アナール）』のマニフェスト」（一九四六年）、前掲『歴史のための闘い』八〇頁。

（15）ミュレルによれば、フェーヴルが明確に問題史 histoire-problème を提唱するのは一九四〇年頃であるが、歴史学における問題提起の重要性はキャリアの初期から一貫して意識され、徐々に自身の方法論として鍛えられていった。Müller, *Lucien Febvre, op. cit.*, p. 401–408.

（16）王寺賢太「マルク・ブロックの戦場――戦争経験と歴史的学知の変容」山室信一・岡田暁生・小関隆・藤原辰史編『現代の起点　第一次世界大戦第3巻　精神の変容』岩波書店、二〇一四年、一七七頁。ブロックの残した回想録は、*Écrits de guerre (1914–1918)*（Paris: Armand Colin, 1997）として出版された。

（17）王寺、前掲「マルク・ブロックの戦場」一八六頁。

（18）同時期に生まれた国際関係史学派とアナール学派は、とりわけ第二次世界大戦以降のフランス史学史のなかで対立的に紹介されてきたが、近年ではその見直しが行われている。例えば、Laurence Badel（dir.）, *Histoire et relations internationales*, Paris: Éditions de la Sorbonne, 2020.

(19) Christophe Prochasson et Anne Rasmussen, *Au nom de la patrie. Les intellectuels et la Première Guerre mondiale（1910–1919）*, Paris: La Découverte, 1996, p. 185–203 ; Müller, *Lucien Febvre, op. cit.*, p. 57–58.
(20) Prochasson et Rasmussen, *op. cit.*, p. 195–199.
(21) Febvre, *L'Histoire dans le monde en ruines, op. cit.*
(22) アンドレ・ビュルギエール「序文――初期のアナール　一九二九―一九四五年」『叢書『アナール　一九二九―二〇一〇』――歴史の対象と方法第1巻　一九二九―一九四五』（E・ル＝ロワ＝ラデュリ、A・ビュルギエール監修、浜名優美監訳、井上櫻子・北垣潔・平澤勝行訳）、藤原書店、二〇一三年、三七―五四頁。
(23) Müller, *Lucien Febvre, op. cit.*, p. 79–82.
(24) Emmanuelle Picard, « Enseignement supérieur et recherche » in *Historiographie: Concepts et débats*（Christian Delacroix, François Dosse, Patrick Garcia, Nicolas Offenstadt（dir.）, Paris: Gallimard, 2010）, p. 142.
(25) ノワリエル、前掲『歴史学の〈危機〉』二二三、二三三頁。両大戦間期は、一九〇〇年前後に埋まっていた教授ポストの多くが空くことになる世代交代のタイミングでもあった。
(26) フェーヴル「シュペングラーからトインビーへ――二つの日和見主義的歴史哲学」（一九三六年）、前掲『歴史のための闘い』八五―一三〇頁。
(27) Jean-Francois Bonhoure, Les historiens à l'épreuve du temps: la production historique éditée en France des années trente au début des années cinquante. Université Panthéon-Sorbonne - Paris I, 2021, p. 50.
(28) 「歴史について」（寺田透訳）『ヴァレリー全集一二　現代世界の考察』（筑摩書房、一九六八年）三〇頁。
(29) Bonhoure, *op. cit.*, p. 49.
(30) フェーヴル、前掲「シュペングラーからトインビーへ」八七頁
(31) Bonhoure, *op. cit.*, p. 70–71.
(32) 「序言」（寺田透訳）、前掲『ヴァレリー全集一二』五頁。
(33) 「歴史についての講演」（柴田三千雄訳）『ヴァレリー全集　一一　文明批評』（筑摩書房、一九六七年）二三四―二三五頁。
(34) 例えば、Febvre, « Ni Histoire à Thèse ni Histoire-Manuel: entre Benda et Seignobos »（*Revue de Synthèse*, V, 1933.）in *Combats pour l'histoire*（Paris: Armand Colin, 1952, rééd. Paris: Dunod, 2021）.
(35) フェーヴル、前掲「歴史と歴史家の反省」二一一頁。
(36) Régine Pietra, « Valéry et l'Ecole des Annales » in *Paul Valéry: "regards" sur l'histoire*（Robert Pickering（éd.）, Clermont-Ferrand:

Presses universitaires Blaise Pascal, 2008), p. 269.

(37) フェーヴル「新しい歴史へ向かって」(一九四九年)、前掲『歴史のための闘い』一七〇頁。

(38) ピエール・ノラ「ラヴィス　国民の教師──共和国の福音書『プチ・ラヴィス』」『記憶の場──フランス国民意識の文化＝社会史　第二巻』(ピエール・ノラ編、谷川稔監訳、岩波書店、二〇〇三年)三二一頁。ただし、教科書『プチ・ラヴィス』は共和主義的・愛国的側面が強調され、道徳的文章も多いという特徴も持つ。

(39) 注(1)参照。

(40) Bonhour, *op.cit.*, p. 80-81.

(41) *Ibid.*, p. 82.

(42) Philippe Olivera « Edition d'histoire », in *Historiographie, op. cit.*, p. 114.

(43) フランス右翼とメディアの関係については、南祐三『ナチス・ドイツとフランス右翼──パリの週刊紙『ジュ・スイ・パルトゥ』によるコラボラシオン』彩流社、二〇一五年。

(44) AFの歴史観については、Christian Amalvi, « Les conceptions de l'histoire selon l'Action française de 1910 à 1940 », in *L'Action française, culture, société, politique* (Michel Leymarie et Jacques Prévotat (dir.), Villeneuve d'Ascq: Presses universitaires du Septentrion, 2008), p. 61-73.

(45) 南祐三「ジャック・バンヴィルのヴェルサイユ条約批判──一九二〇年代フランス右翼のドイツ戦再検討のために」『軍事史学』第五六巻第四号、二〇二一年、三四頁。

(46) Bonhour, *op.cit.*, p. 299.

(47) *Ibid.*, p.87-89.

(48) *Ibid.*, p.303-326.

(49) 二宮、前掲『マルク・ブロックを読む』六九―七〇頁。

(50) 注(5)参照。

(51) Febvre, « Réflexions sur l'histoire des techniques », *Annales d'histoire économique et sociale*, No. 36, 1935, p. 531-535.

(52) ビュルギエール、前掲「序文」一九―二〇頁。

(53) Peter Schöttler, « Marc Bloch et Lucien Febvre face à l'Allemagne nazie », *Genèses. Sciences sociales et histoire*, no. 21, 1995, pp. 78-83.

(54) *Ibid.*, p. 84-85; Müller, *Lucien Febvre, op. cit.*, p. 375.

（55） Bloch et Febvre, « Pour Le Renouveau de L'enseignement Historique: Le Problème de l'agrégation », *Annales d'histoire Économique et Sociale*, vol. 9, no. 44, 1937, p. 113–129.

（56） Jean-François Chanet, « Les combats de Lucien Febvre pour l'enseignement de l'histoire » in *Lucien Febvre face à l'Histoire, op. cit.*, p. 27.

（57） Müller, *Lucien Febvre, op. cit.*, p. 401–408.

（58） ほかの雑誌も含めると七七九本。Annexes in *Ibid.*

（59） フェーヴルは『アナール』に長い追悼文を寄せた。Lucein Febvre, « Albert Thomas historien », *Annales d'histoire économique et sociale*, tome 4, no. 16, 1932, p. 381–384.

（60） Müller, « Documents: 'Problèmes contemporains' et 'hommes d'action' à l'origine des Annales. Une correspondance entre Lucien Febvre et Albert Thomas（1928–1930）», *Vingtième Siècle, revue d'histoire*, no. 35, juillet-septembre 1992, p. 88.

（61） 第一次世界大戦時の偽情報をめぐる論考や一九四〇年に刊行される『奇妙な敗北』など、現代の問題を自身の研究成果として発表しているのはむしろブロックの方である。

（62） マルク・ブロック「リュシアン・フェーヴルに――献辞にかえて」『歴史のための弁明――歴史家の仕事　新版』（岩波書店、二〇〇四年）vii–viii 頁。

（63） Müller, *Lucien Febvre, op. cit.*, p. 151.

（64） 他方で、一九五二年に『歴史のための闘い』を出版する際、フェーヴルがとりわけセニョボスを仮想敵とする自身の「闘い」の軌跡を正当化するために一九三〇年代の原論文に加筆修正を施していた点には注意しておきたい（ノワリエル、前掲『歴史学の〈危機〉』二二六―二二九頁）。一九三〇年代のフランス歴史学界の在り方が、実証主義的歴史学 V.S.『アナール』の二項対立に収斂されるものではなく、歴史学界の外との関係も含め、さまざまな立場があったことを示すことも本章が目指したところである。

コラム5

黎明期の西洋史部会——その課題と取り組み

十川雅浩

歴史学研究会における西洋史系の部会は当初、日本史や東洋史と同様に、西洋古代中世史部会と西洋近世史部会に分かれて発足した。ところが、一九三四年五月二一日に予定されていた第一回の西洋古代中世史部会例会は翌日の西洋近世史部会と合同で開かれることとなる。この会合で、以後は両部会が合同して（総合）西洋史部会として活動を進め、「西洋史上の一般的根本問題に関する研究を行ひ、併せて学会動向・新刊・論文等の批判紹介につとめる事」(1)が定められた。

かくして始まった西洋史部会の初期の歴史は、端的に述べると、慢性的に続く部会不振との闘いであった。発足五か月目の十月例会以降、西洋史部会では早くも参加者の固定化と少人数さという課題が顕在化することとなる。一九三四年末から翌年にかけての『歴史学研究』「会報」には、例会の開催報告と共に多数の参加を呼びかける部会幹事の悲痛な訴えが残されている。後述する打開の試みは不幸にも抜本的な解決をもたらすことなく、一九三七年五月には例会出席者三名という危機的な状況を迎えることになった。

このような部会不振の原因は如何なるものであったか。『歴史学研究』第六巻第一号（一九三六年一月）には、「『歴史学研究』の回顧と展望」という記事が収められている。この記事は、創刊以来二年を迎えた同誌上の研究活動を振り返って改善すべく、国史・東洋史・西洋史の三部門がそれぞれの意見を寄稿したものであった。ここで西洋史部門を代表して原種行が西洋史研究の不振を自省する中で問題視しているのが、研究意義の減退とそれに伴う恣意主義・盲目主義である。すなわち、広範な研究領域を含む西洋史において、各研究者が明確な目標を喪失して個々人の興味に従った結果、研究テーマの骨董化や細分化につながったという認識が為されていたのであった。

この問題意識のもと講じられた種々の方策こそが、西洋史部会黎明期の活動を特徴づけるものであった。そもそも最初の部会統合それ自体が、西洋史研究の問題に応じて執られた手段であったと言えるであろう。事実、最初の三回の例会の題目（尾鍋輝彦「時代区画の問題」、原種行「自然科学史に於ける方法論的諸問題」、江口朴郎「外交史の研究法」）を見ると、冒頭で引用した活動方針にある通り、一般性の高いテーマ設定が確かに行われている。専門的内容を扱う報告会で有益な議論を実施することの困難さが、当初から浮き彫りになっていたと考えられる。

だが、このようなテーマ設定による例会は長続きしなかった。代わって個別研究の報告が盛んに行われた一方、例会は参加者不足に悩まされるようになる。この状況を改善するべく一九三五年六月の会合で定められたのは、部会による共同研究という方向性であり、その具体的な方策として七月に分科会の結成が決議された。この分科会とは部会の下位区分であり、九月より「日米外交史研究」「思想史研究」「資本主義発達史研究」「技術史研究」の四分科会が始動する。これら分科会のテーマは、現実の諸問題を反映することで骨董主義を排し、かつ共通の関心を惹起するように設定されたものであった。

各分科会は古典文献講読などを行い、その成果は一九三六年の一月から五月にかけての例会で報告されることとなった。しかし、分科会としての報告は終ぞ行われることなく所属する個人による研究発表に終始し、共同研究という当初の理念が十分に実現しないまま分科会活動の消息が以後途絶えてしまったことは惜しまれる。一般的・具体的な問題提起をその活動の目的としていた以上、即座の成果が得られないことはもとより自覚されていた(2)。しかし、当座の目標を定めなかったことは、分科会のあまりに早い解散状態を招いてしまった一因かもしれない。

とはいえ、この時期には部会として一つの重要な成果が世に出されている。分科会の成果報告を待つ間の例会では、四回に亘って西洋史概説書の合評会が行われた。

『歴史学研究』上に掲載されたその内容は単なる紹介に留まらず、大小の過誤の指摘から書籍の枠組みへの疑義にまで到る健全な批判であり、特に悪書に対する糾弾は痛烈である。(3)日本独自の西洋史学研究の成果が概説書という形で一般に広まり始めた当時において、この記事の意義は非常に大きいものであったと言えよう。

以上、一九三四年から三六年にかけての西洋史部会の取り組みを概観してきた。先述の通り西洋史部会はこの後に最大の不振を迎えることになり、結果だけ見ればこの取り組みは不首尾に終わった。それでも、部会存続に向けた種々の試みは重大な意義を有するものであった。当初よりの危機に対応する中で、西洋史部会は当時の歴史学会を取り巻く問題を認識し、研究発表の舞台に留まらない独自の多様な活動を行うこととなった。また、部会の名のもとこの問題意識が紙面において表明されたことは、確かに『歴史学研究』の方向性を変えることとなる。すなわち、一九三七年の西洋史学界を回顧すべく行われた座談会において、西洋史部会員は『歴史学研究』に掲載された諸論説が他誌と比べてテーマの一般性並びに現実性を多分に有していることを自負するに至ったのである。(4)不振に抗して奮闘する中で、西洋史部会は歴史研究の根本問題を見出し、その解決に向けて弛まぬ努力を行った。この取り組みが黎明期歴史学研究会の発展において果たした役割は、小さからざるものである。

(1)「会報：西洋史部会」『歴史学研究』第二巻第三号、一九三四年、九七頁。
(2)「『歴史学研究』の回顧と展望」『歴史学研究』第六巻第一号、一九三六年、九〇頁。
(3)「最近の概説書を通じて見たる我国西洋史学会の動向」『歴史学研究』第六巻第二号、一九三六年、八七―一〇二頁。
(4)「昨年度の歴史学会　三、西洋史」『歴史学研究』第八巻第一号、一九三八年、八五―八六頁。

8 「左派外交史学」の曙光
――一九三〇年代日本のマルクス主義史家たち

前田亮介

はじめに

歴史学研究会が設立されたのは、満洲事変の先行きがまだ不透明な一九三二年のことである。この年、最初の単著『国学の史的研究』を著した近世史家の伊東多三郎（一九〇九―八四年）は、地元・新潟県古志郡への帰省時に指導教授に宛てた手紙で、「誠に表面のみを見ますといかにも田園牧歌の情趣ですが、打ちつづく不況に、村人は痩せ、心は尖り、何んとも云つて見やうもない空気が重く淀んでゐます。……その上、もう二ヶ年にわたる満洲の戦ひで、あの村で一人、この村で二人といふやうに、続々と戦死者はでますし、それ献金だ、それ慰問品だと、矢つぎ早の催促がせきたてますし、まあほんとにどうやつて行けばよいのかといくらため息をしても、腹ばかりへつてどうにもならないのが、農村の現状であります」と記している(1)。ひとたび大都会を離れれば、恐慌と戦争で農村は疲弊の極にあるという伊東の同時代観は、必ずしも立場や環境を共有しない同世代の歴史家たちにも多かれ少なかれ刻まれていただろう。関東大震災での都市の崩壊に続く昭和恐慌での農村の荒廃が、明治以来の歴史に終わりを告げる「文化の崩壊」ともいうべき方向性喪失感覚を生み出しつつあるその只中に(2)、満洲事変は引き起こされたのであった。

こうした国内での経済格差の拡大と国外での対外膨張政策が（悪）循環するメカニズムに戦前において最も関心を

向けたのは、いうまでもなく若きマルクス主義史家（ないしその理論的影響下にある歴史家）たちであり、実は一九三〇年代の『歴史学研究』（以下、『歴研』）は近い過去（「最近世」）を扱う外交史学の中心地でもあった。[3]しかもマルクス主義者に限らず自由主義者も少なからず含まれた戦前の『歴研』関係者のなかで、自由主義者の関心が往々にして一九二〇年代に花開いた文化史や社会史に向かったのに対し、目の前の戦争に触発され外交史の論文の筆を執ったのは、むしろ左派の歴史家たちだったというねじれも存在した。

本章は、経済的不平等の是正と対外戦争の終結を模索するこうした左派外交史家たちの（実際は左派に限られない広がりをもつ）[4]思考枠組みを「左派的思考」[5]と呼び、アクチュアルな外交危機や戦争に揺れる日本の歴史的状況から、なぜ、どのように外交史学が「新しい歴史学」として浮上することになったかを明らかにする。ただ、（昔も今も）「古い歴史学」とみなされやすい外交史学の復権と革新を跡づけるには、当時固有の二重の制約を顧慮する必要がある。第一に、戦間期に外交史批判が世界的に噴出したことであり、第二に、そもそも近現代史の「市民権」[6]も保証されていなかったことである。以下ではまず外交史をめぐる史学思想史を概観した上で、満洲事変後に外交史の新地平を切り開いたマルクス主義史家たちの群像劇を、羽仁五郎（一九〇一―八三年）と服部之総（一九〇一―五六年）を軸に再現し、この星雲状態からやがて歴研が、非会員の羽仁を一結集点とする「自由主義的アカデミズム史学」の場として戦時下に知的地位を確立する経緯も展望したい。

一　両大戦間期における外交史批判の噴出

たしかに一九三〇年代は、後述の江口朴郎（一九一一―八九年）や信夫清三郎（一九〇九―九二年）の他にも、石井孝[7]（一九〇九―九六年）、禰津正志[8]（一九〇八―八六年）、堀作楽[9]（一九一三―九〇年）など、マルクス主義の実践的・理論的な影響下にある新進気鋭の歴史家たちが、一九世紀から二〇世紀初頭の外交史研究に続々と参入した時代だった。とはいえ、いわば〝エリートヒストリー〟の最たる外交史を左派が好んで研究する構図は、いかにも反直観的に映る。なぜこのような「左派のための対外政策」（マイケル・ウォルツァー）が焦点となったのだろうか。

ひとつの背景は史料水準の劇的な向上である。「日清事件」巻にはじまる『秘書類纂』の一九三三年からの刊行に加え、同年末には新設の外務省調査部による『大日本外交文書』編纂が、東京帝国大学法学部で「外交史」講座担当者だった神川彦松（一八八九―一九八八年）の後押しで開始され、一九三六年六月から四〇年の中断まで一二冊の完成をみたように、史料公開が急速に進んだ。すでに東京帝大史料編纂所（掛）が外務省移管文書による『大日本古文書幕末外国関係文書』を一九一〇年から刊行していたものの、神川は外交文書を「世界の大国」で全く公開しないのは日本とイタリアだけと強調し、東京帝大史料編纂所や文部省維新史料編纂事務局と異なる「特殊なる機構」を、大国に倣って外務省内にも設置するよう訴えたのである[10]。実際、戦間期の欧米に視野を広げると、第一次世界大戦の戦争責任問題を有利に展開する意図も濃厚に込めつつ、各国が外交文書の公開・公刊を進めたことで、大戦前史研究が大きく進んでいた。敗戦国ドイツが外務省責任局を中心に一九二二年から二七年にかけて画期的な『グローセ・ポリティーク』全四〇巻を刊行したのも国際世論誘導の狙いからであり、たとえばカウツキーの史料編纂構想が開戦直前のドイツの戦争責任を明示するものだったのに対し、外務省は一八七一年から一九一四年まで「大戦前史」とした上で各国の外交・戦争政策史料も併載することで、開戦への自国の責任の相対化を試みたのである[11]。ただこれらの事情はいずれも、国益と密接に結びついた外交文書公開であり、左派的思考を刺戟するものだったとは思われない。まして日本では、第一次世界大戦の歴史的評価が欧州ほど喫緊の問いとなる契機は乏しかった。今日でも、三〇年代の近現代史研究が『日本資本主義発達史講座』（岩波書店、一九三二―三三年）にみられる経済史の時代として振り返られがちなのは、左派（マルクス主義史学）と外交史学の組み合わせが多くの人の直観に反するからだろう。

そもそも、古色蒼然たる伝統的歴史学の代名詞という、今日まで外交史家に寄せられる批判は、戦前から噴出していた。日本を含む各国の（「正統的」）外交史家が「学問の本山」として留学してきたフランス[12]でアナール派を率いたリュシアン・フェーヴル（一八七八―一九五六年）が、幼少から歴史家になる夢を抱いていたものの、パリのリセ・ルイ・ル・グラン（後期中等教育機関）で学んだ二年間「エミール・ブルジョア（一八五七―一九三四年）の『外交史概論』の繰り言を聴くうちに、歴史家になる気をなくしてしまった」、だが世紀転換期からの人文地理学・心理学・社会学の台頭で「最も恣意的で非現実的な外交史と最も偏狭な政治史を主流とする歴史研究では満たされない現実に対する欲求」が満たされた、と一九四一年の高等師範学校での講演で語っているのは[13]、典型的なものだろう。フェーヴルはまた、経済史家モーリス・ボーモンの政治史的な著作を高く評価した三八年の『アナール』誌の書評でも、ボーモンのように現代ヨーロッパの経済発展を長く考察してきた人物が、「曖昧な「外交史家」」などよりも、「出来事」の解釈や「四分の三は利害から説明される政治」への意味づけが容易なのは明白だとしている[14]。外交史家は、社会経済史家が政治史への逆浸透をめざす際の、いわば斬られ役とされたのである。

ドイツでも、戦間期にはレオポルト・フォン・ランケ（一七九五―一八八六年）以来の伝統的な「外政の優位」に代わる「内政の優位」の主張が現れてくる。実は一九世紀ドイツの外交史叙述にも複数のヴァージョンがあり、「自明な体制順応と保守主義」と不可分の「ドラマを組み立てるように工夫された……スタイル」を武器に「強国間の複雑な対立という、今まで誰も理解できなかった」歴史的現実の把握を可能にしたランケ[15]に対し、勢力均衡に基づく欧州協調の理念化への不信をのぞかせたのが、一八世紀後半の欧州国際関係史をとりあげたヨハン・グスタフ・ドロイゼン（一八〇八―八四年）だった。政治史を軸にしながら文化史的関心も備えたドロイゼンは、植民地をはじめ様々な抑圧をもたらすイギリス外交にとくに批判的であり、その外交術、そして欧州の「頂上外交」に嫌悪を示したのである[16]。その後ヴィルヘルム期に花開くオンケン、デルブリュックら新ランケ派[17]が、勢力均衡の理念の現代版をドイツの「世界政策」に見出しつつ、国家理性に支えられた外交や戦争というランケ的主題を発展させていった。

しかし、ワイマール期にはヴィルヘルムの海軍拡張政策をめぐるパラダイム・シフトが生じる。「正統的な外交史とは血の気のない影帽子の運動物理学」との思いから、新出一次史料を駆使した主著『戦闘艦隊建設と政党政治 一八九四―一九〇一年』を一九三〇年に上梓したのが、マイネッケ門下の俊英エッカート・ケーア（一九〇二―三三年）である。(18) 伝統的な「外政の優位」論に挑戦したケーアは持病の心臓病で夭折したものの、本書を高く評価したアメリカの歴史家チャールズ・オースティン・ビアード（一八七四―一九四八年）はその後も遺稿集刊行に尽力している。そして、政治経済学的な「内政の優位」論をという盟友ケーアの遺志を引き継いだG・W・F・ハルガルテン（一九〇一―七五年）は、「外交史を書く代わりに」、あるいは国家理性を書く代わりに、国の内外で（経済的な次元に限らない）諸アクターの「利害」が発展し、相互に並行するダイナミズムをとらえようとした。(19) ハルガルテンが亡命先のパリで一九三五年に刊行した『大戦前の帝国主義――一九一四年以前のヨーロッパ列強の外交政策の社会学的基礎』は、『歴研』八―六（一九三八年）でとりあげた江口朴郎の整理によれば、「平和外交」として世界政策と対比的に描かれがちだったビスマルク外交の限界を、農業・金融セクターなどの国内的基盤の喪失として解釈すべく「精細な分析」を行ったものである。(20) 歴史の経済的解釈をうちだしたビアードとの共振も示すように、ケーアやハルガルテンの「内政の優位」の発想は必ずしもマルクス主義史学に立ったものではなく、それだけに第二次大戦後の西ドイツでの（ビスマルク〜ナチス）外交史学史にも相応の影響を与えたとされている。(21)

アナール派による社会（経済）史からの、またワイマールの「内政（利害）の優位」論からの外交史への軽侮ないし挑戦は、戦間期のイギリスで自己形成したA・J・P・テイラー（一九〇六―九〇年）のような歴史家にも影を落としていた。戦間期に「「純粋な」外交史」が不人気だった事情について、テイラーは第二次大戦後、第一次大戦がまだ現代の出来事であり、「金融や重工業の神秘的な人物が国家の運命を決める時代」に見えた頃は自分たちも「「純粋な」外交史」に反発していたが、今日、大国間の関係を規定するのは経済的な配慮ではなく、かつて想定していた以上に政治的支配者であると考えをあらためた旨を述べている。[22] テイラーによる評価の是非はさておき、近い過去をめぐる「「純粋な」外交史」が戦間期、イギリス歴史学で必ずしも王道のマジョリティでなかったことはたしかである。テイラーが学んだオクスフォード大学ではテューダー朝やステュアート朝の中世憲政史が当時の本流で、近い過去の歴史は学生間の政治的対立を惹起しかねないと敬遠された。[23] 他方で、テイラーの卒業翌年の二八年には、ケンブリッジ大学の近現代史欽定教授トレヴェリアンの『イギリス史』をめぐって、同大学女子カレッジで講演したヴァージニア・ウルフがエリザベス一世らの「偉人伝」で不在となる「平均的女性」の存在に言及したように、[24] 戦間期には本流と異質な歴史的想像力も芽吹いていた。一時は共産党員で、以後も労働党支持者だった経歴から、一八四八年革命のラディカルズの運動に当初関心があったテイラーを外交史に開眼させた師が、英国拠点の学究ではないウィーン大学のプリブラムだったのは示唆的である。新規公開された各国の外交文書を駆使して欧州国際政治を描く一九三四年のテイラーの著書『欧州外交のなかのイタリア〔統一〕問題、一八四七―四九』は、外交史の伝統的手法をとりつつも国内世論の役割を重視した点で新機軸があり、[25] 外交史の純度の低下を志す戦間期の産物でもあった。

以上みた外交史批判の狼煙は、欧州のみならず、戦間期の極東でも当然上がっていた。戦前を通じてその強烈なカリスマ性により、西洋史・日本史の若き近現代史家の憧憬の的だった羽仁五郎は、最初の著書『転形期の歴史学』（一九二九年）に収めたH・G・ウェルズ批判の論文「世界史の可能性と必然性」において、ランケと異なる独自の「世界史」の構想から、「国民史」（＝文化史）、さらには「外交史」を、一刀両断にしている。[26]

国民また特殊個別領域に於ける文化の歴史がある。よろしい。国民また特殊個別領域に於ける文化が時に行つた若干の相互影響の歴史即ち外交史がある。よろしい。この相互影響は時にそして若干にとどまり、決して常にそして到る処にでなく、「世界のあらゆる国々と皆交渉をつけたといふ国は未だ嘗て発見しないし、またあるべき筈がない。」よろしい。ところで、此等のよき諸主張が如何にして世界史の悪しき否定となることが出来るのか。……国民史、外交史から出発して世界史に行く道がないのは当然である。世界史にとつて、本来の意味に於ける国民なるものまだ外交なるものなく、あるものは世界人と世界的交渉である。この世界的交渉は、いはゆる民族移動とか国家主権の戦争とか外交とか文化の影響とかとはおほよそ別個のものに属し、それは世界人が世界人であることに於いて有する交渉である。……ランケすら世界的叙述に失敗して居るのは、彼がこの世界的交渉を知らなかつたが故である。彼の知るものは、恰も彼自らを欺いて、国民であり、民族集団であり、民族移動であり、外交であつて、それ以外のものではない。彼は世界史家ではなく、実に外交家であり外交史家でしかなかつたのである。

羽仁によれば、未完に終わる『世界史』の執筆を最晩年開始したランケにも、世界史は書きえない。そうしたランケの「失敗」を印象づけるレッテルとして、羽仁は「外交史家」を用いたのである。ここに現れたトランスナショナルな「世界的交渉」の志向には、一般的な唯物史観というより、師の黒板勝美から継承した大正コスモポリタニズム[27]、そして盟友・三木清がディルタイの影響も受けつつ歴史＝世界とたえず交渉する人間を「交渉的存在」と位置づけた理解[28]がおそらく反映されているだろう。『転形期の歴史学』は「市民的歴史学」から「人民の歴史学」への羽仁自身のまさに転形期として「生の哲学」を色濃く残しており、またそこから「静的な社会経済史学」に収斂しない動的なマルクス主義政治史学の可能性も切り開かれていく[29]。しかし羽仁の「経済史観」批判[30]が後進の政治史家に広い影響を与えた[31]にもかかわらず、国民や文化の「若干の相互影響の歴史」にすぎない「外交史」はなお、世界人とも人民とも乖離した、旧式の歴史学の象徴とされたのだった。

羽仁はこの頃、「彼の「王政復古」、「薩長」、「下級士族」、「外交」、また「財政」の観念による明治維新史解釈を主張することは、実に何れもそれぞれ全く主観的とされざるを得ない」と、やはり外交、政治エリート、財政といった上部構造に偏る歴史解釈の問題性を訴えている[32]。ここでの主敵は井野辺茂雄（一八七七―一九五四年）や藤井甚太郎（一八八三―一九五八年）ら、史料編纂所や維新史料編纂会で国家の官吏として編纂業務に従事した維新史家たちである[33]。彼らの歴史解釈を規定する「観念」は、資本主義移行途上だった維新当時こそ人々の行動を決定しえたが、「プロレタリア的現実構造」を本質とする現代の「必然的」「客観的」解釈たりえないと羽仁はみた。実際、とくに維新史料編纂会には明治政府を作った藩閥指導者たちを歴史の主役とする「雄藩維新史観」（大久保利謙）が顕著であり、渡辺修二郎（一八五五―?年）のような在野の老外交史家も「所謂「勝ては官軍」主義に囚はれ、単に、岩倉、西郷、大久保、木戸数人の力にて今日の日本国を造りたるが如く偏視する維新史料編纂会等の浅見は、憫笑の外無之と存候[34]」と冷評を隠さないなど、羽仁的な反感は戦間期に幅広く浸透しつつあった。一八九七年『評伝　陸奥宗光』をいちはやく刊行し、吉野作造らの明治文化研究会にも出入りし、さらに「生きた明治史ともよぶべき方」として一九四〇年一一月には「鹿児島の対外戦闘並に償金交付の始末」を『歴研』に寄稿するなど息の長い活躍を続けた渡辺は、先駆者の自負から公定維新史に不満が強く、それが唯物史観と在野外交史学の意外な共振を生んだのである。

しかしながら、一九三〇年代に渡辺が一転、維新史料編纂会委員に就き[35]、同事務局も原平三（一九〇八―四五年）の他に、井上清（一九一三―二〇〇一年）、小西四郎（一九一二―九六年）、遠山茂樹（一九一四―二〇一一年[36]）、先述の禰津など、羽仁の強い影響下にある若手が嘱託（ないし低待遇の雇[37]）として次々加わったこと、史料編纂所にも講座派系の石井孝が入ったことは、伝統的な「勝ては官軍」主義」を変えていったと思われる[38]。しかも、三〇年代における外交史学のいわば「急進化」は、日本近代史家に限られたものではなかった。歴研におそらく最後まで正式には属さなかった羽仁にとって、歴研内で①日本近世史部会―維新史分科会、②（途中で開店休業に陥る）現代史分科会（宇佐美誠次郎ら経済学者中心[39]）、と同等ないしそれ以上に重要な基盤となったのが③西洋史部会、であったが、ほかならぬ彼らの間に「政治と経済を総合しての外交史の深化の方向[40]」が立ち現れてくるのである。羽仁から自己形成の折々に影響を受けた江口朴郎が卒業論文をもとに発表した「日英同盟交渉の発端としての英独同盟問題」(『史学雑誌』四三—三、一九三二年)をきっかけに、第一次大戦前史の外交史研究が東大西洋史研究室で後輩だった林健太郎(一九一三—二〇〇四年)や高橋幸八郎(一九一二—八二年)も巻き込みつつ進展したこと(成果が江口・林・高橋『国際関係の史的研究』御茶の水書房、一九四九年)は、好例である。[42] 一九三五年、当時二四歳の江口は、西洋史の一年間の学界動向を回顧する『歴史学年報 昭和十年版』(『歴研』五—一)のなかで「外交史(最近世)」の項目を執筆し、前年の一九三四年が第一次大戦勃発からちょうど二〇年が経過した年であることをふまえて以下のように記した。

その是非は兎も角実際問題として欧米における最近世史の研究が外交史を中心とし、外交史は世界大戦を研究の重要たる対象としてゐる現状にある事は何人にも論なく肯はれる所である。……国際関係を中心とする最近世史の研究は、その内容が世界的聯関の下に立つと同様に、その研究の成果そのもの、評価に当つても、国際的な指標の下に為されるのが当然と考へられる〔後略〕。

すなわち欧米における「最近世史」(今日でいう「現代史」)の分野では、いまや外交史や国際関係の研究が中心となり、しかも世界的な政治経済危機を背景として「従来の単なる外交文書の表面的解釈のみに堕する事なく、新な方法に針路を打開せんとする傾向」も現れていた。[43] それだけに〝八月の砲声〟から二〇年後という節目の一九三四年は、「旧来の方法の一段上に立つて新なる路を打開せんとする努力の示された年」と評されるのである。しかるに江口のみるところ、欧米の主要著作の翻訳さえ不十分だった日本の現代史研究の現状は、欧米の外交史家がすでに「努力」で乗り越えた「旧来の方法」(「科学的良心」による「単なる外交文書のみの機械的取扱」)の段階に、一周遅れで到達したにすぎない。このように日本の「最近世外交史」家を叱咤しつつも、江口は欧米と同様の「行詰り」と「方法」の革新が日本でも早晩生じうること、さらに史料公開の遅れで未発達だった「我国自体に関する最近世史研究」でもようやく「極東或は日本外交史研究の必要」が叫ばれはじめ、「殆ど唯一の進歩的な研究者」として同世代の信夫清三郎が『歴史科学』で活躍していることに、期待を隠さない。

そしてきたるべき現代史学での外交史のプレゼンスを評価する江口がとくに光をあてるのが、米ソ両国に登場した新しい満洲政策史研究である(44)。ここからは、「我国が「非常時」に直面するが故か?」という江口の言が示唆するような、「満洲国」建国と外交的孤立という事態を説明することへの強い関心とともに、西洋史学で伝統的に軽視されがちだった米ソを(小国とともに)現代史のアクターとして重視した江口が、両国での外交史研究の進展に深い注意を払っていたことがうかがえる。とくに米国の外交史学への関心については、戦前『歴史学研究』に頻繁に寄稿しながら、戦後は離れていく同期の中屋健弌(一九一〇―八七年)との交友関係が大きかったと思われる。若き江口と中屋は　ビアード史学を通じて「ドイツ客観主義」に代わる相対的・主観的歴史観を模索する共闘者であり(45)、実際中屋はレビュー論文「米国史学界の現在的収穫」(『歴研』一―四、一九三四年)の中でラタネ、フィッシュ、モーアといった外交史家の紹介に紙幅を割いている。左派的思考に基づく外交史という歴史学の新しい風は米ソから吹いていたのであり、歴研は間違いなくそうした「古い歴史学」の復権と革新の舞台だった。一九三五年七月一六日の西洋史部会で、帝国主義の共同研究をより円滑に進めるため資本主義・帝国主義・封建制度・思想史の四つの分科会を部会内に仮設することが決定され(『歴研』四―五)、このうち帝国主義分科会が九月二五日の西洋史部会において江口を柱とする「日米外交史研究会」に発展解消されたのは(『歴研』五―二)(46)、外交史をめぐる空気の変化を象徴しているだろう。江口は東洋史中心の満洲史分科会にも遠征して、『歴研』五―二の「満洲史研究」特集号にロシア極東外交史の論文「ツァーリと満洲問題」を寄稿している。三六年五月には幹事長にも就任(―一二月)する江口は、歴研において日・東・西を横断した世界史的な外交史研究を根づかせつつあったのである。

二 「新しい外交史学」をめぐる羽仁・服部の相克

こうしたフォロワーたちの動向は当然、羽仁の「外交史」像にも一九二〇年代末までとは異なる内在的な変質を迫っていくが、実は羽仁の外交史批判には、官学アカデミズムに連なる維新史編纂官への批判の他に、いま一つ視野にいれるべきより重要な文脈があった。同じ講座派に属しながら『日本資本主義発達史講座』刊行以前から論敵だった服部之総の存在がそれであり、両者の因縁はきわめて深いものがあった[47]。そこで以下では、「羽仁・服部両氏といえば、明治維新史の研究を単なる社会経済史の領域に止めないで深く政治史の問題としても考えた、最も優れた研究者であった。しかし同じ政治史の問題としてこれを解くとしても二氏の間には決定的に異る方向があった[48]」という構図が、外交史にも敷衍できることを示したい。社会学の出身ながら一九二八年春、論文「明治維新史」上・下（同『明治維新史』上野書店、一九二九年所収）をひっさげて左翼論壇に登場した服部は、外圧という同一の条件にもかかわらず日本が中国と異なり「純粋封建国家」から「絶対王政」に推移しえた理由を「数ヶ国の相互牽制」や「諸国の均衡条件」で外圧が弱められたことにまず見出す。と同時に、この外圧に促されて「上から」「下から」双方で生じた「ブルジョワ革命」の機運が（短期的には挫折するも）長期的には憲法が発布された一八八九年以来、絶対王政からブルジョワ国家への転換を始動させつつあることを高く評価したのである。現在進行形の未完のプロジェクトたるこの明治維新論は当面する革命の課題をブルジョワ民主主義革命にみた二七年テーゼに照応する歴史解釈であり、テーゼ策定者ブハーリンの均衡理論[49]を背景にしていた。だが結果的に、日本の対外的独立も国内近代化も列強間の勢力均衡に要因を求める服部の説明は、開港の国内的な意味を見失う「偶然論」として半年後に羽仁から批判されてしまう。こうした講座派内での内因論の台頭と、明治維新＝絶対君主制の成立の規定により「上からの革命」論の存立可能性を失わせた三二年テーゼとに挟撃されることで劣勢に立った服部は、結局『講座』までに外因論を自己批判して放棄し、論争の焦点も国際的ないし「偶然的」条件から国内的条件（マニュファクチュア論争など）に移っていく。[50]以上の〝外因論から内因論へ〟というのが、日本資本主義論争期の明治維新論についての標準的な史学史の見取り図だろう。

しかし、外因論の敗北にもかかわらず、実際は三〇年代に入って羽仁が外交史の戦線に新規参入したことで、羽仁・服部の論争点は拡大していく。『講座』に服部が執筆したのが明治維新前夜から第一次世界大戦までを俯瞰する「幕末に於ける世界情勢及び外国事情」と「條約改正及外交史」（服部『近代日本外交史』白揚社、一九三三年所収）だったように、服部は外交史から撤退したわけでは全くなかった。若き江口にとっても、服部外交史学が与えたインパクトはきわめて大きいものだったが、ここでは羽仁が服部との対峙を通じて、当初の外交史批判から態度を変更させていたことを先に確認する。つまり羽仁は羽仁で、国内に閉じた分析につきない世界資本主義とアジアの近代の関係を問い、「国内の封建的勢力と資本主義列強の反革命的結合のなかに、半植民地化の危機を認めるという鋭い見地」から「国際勢力の国内過程への働きかけの問題をさらに深く追求」[51]していたのである。『史学雑誌』に四回連載した「東洋に於ける資本主義の形成」（一九三二年）や、『講座』の「幕末に於ける思想的動向」はまさに羽仁版の「外史」[52]とよぶべき成果であり、服部が「均衡」に注目した列強間の対立を、列強各国内のブルジョワジーとプロレタリアートの対立として再構成し、資本主義諸国からアジアまでを横断する人民闘争こそ日本の全面的な植民地化をかろうじて阻止した要因だとする、ポスト均衡理論のマニフェストであった。[53]そして現代の「アジア的生産様式」の問題を帝国主義の問題ととらえ、欧米列強に搾取されるアジアの諸民族の苦悩と、そこからの解放の条件を探ろうとした。[54]もっとも、羽仁学説の肝はおそらく、人民闘争の夢を語った部分より反革命という国内外の敵の強大さを構造的に分析した点にある。負け戦のなかでの人民の貢献を評価するため外圧の烈度や列強の侵略性が過大に見積もられる（日本の事例も、半植民地化状態が幕末の与件として設定される）のも羽仁の特徴だが、より重要なのは、各地域の前近代的要素

（中国なら「買弁」）を再編・利用しつつ自らの支配を維持・強化していく資本主義・帝国主義の作動条件を、相当アクロバティックながらも世界史的視座で析出したことだろう。[55] この議論は、井上清[56]のような羽仁直系はもちろん、後進の左派外交史家の枠組みを広く規定していった。たとえば、帝国主義時代における資本主義と「封建」的諸要因との逆説的な結合を強調した第二次大戦後の江口の創見[57]にも、羽仁の影響をみるのはたやすい。

かくして「アカデミズム」の世界で画期的な成果を挙げた田保橋潔（一八九七―一九四五年）・大塚武松（一八七八―一九四六年）の両雄[58]に続いて、「ジャーナリズム」の世界でも世界史的な資本主義の動態に日本を位置づける服部・羽仁の研究が現れたことで、外交史が「せいぜい維新史家の片手間仕事で扱はれてゐたに過ぎない」時代、そして大隈重信『開国大勢史』（一九一三年）の金字塔を長く乗り越えられない時代は、確実に変わってきていた。[59] ①「従来の日本外交史に欠けた広義の世界史的視点」、②外交と内政の総合、そして③日本の大陸政策のルーツの探求、といった眼前の政治外交危機を説明しうる問いが、少壮歴史家が挑む「新しい外交史」の焦点に浮上してきたのである。[60]

一九三〇年代の羽仁が「最近世外交史」の解明に前向きになっていく雰囲気は、当時の羽仁学派（とくに中核の一つたる東大西洋史）[61]の動向に、よりはっきりと認めることができる。戦前を通じて羽仁と蜜月だった林健太郎に加え、羽仁直系というべき菊池謙一（一九一二―七〇年）、小此木真三郎（一九一二―九四年）、鈴木正四（一九一四―二〇〇一年）らがいずれも外交史の研究者として出発したことは、決して偶然ではない。まず菊池の場合、三三年東大に入学してまもなく、京都帝国大学の瀧川事件の影響で日本共産青年同盟東大細胞に入り、非合法新聞『赤門戦士』を編集した廉で同年末に逮捕されたものの、拘禁と休学を経て、羽仁に導かれるように運動から一時離れて米国史研究に向かう。二人の出会いは三三年四月、東大文学部史学科の進歩派学生たちを前にＹＭＣＡ会館でおこなわれた羽仁の演説集会であり、羽仁は当初から菊池に、政治的姿勢の誇示のみに傾きがちな他の左翼学生とは異質な「歴史学をやる資格」を見出していた。羽仁は聴衆に釘をさすように、「マルクス主義的な歴史学をうちたてるには猛烈な勉強がいる、大学の反動的な教授の講義なども馬鹿にしないで批判的に摂取することが必要だ」との趣旨の発言をしたという。[62] そして菊池は三八年、羽仁の示唆にもとづくテーマの卒業論文「ウッドロウ・ウィルソンとアメリカの参戦」を提出し、指導教授の今井登志喜（一八八六―一九五〇年）から、「筆力」と「純情」を備えた「近来の第一等の出来」であり、「読んで涙が出たよ」と激賞されるほど将来を嘱望される。[63] しかも本来は「卒業論文も国サイ連盟をやるつもりで、ウィルソンの参戦までしか行か」なかったように、[64] 菊池の射程は、先輩の江口が口火を切った第一次大戦前史よりさらに「現代」に近い、戦間期の国際政治にまで及んでいた。この他、三高出身者を中心に羽仁を囲む「千駄木グループ」のメンバーだった西海太郎（一九一二―一九九年）も、やはり羽仁の影響でパリ・コミューンと欧州列強の関係について卒業論文を準備し、これが『歴研』に掲載した「フランス内乱に対するビスマルクの干渉政策」（三七年一月）につながる。西海の入学当時の三三年春、「「東洋に於ける資本主義の形成」を読まない者は、いなかった」という千駄木グループの会合で羽仁は、年明けの山海関占領を経て熱河作戦を開始した関東軍が、長城以南にまで侵攻している状況を「侵略行為として熱っぽく語っ」てみせた。[65] こうした日々緊迫する国際情勢を前に外交史に引き寄せられた西海たちには、江口のようなテーマと学年の近い研究室の先輩を、師の羽仁の才気や情熱と引き比べてともすれば一段下に見るような心理も生まれていたと思われる。[66]

羽仁の指導と庇護をより直接受けた外交史家としては、江口の一学年下の後輩で、歴研にも出入りした小此木真三郎が代表である。[67] 一九三四年に卒業するも就職難のため大学院に進んだ小此木は、卒論ではビスマルクのドイツ統一をプロイセン憲法闘争の側面からとりあげたものの、大学院の研究題目届では一転、第一次大戦「後」の現代史研究で提出し、主任の村川堅固からかろうじて受理されている。「後」を選んだ理由として、同時代の満洲事変、五・一五事件、ヒトラー政権成立への関心に加え、「第一次世界大戦前の外交史の研究が、当時の世界の流行」で、「西洋史の秀才といわれる人は第一次世界大戦直前の外交史をやることが多かった」ことを挙げる小此木の回想には、江口の

『史学雑誌』論文以降、日本でもメインストリームとなった同世代の「秀才」たちの外交史研究が「戦前」に歴史叙述を限定したことへの距離感も窺える。小此木は三四年夏頃、三年後に師と決裂するまで羽仁門下の若頭格だった北山茂夫（一九〇九―八四年）の誘いで、東大史料編纂所の西岡虎之助を編者とする『新日本史叢書』（内外書籍、全二五巻）企画のうち、明治から昭和の外交史を担当することになった。事業はまもなく出版社と北山ら「左派のグループ」の間のトラブルで途絶してしまうもの(68)の、三五年春から羽仁の指導を通じて小此木は、「日本の外交の侵略主義」を農村の「半封建的土地所有」による市場の狭隘や原料不足に還元せず、むしろ現実には成功しなかった路線として「侵略コースに対抗する国内改革コース」を歴史のなかに追求することで「現実の戦争政策」へのオルタナティヴを描き出そうとした。「経済決定論」に代わる「国内改革か対外進出かという問題」こそが「僕の「外交史」の基本的骨組み」になったのである。「独占資本主義」だけに特化した帝国主義論（明示されないが、信夫が念頭にあったかもしれない）を否定し、先進国の階級対立や内的矛盾と関連づけようとしたこと、対外戦争の起源も各国の支配階級が人民の要求する国内改革を行わなかった点に見出し、反戦と革命への実践的な含意を歴史研究から得ようとしたこと、いずれも羽仁学派にふさわしい(70)。さらに太平洋戦争中、外務省の外郭団体・世界経済調査会で菊池謙一とともにアメリカ史研究に着手しはじめた小此木は、敗色が濃厚になった四三年秋、調査会の共通論題「近代戦争終結における政治的経済的要因」で南北戦争の終結史を担当し、軍事史の視点も新たに交えた一五〇枚の報告書を翌年九月提出している。この『戦争史』プロジェクトは、今井登志喜を編者とする論集企画でもあったようだが(71)、結局敗戦で公刊されていない。この他、先輩の江口の縁で外務省文書課図書係に勤務し、『戦争史』にも動員されていた鈴木正四をここに加えれば、小此木・井上清とあわせた「羽仁派」の「トリオ」(72)が完成する。四一年には江口が「仕掛け人」となって鈴木の単著『セシル・ローヅと南アフリカ』（博文館）が上梓され、このイギリス帝国史の先駆的な成果は、その後の左派外交史学に一定のインパクトを与えたと考えられる(73)。

以上の羽仁学派の動向をふまえたとき、羽仁が「外交史家」ランケの批判から一一年後の一九四〇年、刊行に大きく貢献した河合栄治郎編『学生と歴史』（日本評論社）に寄せた「歴史および歴史科学」のなかで、「旧式の歴史学は、いわゆる外交史また戦争史等の歴史的事実の批判においても、きわめて不十分であったが、現代歴史学は外交また戦争が政治の延長として、すなわちそれぞれの国家の社会状態の相互関係として批判的に分析し理解せらるべきことを明らかにしている」と「現代歴史学」における外交史・戦争史の意義を一転高らかに称揚するにいたったのも、驚くに値しないだろう。[74] 重要なのは、こうした再評価、あるいはランケ的な主題の再構成が、アカデミズムおよびリベラリズムとの和解という羽仁の戦時下の戦略と結びついていることである。すなわち羽仁は、一九三〇年代半ばから人民（貧農・プロレタリア）の闘争を基軸とした歴史叙述に代わって、「中間層」の知識人・芸術家を含む人びとによる学問・思想・芸術の人類史的な営みに、対象を拡大していった。羽仁は「国学の誕生」「国学の限界」、『マキャヴェリ君主論』『白石・諭吉』『ミケランヂェロ』『クロオチェ』という一連の文化史の著作を通じて、自由と民主主義の擁護、そして学問と芸術の独立を訴えるべく、人民戦線論とも照応する歴史叙述のいわば自由主義的な再編を試みており、「アカデミズム史学の碩学」津田左右吉の筆禍事件の弁護も、先述の河合との連携の模索も、そうした再編の延長にあったのである。[75] かつて羽仁は、本庄栄治郎・黒正巌らの社会経済史学派を批判して「人民の歴史学」を対置したが、いま一度「市民的歴史学」への再「転形期」に入っていたのかもしれない。

ただ羽仁にいかに世界史的視点があり、いかに学派から外交史家を輩出しても、『東洋に於ける資本主義の形成』に続く外交史の仕事を残すことはなかった。服部流の指導・同盟関係の着眼や「上からの革命」概念が（「農民一元論」と服部から批判された）羽仁の側に全く欠けていたわけではないもの[76]の、第一に、絶対主義の分析より人民や運動の分析に革命の課題をみる羽仁は、外交指導の問題、そして幕藩制国家／天皇制国家それぞれの質的差異の問題を後景化させがちだった。第二に、より構造的な制約としては、「アジア的」の異質性より共通性が前提となる点が象徴するように、現実には各国に多元的な形で拡散し、多元的な影響を与えたはずの「世界資本主義」[77]の諸作用の描写が一元的に収斂しやすい弱点を抱えていた。服部がめざした明治国家権力（天皇制ないし絶対主義の問題）の解明の方が、日中の近代化の分岐の事情を政治経済体制の比較として無理なく説明しやすかったことは否めないだろう。羽仁学派の場合、外圧の容赦のなさと、にもかかわらず独立を一応達成した人民の偉大さの双方を説明しないといけないため、立証にかかる理論的負荷が増し、たとえば、「民族的力量」の国内的基盤として（遠山でなく井上清の方が）「厳マニュ」説を密輸入せざるをえないようなねじれも生じるのである。[78]

この点は、維新史編纂に批判の矢を向けたものの、外交史への戦線拡大はあくまで結果論だった羽仁に対し、国際法学者や元外交官を中心とする「外務省派外交史学」を仮想敵に設定していた服部の側に、[79]方法的体系化への志向がより強く働いたことも関係しているだろう。純経済史学史に溶け込んでしまったものの、本人も政治史の仕事と意識していた「厳マニュ」説には岡義武以降の政治外交史を先取りした部分も少なくなく、放棄されてしまった外因論の再活性化にもつながるものだった。[80]周知のように江口朴郎の帝国主義論の特色は「国際的契機」論だが、この着想源となったのが実は「均衡」を掲げた初期服部の外因論だった。後年、井上幸治との対話で江口は「歴史における国内政治と国際政治の関係」を説明する早すぎた学説として初期服部に言及し、「帝国主義成立期の国際政治」と題した総論的論考でも、服部の先駆性を評価した上で、「「諸外国の均衡」でさえ、これを単に「偶然的な現象」とすることはできない」との遠山茂樹の興味深い指摘を控えめに引用している。[81]江口は国際政治史家としては、より運動論的観点をとる後継者の斉藤孝（一九二八—二〇一一年）[82]とおそらく異なり、服部—遠山という失われた外因論（さらに絶対主義国家論）の系譜に自らを位置づけたとみるべきであろう。実際のところ、明治維新の主動因を列強間の競争の帰結としての開国にみる見解自体は、「外圧」論争を準備した部分を含め、維新史料編纂会が先行して到達していたが、[83]服部の場合、外因と内因の関係にとどまらず、外因固有の動態、すなわち列強間関係と列強—従属国関係とからなる国際政治の「均衡」の動態を積極的に説明しうる可能性をもっていた。

世界市場形成過程、ヨーロッパの革命と反革命、インド・中国民衆の抵抗、を連関させて明治維新への道を論じる羽仁的視点も部分的にはすでに志していた服部は、[84] 一九四七年の『近代日本外交史』第二版のはしがきで、自著を「外交史としての日本帝国主義発達史の素描」だとし、「幕末日本の開港をもつて、近代資本主義世界ははじめて地球を円形化することに成功した。同時にそれは、極東における封建的二大独立国たる中国および日本の半植民地化の出発でもあつた。しかも日本は、明治外交の四〇年の歳月を以て、極東の半植民地日本から世界の帝国主義日本に転生した。この奇蹟の秘密をあかす基本図式をスケッチすることが、本書の課題であつた」と魅力的に概括している。同書に収録された、『歴史科学』二号の巻頭論文「戦前帝国主義の成熟過程と支那の分割」（一九三二年）で、服部はソ連の歴史家ニコライ・ルーキンに導かれ、米西戦争、アフリカ分割と同時代的な現象として、日清・日露戦争と中国分割を分析している。自己批判にもかかわらず服部は、外因としての帝国主義を国際政治史として捉える豊かな視点を育んでいたのである。江口もまた、卒業論文の主題の選択に際し自分の動機が明確になった経験として、『歴史科学』掲載の、ビスマルク外交に関する欧米の研究潮流を批判するルーキン論文の問題提起からヒントを得たことを述べている。[85] 古参ボルシェヴィキであるルーキンは、ブハーリンと縁戚関係にあり、一九三四年開講のモスクワ大学歴史学部で現代史講座長を務めるなど、三八年に逮捕されるまでは代表的な「党の歴史家」の一人だった。[86] 当時ソ連の歴史学界では、ナチス政権の下で「ファシスト化」が進むドイツ歴史学との対抗が主要課題に浮上しており、党員歴史家が初等教育の教科書に影響力をもった反面、一九二九―三一年の「文化革命」で攻撃された、マルクス主義史学に立たない「ブルジョワ歴史家」の復権も進み、ポクロフスキーにみられる従来の経済史の重視、また政治史の欠如や人物（君主など）の軽視が批判されていった。そしてソ連としての「国民史」の創出にむけ、国内の多民族性や多様性を視野に入れた国民統合が焦点となると、ナポレオン戦争をはじめとする対外戦争の描写が大きく変化し、歴史研究／教育に占める戦争史・外交史の比重も増大することとなる[87]。

こうした同時代のソ連における政治史・外交史・戦争史の復権にあるいは触発されつつ、服部の野心を引き継ぐ唯物史観外交史学を高い実証水準で実現させたのが、信夫清三郎である。服部の「支那の分割」論文は末尾で「戦前帝国主義の一般的成熟とアジア問題との関連に於ける内面性をもひとつ完全に明にするためには、こゝで棄ておかれた日清戦争の内的必然性に関する問題が解決されなければならない」（傍点服部）と課題を記し、労農派流の「国民戦争」より「帝国主義戦争」として日清戦争論の展望を示したが、まさにこの「内的必然性」が信夫の外交史学の導き糸となったのである。一九三一年四月に九州帝大法学部に入学した信夫は、当時支配的な「外務省派外交史学」への不満から「新しい外交史の方法」を求めて模索を続け、やがて出会った田保橋『近代日支鮮関係の研究』と『講座』の服部論文のうちに光明を見出し、服部の門をたたくことになる[88]。日清・日露戦争以降に本格化した日本の外交史研究は、各大学の科目担当者を含め国際法学者や外交官に担われていた[89]。信夫の『陸奥外交』（一九三五年）の序には着手から完成までの数年間に兄と弟が相次ぎ「自決」した事実が触れられ、同書も亡兄満二郎に捧げられている。まさに外交官出身の外交史家ながら、家庭を全く顧みない信夫淳平を父とした信夫にとって、「外務省派外交史学」との対決は、切実な課題だったに違いない。同書を献本した羽仁からは冷評（とおそらく黙殺）で迎えられたものの[90]、折からの史料公刊の進展[91]にも支えられた信夫の陸奥研究は社会的な反響を呼び[92]、ライフワークの一つとなっていく。同時に外交時評も開始した信夫は、『中央公論』五〇―五（一九三五年）に掲載した「政治外交より経済外交へ」では、日中関係改善をめざした広田外交を「事変による満洲現状更変の事実のうへに、我が外交政策を日本資本主義外交の歴史的軌道――幣原外交へ復帰せしめようとするもの」と評し、日本の国外市場への依存性を「自覚」していると期待を託した。翌三六年、唯物論叢書の一冊として刊行した『外交論』の序で信夫は、「日本において最も軽視されてゐる分野は外交であ」り、「それは日本においては最も償はれざる学問」だという自由主義者・清沢洌（一八九〇―一九四五年）の二年前の時評を、共感をこめて引用している。

このようにキャリアを出発させた信夫は戦前、歴研をはじめとするアカデミズムの中心と交わることは稀だった。一九三四年四月から信夫は服部の私設助手として共同研究を開始し、『歴史科学』を拠点に日本帝国主義の国内的基盤として産業革命の研究にも領域を広げたものの、三八年には師の服部と絶縁してしまう。[93]また『歴史科学』派の内部でも、版元の白揚社の商業主義に不満を抱いていた渡部義通グループ（松本新八郎、石母田正、藤間生大）が同じ三八年以降、従来距離のあった「アカデミーの進歩派」たる歴研に参加していく。[94]在野の左派も糾合して歴研の裾野が拡大するなかで孤軍奮闘を強いられた信夫は、服部史学から一転、大塚史学に急接近する。一九四二年には大塚久雄の『欧州経済史序説』に倣った『近代日本産業史序説』を上梓した。同書は、矢内原忠雄『帝国主義下の台湾』（一九二九年）での日清戦争の位置づけを批判し、日本資本主義からみた台湾領有の「内在的必然」性の解明を試みたものであり、岡義武は戦中の東大法学部の「政治史」講義で必読文献と述べたという。[95]もっとも、日清戦争への道を国外市場確保を目的とする「日本資本主義の構造に対応した朝鮮政策」に求めたデビュー作以来の、経済構造や経済的動機の従属変数として外交をとらえる信夫の傾向は強まっており、政治や外交をより自律的に捉える服部とは根本ですれ違いがあったと思われる。

外交指導における偶然性の問題という服部的主題を、歴研の中枢で受け止めたのはやはり江口朴郎だった。服部は、土屋喬雄との論争を自ら打ち切った一九三四年四月から三七年にかけて人物論を次々と公表し、それを「歴史的必然性、一般性、法則性は、きわめて豊富な偶然と、特殊と、アナーキーとを通じて発現する」と意義づけていた。[96]江口が三五年の『歴研』の満洲史特集号に寄せた「ツァーリと満洲問題」で、「かかる制度〔専制主義〕の下においては必然対外政策の中にも個人が跳梁する。我々はかかる個人の役割を、主として癖のある個人の記述を通して考察して行かなければならない」としてウィッテやベゾブラーゾフ、プレーヴェら「癖のある個人」に注目しているのは、偶然性への感度の点でいかにも服部的である。(97) この四年後に三〇歳のバーリンが記したように、もし「マルクスはあらゆる形態の政治技術に精通しており、このシニカルで軽薄な政治家〔パーマストン〕が破廉恥極まる離れ業を演じる際の気迫と巧みさにはある種の讃嘆の念を漏していた」(98) とすれば、そうした政治外交の見巧者・マルクスの極東での継承者は、羽仁より服部であり、江口だった。経済（史）学に特化したマルクスの受容を繰り返し厳しく批判し、近代経済学の導入すら歓迎した戦後の江口が(99)、コミュニケーションが世界的に拡大した一八六〇年代に小国や従属地域を含む欧州国際情勢の権力勾配を鋭くとらえた優れた時評家・状況的思考者としてマルクスの〝可能性の中心〟の再定位を試みていた事実を(100)、ここに付け加えてもよいかもしれない。

もっとも、江口外交史学もまた、羽仁のみならず、個人的親交のあった服部との間にも一定の緊張をはらんでいた。日清戦争の性格について、「侵略戦争」と断言する服部に対し「一種の国民戦争的な要素」を見出そうと食い下がる江口の姿からは(101)、労農派的な着眼の折衷という以上に、斉藤孝が鋭く指摘したような「民族として現われる民衆の主体的な意識の問題」を通じて「アイデンティティの問題に帰着」する江口の実存的主題が浮かびあがる。(102) 実はナショナリティの問題への心理学的接近は、第一次大戦後のリベラルな知識人における大きな思想潮流であり(103)、国際関係論や戦争原因論にまでその影響は及んでいた。人間の弱さや限界を前提とした江口のマルクス観は、人が弱いがゆえに多様な立場それぞれに認識の盲点が生まれることを引き受け、こうした自己相対化の思想こそ変革の理論たりうると考えた(104)、その意味で思想史家バウマーが戦間期に見出すところの、決定論的な歴史解釈から零れ落ちる「悲劇」や「苦悩」に注目する「人間主義的なマルクス主義」の系譜とも重なるものだった。(105) ニーチェやトインビーの仕事に強い関心を寄せ続けたように、人間世界の進歩の動力として「混沌」や「分裂」に可能性を認めた江口の歴史哲学もまた、近い過去をめぐるマルクス主義史学の論争、そして満洲事変後の「新しい外交史学」創出にむけた草創期歴研の熱気のうちに、たしかな出自を見出すことができるのである。(106)

むすびにかえて

本章は、羽仁（学派）の台頭と服部の対抗を軸に、一九三〇年代日本における外交史の復権と革新の過程に光をあててきた。しかし戦中、服部が筆を折ったのに対し羽仁の活動はより活性化する。三八年一月の「随筆・イギリス」（『思想』一八八）によると、羽仁は日中戦争勃発後、アヘン戦争期のイギリス議会議事録を閲覧すべく東大総合図書館を訪れた。羽仁はとくに英政府の「戦争方針固執」に対して三日間の徹夜で討議を経て最後まで抵抗した「英国国民議会下院の面目」が議事録に「銘記」されたこと、さらに敗北したものの、英国民衆が議場の外から激励した請願を議事録が記録していることに注目している。そして議会ではなく閣議ではあったが、現代日本でも二年前の一九三五年一一月末、次年度予算編成をめぐって「二十余時間徹夜の討議に文字どおり死守奮闘した高橋（是清）老蔵相等の最後の姿を想起」している。グラッドストンやマクドナルドといったかつての戦争批判者でも後には首相に登用する「言論の自由」にイギリスの「面目」や「強み」を認める羽仁の意図が、アヘン戦争と日中戦争を、またグラッドストンと高橋を重ね合わせる点にあったことは疑いない。

いまひとつこのエッセイを特徴づけるのは、羽仁が「西洋史研究室にその人ありと知られた篤学のH学士」訪問を特記したことである。この「H」は林健太郎にほかならない[107]。林は最初の著書『独逸近世史研究』（近藤書店、一九四三年）の謝辞で、今井登志喜と並んで羽仁の存在を特記しており、羽仁も一九四七年五月の「新しきヒウマニズム」（『世界評論』二―一）では『ミケルアンヂェロ』（一九三九年）刊行時に「林健太郎君」から届いた同書を絶賛する内容の礼状を引用するなど林との蜜月を誇示する傾向があった。実際、羽仁から借りた本への線引きや、自宅宿泊の特権を享受した林は[108]、河合栄治郎編『学生と歴史』への寄稿者として小此木・藤原治（日本史）とともに同門で三人だけ推薦されている[109]。ちょうど北山―羽仁の確執が、千駄木グループの消滅につながった時期のことである[110]。

このような林と羽仁の紐帯が一九四一年に実現した歴研の岩波書店移籍の背景にあった。何が決定的要因だったかはやや回想者により異なるが、事務能力の高さで「歴研の鬼」と謳われた倉橋文雄[111]と林健太郎を軸に、西洋史部会が中心となって岩波と縁の深い羽仁と今井登志喜に働きかけたことが、奇跡の大逆転を生んだようである[112]。しかも林が当時江口に書き送った新体制を相談する書簡によれば、岩波移籍に伴う螢雪書院への手切れ金として二〇人が一〇円ずつ、うち西洋史では田中正義、大野真弓、江口、林が各一口供出する準備が進められていた[113]。「財政は、組織にとって最も重要な問題[114]」だとすれば、この差配を最も人数の少ない西洋史部会が主導したことは、岩波移籍に反発した東洋史の古参メンバーの退出[115]と相まって、歴研内のパワーバランスの変化を窺わせる。そもそも歴研創設時に「西洋史ははっきり出て来るような人は、まるっきりいない」(野原四郎[116])上、東洋史が踏みとどまる中で西洋史全員が連袂辞職する一幕すらあった経緯[117]を考えれば、この西洋史中心の「一九四一年体制」(林は編集を担い四三年一二月から幹事長)の成立が大きな転換点だったことがわかるだろう。そして、翌四二年一一月の歴研創立一〇周年大会には今井、上原専禄、津田左右吉、辻善之助、中村孝也らアカデミズム史学の重鎮、そして羽仁が出席する象徴的な舞台が整えられた[118]。「自由主義的アカデミズム史学」の本流として、歴研は史学会に代わる権威に浮上したのである。

こうした一九四一年体制を外部から支えていたのは、今井以上に羽仁だったと思われる。実際、羽仁の威光は、歴研内でも圧倒的だった(「なにしろ羽仁さんといえば、わたしたちには偶像みたいなもんだったでしょ[119]」)。羽仁と近い研究者間では「羽仁詣で[120]」が定例化しており、御目見ができない人々の憧憬はなおさらだった。慶應国史出身の高橋磌一(一九一三―八五年)の回顧によると、歴研の維新史分科会の研究会では、日大の羽仁門下だった磯部譲が二言目には必ず「羽仁さんによれば」と付言したという。羽仁本人を見たこともない高橋らは磯部の口から語られる羽仁の像にあらためて圧倒され[121]、歴研部会の会場だった学士会館への入館時、偶然署名したばかりの「羽仁五郎」のインクが光っているのを目にしただけで、「あ、この辺に羽仁さんがいるんだなと胸がたかなった」[122]。

また意外なことに羽仁の威信は、門人たちの「左傾」にもかかわらず、アカデミズム内でも当時高まりつつあったように見える。辻善之助の手元には、羽仁が学士院会員の候補になったことを窺わせる業績評価メモが残されている[123]。一九四〇年代作成と推察されるこの資料で羽仁の他に名前が挙がるのは、今井登志喜、山川智応、魚澄惣五郎、幸田成友の四名で、羽仁は年齢の若さと主著の不在がネックとされるものの、今井に次ぐ評価を受けており、そもそも「長老」に並ぶこと自体が異例だったであろう[124]。実際、三九年に「応仁の乱に関する一考察」を『史学雑誌』五〇―八に掲載した鈴木良一をはじめ、羽仁が『史学雑誌』への投稿を促したエピソードは多く、自身の黒板への姿勢を例に良質な「ブルジョワ史学」の吸収を後進に説いたというが[125]、そこには単に「敵」本陣への攻勢にとどまらないアカデミズムへの裏返しの親近感が存在したと思われる。さらに一九四一年体制成立までには羽仁と折り合いの悪かった『歴史科学』派も歴研に馳せ参じ、そこから若き石母田のように羽仁の影響を隠さない偉才も現れた。

このように戦中の自由主義的歴史家の連合の成立に、少なからず羽仁が与っていた事情がおそらく、一九四六年一月、歴研「再建大会」の名のもと羽仁が悪名高い「クーデター」を敢行した最大の背景だったと思われる。強引にも無謀にも見えるこの挙には、革命的な情勢の雰囲気のみならず、西洋史も歴史科学派も糾合しうるという自己の威信への過信があったのではないだろうか。しかしこれは西洋史の親羽仁派（林健太郎や倉橋文雄ら）が羽仁から決定的に離れる契機となり、革命の夢敗れた羽仁は歴史学界から徐々に離れて政界に新たな活路を見出していくことになる。

戦間期日本の史学思想史を振り返るとき、満洲事変以降、「外務省派」でない外交史学が広く左派から選好された事実をみてとるのは、比較的容易である。本章では、こうした外交史批判を乗り越える外交史について、「戦後歴史学」の（裾野の広さの）源流といった図式で納得してしまう前に、「戦前歴史学」の磁場のなかで外交史に投じられた「旧さ」と「新しさ」の感覚、また後者にはたらいた「左派的思考」の文脈の重層性を、いったん立ち止まってときほぐそうと試みた。畢竟、「日本資本主義論争→戦後歴史学→文化史・社会史・民衆史」といった単線的な発展史観からしばしば零れ落ちる政治史・外交史・経済史、そして（こと前近代の）法制史といった諸史学を通じて史学史を再構成し[126]、いまここで自らが奉じる「歴史学なるもの」の「源流さがし」につきまとう「窮屈さ」[127]を回避するためには、今日の眼からすれば意外な諸ファクターが相互に結びついたり対立をはらんだりする、史学史上の一見した錯綜や矛盾こそを、凝視する必要があるのである。

（1）一九三二年八月一〇日付辻善之助宛伊東多三郎書簡、姫路文学館所蔵「辻善之助文庫」39-L0-005381。

（2）竹山護夫『竹山護夫著作集　五　近代日本の文化とファシズム』名著刊行会、二〇〇九年、一一五―一二八、一八七―一八八頁。蔭山宏『崩壊の経験――現代ドイツ政治思想講義』（慶應義塾大学出版会、二〇一三年）も参照。

（3）以下、外交史学とは、近代以降の国家間関係を主たる対象としたものに絞り、前近代の対外関係史と区別する。もっとも当初の専門だった日本経済史から、一九三〇年代に日欧通交史に旋回する東京商科大学の幸田成友が、四二年に一七世紀史で単著をまとめる以前は一九世紀に関心をむけたように、近世／近代の分水嶺は流動的だったかもしれない。夏目琢史「幸田成友論――経済史から日欧通交史への断層」『一橋大学附属図書館研究開発室年報』四号、二〇一六年、二四、三三―三四頁。また、東京帝国大学の近世史家・板沢武雄の「日本外交史」講義について、「聞き書き――山口啓二の人と学問」『山口啓二著作集　五　時代に向き合って生きる』校倉書房、二〇〇九年、一一七―一二〇、一六五頁も参照。台北帝国大学の村上直次郎や岩生成一にみられる帝国の学知と対外関係史研究の交錯も興味深い。Tremml-Werner. Birgit, "Narrating Japan's Early Modern Southern Expansion", *The Historical Journal*, Vol. 64, No. 1, 2020.

（4）たとえば高木八尺（一八八九―一九八四年）はオールド・リベラルというべき立場だが、アメリカ（国内政治）のニューディール政策への高い評価を国際政治における経済的不平等の問題に敷衍する視点を、一九三〇年代には強めていく。竹林克将「高木八尺の戦前と戦後――アメリカを通してデモクラシーを見る」『国際関係論研究』三七号、二〇二二年、八頁。

（5）戦間期の「左派」の含意については、西平等『法と力――戦間期国際秩序思想の系譜』名古屋大学出版会、二〇一八年、二〇八―二一〇頁から本章は大きな示唆を受けている。ただ、西が国際法学／政治学における「左派的思考」の触媒として挙げるのは、労働法学とともに精神分析学であり、無意識の発見や欲動の重視が日本の外交史学にもたらした作用の本格的検討は別稿に委ねたい。戦間期の国際関係論に広汎に作用した精神分析学・心理学要因については、同上一六一―一六二、一九二―一九三頁。宮下豊『ハンス・J・モーゲンソーの国際政治思想』大学教育出版、二〇一二年、三〇―三四、四四頁。西村邦行『国際政治学の誕生――E・H・カーと近代の隘路』昭和堂、二〇一二年、四九―五二、一二八、一九七頁。同「レナード・ウルフにおける自我と社会――戦間期理想主義の政治心理学」『北海道教育大学紀要（人文科学・社会科学編）』六五巻一号、二〇一四年。リチャード・オヴァリー著、加藤洋介訳『夕闇の時代――大戦間期のイギリスの逆説』九州大学出版会、二〇二一年、原著二〇〇九年、第四・五章。Glenda Sluga, *The Nation, Psychology, and International Politics, 1870–1919* (London: Palgrave Macmillan, 2006).

（6）「インタビュー　西川正雄氏に聞く」『クリオ』二号、一九八七年、六七、七〇―七一頁。西川正雄「解説」『江口朴郎著作集』二巻、青木書店、一九七五年、二八六頁も参照。西洋史では市民権の不在（の認識）は限定的だったかもしれない。日本史について、藤原彰「戦後五〇年と私の現代史研究」『年報・日本現代史』一巻、一九九五年、二〇八頁、同『天皇の軍隊と日中戦争』大月書店、二〇〇六年、二五一頁、「佐々木隆爾氏の近現代史研究(1)」『部落問題研究』二〇八巻、二〇一四年、一八頁、松尾尊兊『本倉』みすず書房、一九八二年、四一一頁、東洋史について後掲、注(9)を参照。

（7）史料編纂所を拠点に、一九三〇年代に驚異的なペースで『歴研』に論文を掲載し続けた石井の場合、歴史研究の根本の方法は「考証史学」であり、皇国史観に対決するあくまで手段として（文化史ではなく）史的唯物論を取り入れたと自認する点が独特である。「私は「マルクス主義者」だと、みずから任じたこともないし、人にそういわれたこともないらしいんですね」という講演の言からは、「実証主義」にこだわったがゆえの、戦後歴史学内での疎外感を読みとることもできよう（『津田塾大学国際関係研究所報』一八号、一九八六年、六頁。石井『近代史を視る眼――開国から現代まで』吉川弘文館、一九九六年、所収）。なお、若き石井の幕末外交史研究に最も霊感を与えたのは服部之総であり、羽仁五郎の「人民史観」には「僕はついていけなかった」と距離感を滲ませている。

（8）京都帝大の二回生時代、三木清・羽仁五郎による唯物史観の紹介を「むさぼるように読んだ」禰津は、卒業論文は西田直二郎への反発から「故意に文化史をさけて」幕末外交史を選択したが、このきっかけとなったのが、英仏で収集した史料を用いた大塚武松の講義であり、大塚の縁で文部省維新史料編纂局に入局する。その後も江口朴郎が禰津の外交史研究を助力したという。ねずまさし「帝国大学から民衆の歴史学へ」歴史科学協議会編『現代歴史学の青春』二巻、三省堂、一九八〇年、四〇―四二頁（傍点は前田）。

（9）岩波書店編集者や茨城県史の編纂で知られる塙は、その後研究者になったわけではないが、一九四〇年に東大文学部東洋史研究室で執筆した卒業論文は「一九世紀を中心とする帝政ロシアと清国との外交関係」をテーマにしたもので、近い過去を対象としたことから東洋史主任の和田清に強く反発されたものの、「露西亜帝国の極東進出」の題で『歴研』一〇―九・

一〇、一九四〇年に連載された（丸山眞男「塙作楽のこと」『追悼　塙作楽さんを語る』塙作楽さんを偲ぶ会、一九九四年、一六頁）。なお塙論文の清朝側の動向の考察は、今日の史家にも「有用」だという。塚瀬進「清代マンチュリア史に関する研究史の整理──露清関係史、中朝関係史を中心に」『長野大学紀要』三五巻三号、二〇一四年、一九〇頁。

（10）服部龍二『外交を記録し、公開する──なぜ公文書管理が重要なのか』東京大学出版会、二〇二〇年、一九─二四頁。戦後の編纂・公開体制については、浜岡鷹行「外交史料館50年の歩み」『外交史料館報』三五号、二〇二二年が優れている。

（11）石田勇治「ヴァイマル初期の戦争責任問題──ドイツ外務省の対応を中心に」『国際政治』九六号、一九九一年、六一頁。また、イギリスでは労働党内閣下で『ブリティッシュ・ドキュメンツ』全一一巻の刊行事業が始まる。林健太郎「G・P・グーチ博士とその業績」同『歴史と政治』有信堂、一九六五年、一二六頁。

（12）神川彦松「外交史学から国際政治学へ──国際政治学と国際政治史学の開拓・樹立について」『国士舘大学政経論叢』五号、一九六六年、二頁。実際、有賀長雄、立作太郎、林毅陸、そして神川の留学先はいずれもパリだった。

（13）リュシアン・フェーヴル著、長谷川輝夫訳『歴史のための闘い』平凡社ライブラリー、一九九五年、三八、五〇頁。傍点は前田。フェーヴルは、ブルジョアやセニョボスの手法を「一八七〇年の敗北者による歴史」と呼んだという。キャロル・フィンク著、河原温訳『マルク・ブロック』平凡社、一九九四年、一五三頁。

（14）Lucien Febvre, "L'histoire politique par un historien économiste: propos d'orfèvre", *Annales d'histoire économique et sociale*, T. 10, No. 52, 1938, p. 346. もっともフェーヴルのこのボーモン評価は、アナール派とは異質な国際関係史研究の拠点たるソルボンヌ派（ピエール・ルヌーヴァン（一八九三─一九七四年））の影を感じたマルク・ブロックの警戒を招き、フェーヴルは返信で弁明している。Marc Bloch & Lucien Febvre, *Correspondance T. 3: Les Annales en crises 1938–1943*（Paris: Fayard, 2003）pp. 27, 32.

ソルボンヌ大学の現代史講座を担当したルヌーヴァンは、戦間期から戦後初期にかけて外交史の刷新を模索したことで知られる。一方でアナール派歴史学との、他方で政治学の国際関係論との差異化の要請から、交渉者の心理的要因や国家の経済的要因もとりいれたこの「国際関係史」の系譜については、以下を参照。宮下雄一郎「フランス国際関係史「学派」と理論をめぐる問題」『法学研究』八四巻一号、二〇一一年、五〇一─五〇二頁。Laurence Badel, "Diplomacy and the History of International Relations: Redefining a Conflictual Relationship", *Diplomatica*, vol.1, 2019; Badel（dir.）, *Histoire et relations internationales: Pierre Renouvin, Jean-Baptiste Duroselle et la naissance d'une discipline universitaire*（Paris: Éditions de la Sorbonne, 2020）.

（15）ピーター・ゲイ著、鈴木利章訳『歴史の文体』ミネルヴァ書房、一九七七年、二三六─二三七頁。

（16）国際政治史家としてのドロイゼンについては、熊谷英人『フランス革命という鏡──十九世紀ドイツ歴史主義の時代』白水社、二〇一五年、一八六─一八七、一九〇、二〇五頁注（86）に多くを教えられた。なお、三木清は唯物史観研究に移行しつつあった時期にドロイゼンから強い示唆を受けた形跡がある。一九二六年九月七日付羽仁五郎宛三木書簡、『三木清全集』一九巻、岩波書店、一九六八年、三一五頁。

（17）新ランケ派の対外観につき、Ludwig Dehio, "Ranke and German Imperialism" (1950), in *Germany and World Politics in the Twentieth Century* (London: Chatto & Windus, 1959, translated by Dieter Pevsner), 葛谷彩『20世紀ドイツの国際政治思想――文明論・リアリズム・グローバリゼーション』南窓社、二〇〇五年、七七―八一頁、大原俊一郎「ドイツ国際政治史学の歴史的文脈と思想――反覇権から秩序形成へ」（『亜細亜法学』五〇巻二号、二〇一六年、一六九―一七二頁を参照。

（18）ハンス－ウルリヒ・ヴェーラー（大野英二訳）「エッカート・ケーア」、ヴェーラー編、ドイツ現代史研究会訳『ドイツの歴史家』五巻、未来社、一九八五年、二一三頁以下。ドロイゼン門下のヒンツェもまた、戦間期には社会学的な国家観に接近し、自らが奉じた「外政の優位」論を否定している。ユルゲン・コッカ（河上倫逸訳）「オットー・ヒンツェ」、『ドイツの歴史家』三巻、未来社、一九八三年、一三七、一五二頁。

（19）ハルガルテン著、木村靖二・相良匡俊訳「一歴史家の歩み」同著、西川正雄ほか編訳『帝国主義と現代』未来社、一九六七年、一五七―一五八頁。ハルガルテンは、ランケ本人の著作は愛読していたようである（同一四二頁）。

（20）江口は「国際関係の諸政治的事実を経済的事実と綜合的に叙述した……綜合に対する」努力は買いつつも、従来の努力の「多くは単に外交文書の中から経済的記述を無造作に把み出すという姑息な方法に止まった」と指摘する。おそらく「経済の深み」からの外交史の把握が自己目的化したような同時代の歴史叙述（ポクロフスキーなどが念頭にあったのだろうか）には批判的であり、またハルガルテンの最大の美点ともとらえていなかったように思われる。

（21）ゲオルグ・G・イッガース著、中村幹雄ほか訳『ヨーロッパ歴史学の新潮流』晃洋書房、一九八六年、一二三―一三一頁。なお篠原一「現代史の深さと重さ」同『現代の政治力学――比較現代史的考察』みすず書房、一九六二年、六頁が、非マルクス主義史学と自認（前掲、「一歴史家の歩み」一六二頁）するハルガルテンを「マルクス主義的帝国主義研究」の優れた潮流と位置づけるのは、日本での受容史を考えるうえで興味深い。

（22）A. J. P. Taylor, "Review: *Imperialismus vor 1914*, by George W. F. Hallgarten", *The English Historical Review*, Vol. 67, No. 264, 1952, p. 423. テイラーは自伝で、一九四五年六月に刊行した有名な『近代ドイツの辿った道』のアプローチのほとんどを、当時は忘れられていたケーアから学んだとしている。Taylor, *A Personal History* (London: Hamish Hamilton, 1983) p. 224.

（23）Kathleen Burk, *Troublemaker: The Life and History of A. J. P. Taylor* (New Haven and London: Yale University Press, 2000), p. 81. こうしたオクスフォードの伝統が戦間期の専門的歴史学と市民社会の乖離を促したことは、ジョン・ケニヨン著、今井宏・大久保桂子訳『近代イギリスの歴史家たち――ルネサンスから現代へ』ミネルヴァ書房、一九八八年、三三六―三三八頁。

(24) ヴァージニア・ウルフ著、片山亜紀訳『自分ひとりの部屋』平凡社ライブラリー、二〇一五年、八〇―八一頁。戦間期のケンブリッジの看板教授だったトレヴェリアンの講義について、一九三六年に入学したホブズボームは「彼は名誉革命や国制や自由について話をするのだが、最近では廃れたテーマだ」と当時否定的な感想を綴っている。リチャード・J・エヴァンズ著、木畑洋一監訳『エリック・ホブズボーム――歴史の中の人生』上、岩波書店、二〇二一年、一一七頁。

(25) **Burk, op.cit., pp. 82-83. 95-102.**

(26) 羽仁五郎『転形期の歴史学』鉄塔書院、一九二九年、一四二―一四四頁。傍点は羽仁。

(27) 一高・東大法学部・ドイツ留学を経て一九二四年に帰国し、東大文学部史学科に転じた羽仁は当初「そのレベルの低いのにおどろいてしまった」というが、先行世代の歴史家で黒板への評価は（津田左右吉とともに）例外的に高い。羽仁『自伝的戦後史』下、講談社文庫、一九七八年、二三五―二三七頁。羽仁は黒板の葬儀でも棺を担いだ一人だったという（林健太郎「羽仁五郎氏のこと」『日本歴史』五四八号、一九九四年、三九頁）。また辻善之助との関係も後述のように悪くなかった。

(28) 三木の「交渉（的存在）」観は、船山信一『昭和唯物論史』（『船山信一著作集』九巻、こぶし書房、一九九九年、初版一九六八年）一二九―一三六頁、飛田真依子「三木清『唯物史観と現代の意識』（一九二八）における交渉概念の検討」『早稲田政治公法研究』九五号、二〇一〇年を参照。ただ、羽仁の哲学的素養が実際どの程度のものかは同時代にも疑念があったようで、愚管抄や親鸞の研究で知られる東京文理大学（国史学）の文化史家・松本彦次郎は、一九三二年六月二日付の友人宛書簡で「最近出た三木清氏の歴史哲学はマルクスの所は間違だらけですが、デ〔ィ〕ルタイなど論じた所極めてよく、これにより羽仁五郎氏は歴史哲学として素人であることが十分暴露されてゐると存じます」と三木との断層を強調している。西山松之助編『松本彦次郎書簡集』私家版、一九七七年、一一四頁。

(29) 犬丸義一「羽仁五郎」永原慶二・鹿野政直編『日本の歴史家』日本評論社、一九七六年、二八六―二八七頁。戦後にいたるマルクス主義史学の方法的弱点として「政治史、思想史等、上部構造史」の課題を掲げる犬丸『歴史科学の課題とマルクス主義』校倉書房、一九七〇年、四四八頁も参照。犬丸は羽仁が政治史に与えた訴求力を端的に析出しているが、「生の哲学」を唯物史観体系化の夾雑物とみなす理解は踏襲しがたい。実際、羽仁（や三木）を通じて「生の哲学」が後進のマルクス主義史学徒に受容されたことは、石母田正「私の読書遍歴」『石母田正著作集一六　学問と生涯』岩波書店、一九九〇年、初出一九五二年、二八五頁、同「クロオチェの歴史理論についての感想――羽仁氏の近業『クロオチェ』の紹介をかねて」『歴史学研究』一〇巻三号、一九四〇年、が示している。

(30) 羽仁五郎「経済史観批判」同『歴史学批判叙説　改訂版』鉄塔書院、一九三二年、同「経済史学における市民的立場」『羽仁五郎歴史論著作集　2　歴史理論・歴史教育b』青木書店、一九六七年、初出一九四〇年。羽仁は戦後にも、「ちっとも人間が出て来ない」経済史では「完全な歴史」になりえないとしている（同「明治維新」歴史学研究会編『日本社会の史的究明』岩波書店、一九四九年、一五八―一五九頁）。

（31）たとえば師の羽仁や（元）兄弟子の北山茂夫の「切れば血の出る人間関係、人間の情熱、人間の生活で構成された」歴史叙述を模範とした東大西洋史出身の米国史家・菊池謙一は、大塚史学直系の鈴木圭介（立教大学）については「ウェーバー、ゾンバルト式の経済史観」と批判的であり（菊池は「経済史観」から「トロツキスト」が出るとまで発言している）、「政治が書けると云ふことは歴史が書けると云ふこと」といった立場から自らの「唯物史観」を対置していた（三輪泰史「菊池謙一・幸子夫妻の戦時下往復書簡」『歴史研究』五三巻、二〇一五年、三一七、三七〇―三七一、三九四、五四二―五四三頁）。
意外なことに、菊池の「経済史観」にはのちに古代英雄時代論で一世を風靡する石母田正・藤間生大も含まれている（筆者はこの理由を、大塚史学に急接近していた信夫清三郎への羽仁周辺での批判を、信夫の『歴史科学』系人脈に菊池が投影したものと推測する）。ただ、一九四二年九月の歴研日本史部会で万葉集論を報告した際「政治史的分析の試図」を標榜した北山茂夫について、石母田側はむしろ、「政治（史的分析）から文学への逃避」との印象を抱いたという（松尾尊兊「伝記」同編『北山茂夫・遺文と書簡　別巻　伝記と追想』みすず書房、一九九一年、七三―七四頁）。要するに「唯物史観」内部にも、複数の「政治史」像（羽仁系、服部系、大塚系（信夫）、石母田……）が拮抗していたのであり、石母田を除く三潮流はまた左派外交史学の三潮流でもあった。

（32）羽仁五郎「明治維新史解釈の変遷」史学会編『明治維新史研究』冨山房、一九二九年、七八五頁。傍点は羽仁。

（33）羽仁は、「穏か」や「泰平」を重視する井野辺の静的な幕政観が「弁証法的歴史的理解」を犠牲にし、結果として開国の内発的説明が難しくなった井野辺が「尊王攘夷論者の如き慨を示すのは愉快である」と揶揄している（同「清算明治維新史研究」『新興科学の旗のもとに』一号、一九二八年）。なお井野辺との対比で、「幕政の不安」をとらえた歴史地理学の吉田東伍を羽仁が好意的に参照するのは興味深い。

（34）一九二八《（カ）》年一一月一五日付蜷川新宛渡辺修二郎書簡、蜷川新『維新前後の政争と小栗上野　続』日本書院出版部、一九三一年、三一三頁。

（35）この内閣辞令は渡辺にも「意外」だったことは、一九三二年九月五日付辻善之助宛渡辺修二郎書簡、「辻善之助文庫」39-L0-005393。渡辺は結局、四二年五月の編纂会廃止まで在任した（佐藤孝「渡辺修二郎の横浜史料（下）」『開港のひろば』八八、二〇〇五年）。

（36）羽仁直系の井上や千駄木グループのコアメンバーの小西に比べると、遠山は戦後初期の服部との交友の印象が強いが、戦前はやはり羽仁の影響が圧倒的であり、一九三五―三七年の大学在学中も月一回の割合で羽仁を訪ねていた。遠山「日本資

本主義論争と服部之総」『遠山茂樹著作集　八　日本近代史学史』岩波書店、一九九二年、初出一九八八年、三六〇頁。

(37) 小西四郎「昭和期の維新史研究（上）」『日本歴史』五四五号、一九九三年、五一頁。私学の出身者は雇になったという。また毎年一―二人の採用ながら東大国史卒業生には史料編纂所の方が好待遇だったが、ここにも待遇の差はあったことは、宮地正人「松島榮一さんの歴史学」下町人間総合研究所編刊『庶民の歴史家・松島榮一』二〇〇四年。

(38) 日露戦後の史談会に関する宮地正人の表現を借りれば、満洲事変後の維新史料編纂会は「急進化」したといえるかもしれない。参照、宮地『天皇制と歴史学――史学史的分析から』本の泉社、二〇一九年、初出一九八七年、一八六頁以下。

(39) 現代史分科会は一九三六年六月に誕生したものの（『歴研』六―七、一一八―一二〇頁）、後年の松島榮一や高橋礒一の回顧では、「ちょっと問題がある」会であり、外部の羽仁派の会合のために歴研が「ヒサシ」を貸したものだったとかなり冷ややかである（歴史学研究会編刊『歴研半世紀のあゆみ』一九八二年、一八七頁）。また石井孝「第3巻解題」も、「歴史の出身者でなく経済学部畑の人たち」の会だったとしている（歴史学研究会編刊『証言　戦後歴史学への道――歴史学研究会創立80周年記念』二〇一二年、以下『証言』、六七頁）。

現代史分科会の柱で、高校時代から羽仁に傾倒していた宇佐美誠次郎によれば、当初は羽仁系の東大経済学部生と東洋史学生が構想の中心だったものの、結局前者（＋日本大学の羽仁門下）だけになり「日本資本主義分析を中心とした研究会」となった。またこの会には当初、羽仁の評価が低い信夫清三郎も入っていたが、宇佐美は信夫から強い影響を受けていく。羽仁にとっていずれも皮肉な結果となったといえようか（宇佐美「学問形成と中国認識」（前掲『現代歴史学の青春』二巻）二〇三、二一九頁。花原二郎ほか編『学問の人・宇佐美誠次郎』青木書店、二〇〇〇年、三七、四九―五〇、七六―七七頁）。もっとも宇佐美や旧現代史分科会員は、戦後初期の羽仁による歴研「クーデター」に部分的に参加したようである。井上清「再建期の歴研」（『歴研半世紀のあゆみ――一九三二―一九八二』）二四二頁、同二〇四頁の倉橋文雄の発言を参照。

(40) 木畑洋一「帝国主義時代への視座」斉藤孝編者代表『思索する歴史家・江口朴郎――人と学問』青木書店、一九九一年、三八七頁。また「マルクス主義史家ならずとも、政治と経済の「相関関係」を見ることはある程度までわが国史学界の常識とするのは、服部之総「政治史について――岡義武著『近代日本の形成』批判」『書評』二―一〇、一九四八年、一三頁。

(41) 江口の羽仁観について、「歴史と歴史学」『江口朴郎著作集　一　歴史学の課題と理論』青木書店、一九七四年、二二七、二二九、二四七頁。戦中の江口は姫路高校の学生の推薦図書として、羽仁の『ミケランヂェロ』と『クロオチェ』、そして国策寄りの日本経済思想史家・難波田春夫の『国家と経済　第四巻』（結論は賛同しないと付記しつつ）の三冊を挙げたという。『それでも地球は動く――旧制姫路高校の教え子達がつづる江口朴郎先生追悼集』私家版、一九九〇年、三五頁。

(42) 江口の卒業論文が外交史研究の活性化を促す画期となったことは、林健太郎『移りゆくものの影――インテリの歩み』

文藝春秋新社、一九六〇年、三九—四二、五七—五八、六一頁。同「史料に魅せられた頃」東京大学学生新聞会編『私の卒業論文』同文館、一九五六年、六九頁。清水博「空前絶後の締め切り厳守」・中村英勝「外交文書と『タイムズ』」歴史教育研究所ほか『歴史学への旅立ち』上、三省堂、一九八一年、七八、一五三頁。

(43) 江口はそうした傾向の好例として、Charles A. Beard (with the collaboration of George H.E. Smith), *The Idea of National Interest; An Analytical Study in American Foreign Policy* (New York: Macmillan, 1933)、および Margret Boveri, *Sir Edward Grey und das Foreign Office* (Berlin: Walther Rothschild, 1933) の二著を挙げている。

(44) 具体的には、Ernest B. Price, *The Russo-Japanese treaties of 1907–1916 concerning Manchuria and Mongolia* (Baltimore: John Hopkins Press, 1933), Victor A. Yakhontoff, *Russia and the Soviet Union in the Far East* (New York: Coward-McCanmm, 1931)、およびともにロシア問題研究所が翻訳したヴェ・アヴァリン『列強対満工作史』上・下、ナウカ社、一九三四—三五年、ベ・ア・ロマノフ『露西亜帝国満洲侵略史』ナウカ社、一九三四年の四著が挙げられている。

(45) 中屋健一〔ママ〕「ドイツ客観主義史学に反発して」(前掲『歴史学への旅立ち』上) 五〇—五一頁。「昭和八年組」の同期だった江口、中屋、池島信平、尾鍋輝彦の四人が、立場の違いを越えて生涯親しい友情を保ったことは、大江一道「尾鍋さんのこと」『歴史教育研究』七九号、一九九七年、三三頁。

(46) 清水博「第7巻解題」・秀村欣二「第6巻解題」(『証言』) 一〇二・九五頁。

(47) 「啓蒙家羽仁五郎君の新ユトピアン教条」『服部之総著作集』三、理論社、一九五五年、初出一九四七年、二一〇頁以下には、服部の側からみた羽仁との二〇年来の因縁が攻撃的な筆致で記されており、服部は一九四八年二月二四日付の奈良本辰也宛書簡で「一応これで〔羽仁に〕トドメをさしたつもり」と脱稿の高揚感を伝えている。またこの九日前にも、「『批評』新年号の羽仁の一文ハラにすえかねたので」、反駁と「アジア的〔生産〕様式論」への批判を各媒体に載せたことを報じている。松尾章一『歴史家服部之總——日記・書翰・回想で辿る軌跡』日本経済評論社、二〇一六年、四八七頁。

他方で羽仁も服部に穏やかではない感情を抱いていたようであり、服部の「厳マニュ」説を公的には「黙殺」(前掲、林「羽仁五郎氏のこと」三八頁) しつつ、内輪では「『マニュ論などフラスコをふって実験するようなものだ』と激しくくさし」たという。とくに、自らの門弟が服部 (や当時服部の門下だった信夫) に近づいた形跡を認めたとき、羽仁は敏感に反応している (北山茂夫「回想録」同『向南山書簡集 (下)』みすず書房、一九八六年、二一四—二一五頁。羽仁が『歴史科学』派と門弟の交流にも警戒的だったことの示唆として、同二四五頁も参照)。こうしたセクト的観点と異なる羽仁の服部批判としては、「座談会　維新史研究の歩み第五回——服部・羽仁史学が果した役割 (下)」『日本歴史』二五〇号、一九六九年、一一三頁の松島榮一の発言が参考になる。

(48) 奈良本辰也「遠山茂樹著　明治維新—羽仁服部論争の成果統一」『日本読書新聞』一九五一年三月二一日。
(49) 自然現象から社会現象まで、均衡状態の崩れ（変動）を起点に変化を論じるブハーリンの均衡理論が当時広汎な影響力をもち、物質の自己運動を重視する弁証法論者との論争も広汎な領域で生じたことは、金山浩司『神なき国の科学思想——ソヴィエト連邦における物理学哲学論争』東海大学出版部、二〇一八年、六七頁以下を参照。
(50) 以上、初期服部史学とその変容については、長岡新吉『日本資本主義論争の群像』ミネルヴァ書房、一九八四年、六八—七三、一八〇—一八二頁。また「政治史」学としての服部史学の最も魅力的な分析の一つとして、中村政則「服部之総と近代天皇制論」同『日本近代と民衆——個別史と全体史』校倉書房、一九八四年も参照。
(51) 石井孝『学説批判　明治維新論』吉川弘文館、一九六一年、一三三、八一頁。
(52) 犬丸義一の表現。「座談会　維新史研究の歩み第四回——服部・羽仁史学が果した役割（上）」『日本歴史』二四九号、一九六九年、一二四頁。この他、羽仁の「訳者序説」（『クルウゼンシュテルン日本紀行』上、駿南社、一九三一年）も外交史の仕事といえるだろう。
(53) 前掲、石井『学説批判　明治維新論』七六—七八頁。また羽仁がこの本で、石母田正『中世的世界の形成』と同等の、歴史を語る「「方法」を示した」とするのは、『黒田俊雄著作集　八　歴史学の思想と方法』法蔵館、一九九五年、三三五頁。
(54) 中村政則「遠山史学と私の歴史学」同『明治維新と戦後改革——近現代史論』校倉書房、一九九九年、初出一九九三年、三一六頁。
(55) 芝原拓自「一後進にとっての羽仁史学」羽仁五郎『明治維新史研究』岩波文庫、一九七八年、五〇五、五〇九、五一三頁。
(56) たとえば、「内外のいわば修正封建主義の結合」と「内外の革命的勢力」の結合との対比はいかにも羽仁的である。井上清「ふたつの愛国主義と国際主義——幕末明治外交の基本問題」『井上清史論集1　明治維新』岩波現代文庫、二〇〇三年、初出一九四九年、一二一頁。「外圧」論争で井上が遠山茂樹批判に援用するのも、多くが戦前の羽仁の論文である。
(57) 前掲、木畑「帝国主義時代への視座」（『思索する歴史家・江口朴郎』）三九二頁以下。木畑洋一「解題」江口朴郎『新版帝国主義と民族』東京大学出版会、二〇一三年、二七四—二七五頁。また外因論の次元で羽仁→江口（服部→江口ではなく）の影響を指摘したものに、永井和「戦後マルクス主義史学とアジア認識——「アジア的停滞性論」のアポリア」古屋哲夫編『近代日本のアジア認識』緑蔭書房、一九九六年。
(58) 田保橋と大塚の仕事が、その後の石井孝のものとともに今日の研究水準でも先駆性を保っていることは、横山伊徳『日本近世の歴史　5　開国前夜の世界』吉川弘文館、二〇一三年、三八二頁、鈴木悠「解説「世界の果ての果て」の外交官たち」同訳、アーネスト・メイスン・サトウ著『一外交官の見た明治維新』講談社学術文庫、二〇二一年を参照。ちなみに遠山茂樹は、「外圧」論争で強い批判を浴びることになる、「植民地化の危機」や「外交危機」を相対化した主張を、大塚の論文に依拠して展開している（同『明治維新』岩波現代文庫、二〇〇〇年、六八頁）。

(59) 禰津正志「学界動向　幕末外交史の諸問題」『歴研』二―二、一九三四年、七三―七七頁（「ジャーナリズム」は在野性の意味だろう）。大隈の『開国大勢史』に対しては、すでに服部之総が「天才的に当時の政治と経済の関連を把握した頁を所々に見せてゐる点で、すぐれた学者に対するすぐれた政治家の優越を物語つてゐる」（「大英外交官の維新史観」『思想』一〇九号、一九三一年）と絶賛していた。さらに在野歴史家・田中惣五郎も、外交指導者としての活躍を中心に描いた未公刊の草稿「大隈重信」で、「ドリーマー的な性格からうまれる直観的な進歩性」、そして「ルソー的な個性ではなく、むしろニイチェ的な個に近い」大隈の個性が、維新指導者では例外的な「市民精神」の体得をもたらしたと論じている（新潟県立文書館所蔵「田中惣五郎関係文書」1-4-1所収。田中の別の未公刊草稿「伊東伯と憲法」と同封されており、伊東巳代治文書をもとに憲法史研究会が開催された戦中の執筆かもしれない）。服部、禰津、田中、と左派による大隈高評価は興味深い。

(60) 前掲、禰津「学界動向」。また「外交と国内事情の連関」を、ポスト大正文化史としての今日の外交史学が「最も注意すべき点」とするのは、秋山謙蔵「外交史」歴史教育研究会編刊『明治以後に於ける歴史学の発達』一九三三年、二一一―二一二頁。ここでは外交への文化史的接近（大正期の「文化論的転回」）がいわば「古い歴史学」とみなされているのである。ちなみに、秋山のみる外交史学史には前近代の対外関係史も含まれている。

(61) 一九三五年頃の羽仁学派では東大西洋史が東大国史とならぶ最大勢力だった。前掲、松尾「伝記」三七頁が主要メンバーを挙げるが、東洋史に野原四郎を追加する必要があるだろう（野原『歴史への視点』研文出版、一九八二年、一七〇頁）。

(62) 以上、三輪泰史「菊池謙一の戦時下抵抗」『市大日本史』五号、二〇〇二年、三〇―三三頁。

(63) 西海太郎「わが瀧川事件闘争と畏友菊池謙一」『自由な精神の遍歴―西海太郎先生追想・遺稿録』私家版、二〇〇一年、一一三頁。前掲、三輪「菊池謙一・幸子夫妻の戦時下往復書簡」六六七頁。なお今井名義で出版された『米国史』（研究社、一九四一年）は実際は菊池の執筆であり（これは今井の経済援助策でもあったようだが）、菊池も「小此木〔真三郎〕鈴木〔正四〕二君からは説明的すぎると云つて批判されましたが、林健太郎君は力作だとほめてゐるさうです」と「自著」への矜持をのぞかせている（同上一一一頁）。

(64) 前掲、三輪「菊池謙一・幸子夫妻の戦時下往復書簡」一八九頁。

(65) 以上、前掲『自由な精神の遍歴』九六―九八、一一三、一六三、一六八頁。

(66) 西海の一九三七年二月一九日の日記によると、この日東大図書館でソ連の歴史家ポクロフスキーの史論集のうち『協商』を読み、次いで報知新聞の「羽仁先生の論文」に「警抜」だと感銘を受け、さらに同期の林健太郎と懇談して帰宅した西海は、夕方から歴研西洋史部会の座談会「世界大戦を語る」に出席したものの、ドイツの戦術論／戦責問題に関する年長の原種行／江口朴郎の発言に対し、「数年前の理論と知識の水準から、あまり出ていないのが大いに不満だった」「生温い」と日中の高揚感とは対照的な感想を抱いている。西海「「学問的水準は？」」（『思索する歴史家・江口朴郎』）九九―一〇〇頁。なお、編纂委員長を務めたロシア外交文書集『帝国主義時代の国際関係』が戦中に東亜研究所で訳出されたように、ポクロフスキーが日本の左派外交史学に与えた影響は大きいと思われるが、後考を期したい。三宅正樹『ユーラシア外交史研究』第五部、河出書房新社、二〇〇〇年、初出一九七一年、中見立夫「ロシア帝国の外交史料をめぐって」『近代中国彙報』一八号、一九九六年、八二―八四頁。

(67) 小西四郎は小此木を「羽仁さんの、西洋史では一番代表的な門弟」とする（前掲、小西「昭和期の維新史研究（上）」四七頁）。以下、小此木に関する記述は、注記のない限り、小此木「歴史学をきたえた世界政治との対話（上）」『歴史評論』三八五号、一九八二年、五九―六六、七一―七四頁による。なお小此木は、前述した一九三五年七月の歴研西洋史部会において「帝国主義」分科会を江口と担当する予定だった。ただその後の九月の分科会再編時は名前が挙がっていない。

(68) 久野収によれば、北山を通さなければ羽仁の門を叩けないとの風評が京都まで広がっていたという（前掲、松尾「伝記」三八頁）。羽仁―北山の三七年の決裂の経緯は、同四四―四五頁、前掲、北山「回想録」二一五―二一八頁に記されるが、羽仁側の問題に加え、羽仁からの手紙が遅れると憤激する北山のウェットな師弟関係観にも原因の一端はあったと思われる。藤原治の追想（前掲、松尾編『北山茂夫・遺文と書簡　別巻』六四―六五頁）。

(69) 北山茂夫「西岡虎之助先生を憶う」同『続万葉の世紀』東京大学出版会、一九七五年、四四九―四五〇頁。小此木はほぼ脱稿していたという。今井修「西岡虎之助と『新日本史叢書』」『歴史評論』七三二号、二〇一一年も参照。なお、版元から本叢書に推薦文を求められた辻善之助は「若き学士等の著作なり。中に赤なりしもの又赤たるものあり断る」と日記に記している（「辻善之助日記」（『辻善之助文庫』所収）一九三六年四月一四日の条）。辻の眉を顰めさせた複数名の「赤」には、北山や小此木も含まれた可能性がある。

(70) なお小此木は明治維新論でも、一九世紀中葉のパーマストン政権下のイギリス外交に「露骨な侵略性」を読みとる点でやはり羽仁の理論的な圏内にあり、むしろ自由貿易主義に立つイギリスが武力の発動を控えたことを重視し、そこにイギリスの弱さより強さと自信の現れをみる石井孝の学説とは、対照的だった。石井・後藤靖・中村政則「座談会　明治維新と日本の近代化」『歴史公論』三―一、一九七七年、二二―二三頁。

(71) 前掲、三輪「菊池謙一・幸子夫妻の戦時下往復書簡」一三九、二四八、五七九頁。菊池はアメリカ独立戦争の終結を担当し、対象は不明だが鈴木正四も執筆したようである。

(72) 荒井信一「鈴木正四さんの思い出」『歴史に生きる　鈴木正四――一コミュニストとして歩んだ戦前・戦中・戦後』中央公論事業出版、二〇〇三年、三九九―四〇一頁。また鈴木は菊池謙一とも「生涯の親友」だった（同書二五八頁）。

(73) 岡倉登志「歴史家鈴木正四さんと『セシル・ローズ』」（前掲『歴史に生きる　鈴木正四』）三六六頁。これは「大陸発展叢書」なる企画で、ほかに岩間徹『露国極東政策とウィッテ』博文館、一九四一年が出たものの、江口の単著は「とうとうできなかった」（前掲「歴史と歴史学」一三三頁）。鈴木書は高い評価を得ていたようで、江口は本書刊行直後とみられる会話でこれを激賞しており（前掲、西海「「学問的水準は?」」一〇〇頁）、また同書を岩波移籍直後（一九四一年一一月）の『歴研』で書評したのが林健太郎であった。木畑洋一による書評（『史学雑誌』九〇巻七号、一九八一年）も参照。

(74) 前掲、『羽仁五郎歴史論著作集』二、七九頁。傍点は前田。

(75) 以上、羽仁の三〇年代後半の転換に関する優れた分析として、遠山茂樹「羽仁史学における人民の役割」（前掲『遠山茂樹著作集』八、初出一九八四年）三五三―三五六頁。のちの「クーデター」で羽仁が津田の推戴にこだわった一因もここに求められよう。なお遠山の理解に対し、小此木真三郎は「とくに羽仁氏の「人民戦線史観」が、「唯物史観の自己批判として出発した」という御見解は今まで考えもしなかったことで、大きな驚ろきでした。」と書き送っている。一九八四年九月九日付遠山宛小此木書簡、横浜市立大学学術情報センター所蔵「遠山茂樹文書」T683。

(76) 前掲、遠山「羽仁史学における人民の役割」三四九、三五一頁。ただ前掲、芝原「一後進にとっての羽仁史学」五一九頁は、服部以来の「〝改革派同盟〟論的維新論」と羽仁の維新論の対立を強調する。

(77) 鵜飼政志『明治維新の国際舞台』有志舎、二〇一四年、一三頁の指摘に示唆を受けた。

(78) 前掲、石井・後藤・中村「明治維新と近代国家の成立」一四頁の中村政則発言。この密輸入を多として井上の進歩をみるのは、前掲、石井『学説批判　明治維新論』八九頁であり、むしろ服部説の（井上を介した）発展とみるのは、宮地正人『幕末維新像の新展開――明治維新とは何であったか』花伝社、二〇一八年、八五頁である。

(79) 信夫清三郎「増補版への序」同『増補　日清戦争――その政治的・外交的観察』南窓社、一九七〇年所収。

(80) 佐藤誠三郎「幕藩体制の政治的特質（一）――明治維新研究への序章」『国家学会雑誌』八〇―七・八、一九六七年、八―九頁。なお、服部の「国際的契機」再論の未発の可能性を指摘したものに、下山三郎「解説」服部『明治維新史 付原敬百歳』ぺりかん社、一九六七年、三七〇頁がある。

(81) 井上幸治・江口朴郎『危機としての現代――歴史学者の対話』三省堂新書、一九七一年、三〇―三一頁。江口朴郎『帝国主義時代の研究』岩波書店、一九七五年、四九―五一頁。

(82) 斉藤孝の場合、「理論的・思想的教師」の江口に対し「史実の実証的教師」は小此木であり、小此木が「羽仁五郎学派」

への導き役にもなったと語るように、おそらく羽仁こそが外交史・国際関係史の先達として決定的な意味をもった（斉藤孝「回想の半世紀」山極晃ほか編『国際関係論と歴史学の間で――斉藤孝の人と学問』彩流社、二〇一二年、一七、一九頁）。「ファン」として羽仁への傾倒を隠さない斉藤が、服部については教条主義的・公式主義的に「正統的マルクス主義」を振りかざす敵役として辛辣に描写しているのは、象徴的である（斉藤孝「解説」同編『羽仁五郎歴史論抄』筑摩叢書、一九八六年、四一九、四二三、四二五頁）。しばしば連続的にとらえられる江口史学と斉藤史学の微妙な温度差も、いくぶん羽仁・服部問題に起因するともいえようか。江口が斉藤と対照的に平和研究への評価が低く新学会（日本平和学会）にも不関与を貫いたこと、また斉藤が江口の日清戦争観には「朝鮮がない」と批判的だったことは、『国際関係論と歴史学の間で』一一〇、三七七頁。斉藤史学については、木畑洋一「解説」斉藤『戦間期国際政治史』岩波現代文庫、二〇一五年を参照。

(83) 大久保利謙「『維新史』解説」同・小西四郎『『維新史』と維新史料編纂会』吉川弘文館、一九八三年、八、一二頁。

(84) 遠山茂樹「唯物史観史学の成立――とくに明治維新史研究を中心として」前掲『遠山茂樹著作集』八、初出一九五七年、二九四頁。

(85) 前掲「歴史と歴史学」二二八頁。これは服部も引用した、『歴史科学』二号巻頭論文の「帝国主義時代研究の諸問題」である。『歴史科学』は創刊号でも、ルーキンの別の論文を訳出している。

(86) ルーキンについては、立石洋子『国民統合と歴史学――スターリン期ソ連における『国民史』論争』学術出版会、二〇一一年、五五・八〇・九九―一〇〇・一〇三頁。同書では「ルキーン」と表記される。

(87) 同右、一一一、一二一、一四〇、一九九、二八九頁。独ソ戦下で「ブルジョワ歴史家」の地位はより向上したという。また「文化革命」の複合的な含意について、立石「一九二〇年代から三〇年代初頭のソ連におけるマルクス主義歴史家の論争」『ロシア・東欧研究』四〇号、二〇一一年、五七頁以下。

(88) 前掲、信夫「増補版への序」。この他、吉野作造『二重政府と帷幄上奏』文化生活研究会出版部、一九二二年からも強い示唆を得たという。

(89) 戦前の各大学における外交史講座・科目の設置状況については、伊藤信哉『近代日本の外交論壇と外交史学――戦前期の『外交時報』と外交史教育』日本経済評論社、二〇一一年、第Ⅱ部第一章が詳しい。

(90) 前掲、北山「回想録」二一四頁。羽仁の信夫批判として、羽仁『自伝的戦後史』上、講談社文庫、一九七八年、二二九頁。

(91) 小泉信三の働きかけで一九二九年に『伯爵陸奥宗光遺稿』、三三年には『蹇蹇録』が、それぞれ岩波書店から刊行された。小泉は二八年二月二〇日付の岩波茂雄への書簡で「明治外交史の至貴至重なる資料」と評し、吉野作造に史料的価値を尋ねることも提案している。竹田行之「小泉信三書簡と『蹇蹇録』の出版」『福澤手帖』一三一、二〇〇七年。同校訂・注解『小

泉信三書簡　岩波茂雄・小林勇宛百十四点』慶應義塾福澤研究センター、二〇一〇年、一八頁。

(92) 中塚明『蹇蹇録』の世界』みすず書房、一九九二年、第四章は、プロレタリア演劇をルーツとする前進座が信夫の著作に触発されて、一九四〇年三月に東京、五月に大阪で上演した『陸奥宗光』（皇紀二千六百年奉祝記念芸能祭の参加作品）を分析しており、左派外交史学の社会的浸透の事例とみることができる。

(93) 服部と信夫が絶縁した経緯は、今のところ未詳である。前掲、松尾『歴史家服部之總』二一〇―二一三頁。ただ、服部は一九三五年四月九日の日記には「信夫君に鈴木安蔵の「明治史研究会」への注意をした」ことを記すなど（同上二八六頁。八月一日、二日、五日、二三日の条（二九四―二九六頁）も参照）、弟子を囲い込む傾向があったようである。

(94) 渡部義通『思想と学問の自伝』河出書房新社、一九七四年、一八一―一八四頁。ともに『歴史科学』古参たる渡部と信夫の関係には不明な点が多いが、信夫が一九三八年に白揚社から陸奥宗光の評伝を刊行したことを考えると、白揚社と渡部の関係悪化が渡部―信夫の距離を拡大した可能性はあるかもしれない。

(95) 信夫「大塚史学とのふれあい」『歴史家　信夫清三郎』勁草書房、一九九四年、一三一―一三二頁。渓内謙「信夫清三郎先生を偲んで」（同上）二九九頁。ただ岡が『近代日本政治史大要』（一九四三年）の参考文献に挙げるのは、信夫の『近代日本外交史』（中央公論社、一九四二年）の方である。

(96) 前掲、遠山「日本資本主義論争と服部之総」三六九頁。

(97) 前掲、江口『帝国主義時代の研究』二一三―二一四頁。また日本についても、江口は服部の一九四八年の伊藤博文論を引いて、萌芽的にあらわれた社会運動への伊藤の配慮に注目している。前掲、江口『新版　帝国主義と民族』七七頁。

(98) I・バーリン著、倉塚平・小箕俊介訳『カール・マルクス――その生涯と環境』中央公論社、一九七四年、二一四頁。

(99) 江口朴郎『現代史の選択――世界史における日本人の主体性確立のために』青木書店、一九八四年、二一三―二一四頁。前掲、井上・江口『危機としての現代』三三、四六―四七頁。井上幸治『マルクスは護符じゃない――井上幸治対談集』雄山閣出版、一九八一年、二二七―二二八頁。前掲「歴史と歴史学」二四一頁。

(100) （無記名）「解説」マルクス＝レーニン主義研究所編『マルクス・エンゲルス選集　7　下』大月書店、一九五〇年、五六五頁。江口は『共産党宣言』の意義も、階級闘争史という超歴史的な「事実」を明らかにしたことにではなく、一八四八年革命という特定の歴史的状況のもとで宣言したことに見出していたという。上村忠男『回想の一九六〇年代』ぷねうま舎、二〇一五年、一三三頁。

(101) 服部・江口・奈良本辰也・小宮山量平「明治のナショナリズム　ある日の座談」『服部之総著作集』六、理論社、一九六七年、二九九頁。匿名の「A」から「D」のうち、「C」は明らかに江口である。

(102) 前掲、斉藤「回想の半世紀」二〇頁。

(103) Glenda Sluga, "What is national self-determination? Nationality and psychology during the apogee of nationalism", *Nations and Nationalism*, Vol. 11, No. 1, 2005.

(104) 斉藤孝『歴史の感覚——同時代史的考察』日本エディタースクール出版部、一九九〇年、五四頁。遠山茂樹「解説」(前掲『江口朴郎著作集』一)二五四頁にも、同様の指摘がある。

(105) フランクリン・L・バウマー著、鳥越輝昭訳『近現代ヨーロッパの思想——その全体像』大修館書店、一九九二年、六七三—六七六、六九五—六九八頁。

(106) 江口朴郎については、本章の続編となる専論を別稿として準備している。

(107) 前掲、林『移りゆくものの影』一五五頁。

(108) 林健太郎「国史学科傍観」『日本歴史』五五九号、一九九四年、四二—四三、四九頁。林が日本史では北山と「非常に親しかった」と回顧するのは、羽仁派の往時の連帯を窺わせて印象深い。

(109) 松尾尊兊『昨日の風景——師と友と』岩波書店、二〇〇四年、一二頁。ただ前掲、小此木「歴史学をきたえた世界政治との対話(上)」七一頁では、『学生と歴史』執筆者では川崎庸之、旗田巍、野原四郎、小此木、林の五名が羽仁の推薦だったとされ、藤原の名前は挙がらない。河合と羽仁の関係については、山領健二「解題」(前掲『羽仁五郎歴史論抄』)四〇三—四〇四頁を参照のこと。

(110) 前掲、小西「昭和期の維新史研究(上)」五〇頁。

(111) 板倉勝正「四〇年前の歴研」(『証言』)一五二頁。

(112) 前掲『歴研半世紀のあゆみ』一九三—一九五頁。金澤誠「大東亜戦争開幕の年」・倉橋文雄「戦前期後半のあれこれ」・三浦一郎「歴研と私」(『証言』)一九七、二五四、一九一頁。三島一「ある歴史家の回想」『歴史地理教育』一四五号、一九六八年、九二頁。前掲、林『移りゆくものの影』一四二—一四五頁。前掲「座談会　三島一先生の人と学問」の松島榮一発言(三九八頁)。一次史料では、一九四一年四月一〇日付岩波茂雄宛倉橋文雄書簡(岩波書店編集部編『岩波茂雄への手紙』岩波書店、二〇〇三年、一五二—一五五頁)が残る。

(113) 一九四一年七月三一日付江口朴郎宛林健太郎書簡、湘南大庭市民図書館所蔵「江口朴郎文庫」未整理書簡。なお四海書房からの移籍時には、秋山謙蔵が同額の二〇〇円を一人で全面的に負担したという。

(114) 藤田覚「一九九〇年代後半の歴史学研究会」歴史学研究会編集発行『「人文知の危機」と歴史学　歴史学研究会九〇周年記念』二〇二二年、一六四頁。

(115) 守屋美都雄「私の歴研時代」歴史学研究会編刊『歴史学研究会　四十年のあゆみ』一九七二年、初出一九五三年、一七一頁。守屋の苦悩について、倉橋文雄「小さな思い出」(同上) 一七二―一七三頁も参照。また同書掲載の志田不動麿、板野長八ら執行部経験者の回想も濃淡はあれ岩波移籍後の歴研への距離感を感じさせる。

(116)「座談会　三島一先生の人と学問」三島一『中国史と日本』新評論、一九七七年、三九二頁。

(117) 田中正義「初期「歴研」の追憶」(『証言』) 二一〇頁。前掲『歴研半世紀のあゆみ』一六五頁。また創設時にも岩波との交渉はなされたようである (同一七〇―一七一頁)。

(118) 遠山茂樹「一九四二年のころ」(前掲『遠山茂樹著作集』八) 三七六頁。遠山は一九四一年体制下の歴研を全盛期とみなすが、ここでの自由主義の精神は従来の歴研から継承されたものでもあった。たとえば、三島一会長は三五年の「年頭の辞」において、「今やわれらの「歴研」は、わが歴史学界に於いて、厳たる一個のレエゾン・デエトルを主張し得るに到つた」と宣言し、その筆頭に「歴史学研究に於けるリベラリズムの唱道」を挙げている。『歴史学研究会ニュース』一六号、「江口朴郎文庫」非図書資料・逐次刊行物三五四〇九。

(119) 鈴木良一「教育実践が生みだす人民の歴史学」(歴史科学協議会編『現代歴史学の青春』一巻、三省堂、一九八〇年) 一四三頁。

(120) 小西四郎「一九三八年のころ」(『証言』) 一四〇頁。

(121) 高橋磌一「維新史分科会のことなど」・同「おわびとともに」・高橋 (磯部) 譲「歴研と私」(『証言』) 七八、二三五―二三六、一六一頁。磯部自身は否定しているが、真偽は別に高橋の記憶に刻まれたことを重視したい。なお磯部は四六年一月の羽仁「クーデター」の際にも会場入りしている (『歴研半世紀のあゆみ』二〇四頁の倉橋文雄の発言)。

(122) 高橋磌一『歴史教育とわが人生』三省堂、一九八四年、四三頁。同「歴史教育の射程距離」『歴史地理教育』三九一号、一九八五年、四九頁。

(123)「辻善之助文庫」39-m1-000253。

(124) 幸田の日欧通交史研究に言及があることから判断した。結局会員に選出されていないこの五名は、一九三九年六月に没した三上参次の後任候補者 (少なくとも辻の腹案での) だった可能性がある。「辻善之助日記」一九四二年一一月二八日の条には、学士院内の「補充会員候補者詮衡有志の会合」で一位こそ村上直次郎だったものの、二位山田孝雄、三位橋本進吉と、言語学者が候補に浮上して票が割れた様子が描かれ、「三上先生薨去より三年半を過ぎて補欠不成、何とか早くまとめたきもの也」との決意が記されている。

(125) 前掲、鈴木「教育実践が生みだす人民の歴史学」一五二頁。一九三六年一月一二日付野口逸三郎宛北山茂夫書簡、前掲

『向南山書簡集（下）』二〇頁。羽仁が「敵」としてのアカデミズム史学に寄せる複雑な視線を示唆するものに、前掲、松尾『昨日の風景』三八—三九頁。

(126) 松沢裕作「歴史学のアクチュアリティに関する一つの暫定的立場」歴史学研究会編『歴史学のアクチュアリティ』東京大学出版会、二〇一三年、一四二—一四四頁を参照。

(127) 松沢裕作「はしがき」同編『近代日本のヒストリオグラフィー』山川出版社、二〇一五年、i頁。同「コメント」『立教大学日本学研究所年報』一四・一五号、二〇一六年、三五頁。

（付記） 湘南大庭市民図書館所蔵「江口朴郎文庫」に含まれる未整理書簡については、NPO法人市民の図書館・ふじさわ副理事長の河村融氏の格別のご高配によって、閲覧・整理に携わらせていただくことができた。ここに記して深謝申し上げたい。なお、本章は科学研究費補助金（20K13166）による研究成果の一部である。

あとがき

歴史学研究会（以下、歴研）は二〇二二年に創立九〇周年を迎えた。本書は、二〇二二年一二月一八日（日）、早稲田大学早稲田キャンパス八号館一〇六教室において開催された創立九〇周年記念シンポジウム「「戦前歴史学」のアリーナ――1932：歴研が生まれた頃」を基にしている。まず、記録の意味も込めて、当日の構成を書き記しておく（敬称略）。

［報　告］加藤陽子　一九三〇年代の歴史学の「刷新」と黎明期の『歴史学研究』
井上文則　「宮崎市定」の誕生――一九三〇年代の軌跡
佐藤雄基　一九三〇年代の歴史系学会と史学史ブーム
馬場　哲　社会経済史学会の創立と一九三〇年前後の社会経済史研究
［コメント］小嶋茂稔　戦前東洋史学の展開と歴研創立者群像
昆野伸幸　歴史学研究会と二つの皇国史観――平泉澄・吉田三郎を中心に
舘　葉月　両大戦間期のフランス歴史学界――危機と刷新

二〇二〇年以降、歴研は新型コロナウイルス感染症の流行を受けて、すべての催しをオンライン形式で実施してきた。九〇周年シンポは三年ぶりの対面形式の行事であった。流行が完全には収束していないお口元の悪い中であったが、記念行事だけに何とか対面で行いたいと考えていた。開催に漕ぎ着けたことを率直に嬉しく思っている。

幸いにも、当日は一七〇名ほどの参加者を得て、討論では踏み込んだ議論も展開された。決して記念イベントにとどまらない学問空間を久しぶりに生身で体感できたことは、私個人としても心が洗われる一日だった。学部生など若い参加者も少なくなく、九〇年前の学界を主題としながら、これからの学界に光明が差すのを見た思いもした。

過去、歴研では周年記念行事として講演会やシンポジウムを開催してきたが、その成果は必ずしも活字化されてこなかった。一〇年前、八〇周年の時、当時の事務局長である小野将さんの発案で、シンポジウムの内容を含む単行本『歴史学のアクチュアリティ』を刊行し、好評を得ることができた。こうしたことから、今回もシンポジウムの成果を死蔵させず、発展させる形で書籍化することは企画当初からの目論見だった。出版事情が厳しい中、一〇年前と同じく東京大学出版会が刊行をお引き受けくださったことは幸甚の一語に尽きる。同会に対し記して謝意を表したい。

本書の刊行にあたって、報告者の皆様には短期間で報告を原稿化していただいた。シンポを発展させるため、コメンテーターの皆様にも報告者と同じ紙数の御論稿をお願いした。また、新たに前田亮介さんにご寄稿いただくとともに、普段は委員会から独立して運営されている各時代別・地域別部会に呼び掛けてコラムを執筆していただいた。部会には大学院生など若手研究者が多く参加しており、本書に清新な色彩を与えてくれている。充実の論文集を編み出してくださった執筆者の皆様、本当にありがとうございました。編集にご奔走くださった東京大学出版会の山本徹さんにも、あつく御礼申し上げます。執筆者や版元との連絡・調整を自ら買って出て下さった委員長の加藤陽子さんをはじめ、シンポと本書の企画・運営にお力添えくださった委員の皆さんと事務局の皆さんにも感謝いたします。

企画にあたっては、歴研の周年記念ではあるが、歴研を祝賀したり賛美したりするのではなく、歴研を相対化・対象化することを意識した。決して歴研の、歴研による、歴研のための内容になっていないことはお読みいただければご理解いただけると思う。ただ、企画の出発点に歴研が生まれた一九三二年を置いたため、一〇年前の『歴史学のアクチュアリティ』と比べると、アクチュアルでない印象を持たれてしまうかもしれない。

しかし、企画が進む中で、私自身は一九三二年を問うことが、今を問うことと重なり合う感覚をしばしば覚えた。

一九三二年は歴研が生まれた年であるが、一方で、『日本資本主義発達史講座』の刊行が開始された年であり、唯物論研究会ができた年であり、他方で、国民精神文化研究所が設置された年であり、平泉澄が朱光会の会長に就いた年でもある。一九三二年という一つの時点が持つ両義性、多義性。一九三二年に第一次世界大戦後の（第一次）「戦後」歴史学の到達点を見て取ることもできようし、第二次世界大戦前の「戦前」歴史学の出発点を見出すこともできる。一九三二年は、後に振り返った時、「戦間」という時空間であった。「戦後」は即時に認識できるが、「戦前」は事後にしか認識しえない。本書を読んでいると、戦前歴史学と戦後歴史学との断絶・相違だけでなく、両者間の連続・共通にも思いが至る。戦前は戦後へと、そしてまた、戦後は戦前へと地続きである。そんなこんなを思う時、今この二〇二二／二三年がいかなる歴史的な地点にあるのか、一歴史学徒として切実に問うてみたい思いがこみ上げてくる。

九〇周年（はもとより一〇〇周年）を誰より心待ちにしていながら、八九年目で旅立ってしまった事務局員の増田純江さんから、入院前日事務所に出勤された時、九〇周年を盛大に祝ってね、と言われた。増田さんが楽しみにされていたシンポ後の祝賀パーティーは疫禍で断念せざるをえなかった。今は、本書と九〇周年記念誌『「人文知の危機」と歴史学』とが無事に上梓できたことを、墓前に報告したい。

二〇二三年四月

歴史学研究会事務局長　下村周太郎

矢口孝次郎　103
安田常雅　4
箭内亘　5, 118
矢野健治　80, 81
矢野仁一　29, 44
山川智応　210
山田盛太郎　100
山本三郎　58, 65, 70
山本達郎　3
横光利一　30
吉川幸次郎　27
吉田三郎　69, 70, 139, 140, 147-155
吉野作造　194
米津三郎　7

ら　行

ラヴィス，エルネスト　167, 172
ランケ，レオポルト　53, 61, 69, 72, 153, 190-193, 202
ランプレヒト，K. G.　88
リース，ルートヴィッヒ　55, 68, 153
リプソン，E.　90, 91, 98
ルーキン，ニコライ　204
ルヌヴァン，ピエール　167, 168

わ　行

和田清　118, 119
渡部栄三郎　137
渡辺修二郎　194
渡辺保　80, 81
渡部義通　40, 206

原田亨一　65
原種行　159-161, 183, 184
原平三　194
ハルガルテン，G. W. F.　191
ハルトマン，L. M.　87-89
バンヴィル，ジャック　173
ビアード，チャールズ・オースティン　191, 196
ヒートン，H.　91
日高次吉　137
ビューヒャー，K.　95, 96
ビュルギエール，アンドレ　175
平泉澄　iii, 3, 5, 11, 12, 14, 43, 44, 46, 58, 60, 62, 63, 70, 139-147, 149, 151, 153-155
平沼淑郎　93, 99
ヒルデブラント，B.　86
ピレンヌ，アンリ　89, 164
広島定吉　120
フェーヴル，リュシアン　163-168, 170, 171, 173-177, 190
福田徳三　98, 149
福田富貴夫　80, 81
福田喜彦　58
福山精義　136, 143
藤井甚太郎　194
藤木邦彦　8
藤田豊八　118
藤谷俊雄　147, 154
藤縄謙三　28
藤原彰　3
藤原治　208
ブハーリン，ニコライ　119, 120, 197, 204
ブルジョア，エミール　190
古屋哲夫　3
ブレンターノ，L.　86-88, 97, 98, 101
ブロック，マルク　163, 164, 166-168, 171, 173, 175-177
ブロンデル，シャルル　168
ベール，アンリ　165, 168, 173, 176
ベロウ，G. von　88, 89, 95, 96
北条四男　80
ボーモン，モーリス　190
ポスタン，M. M.　90
堀勇雄　8
ボルケナウ，フランツ　175
ホルツェンドルフ，F. von　86
本位田祥男　92, 99, 100
本庄栄治郎　92, 98, 149, 202
本多利明　148

ま　行

マーシャル，A.　90, 97
マイヤー，E.　95, 153
前川貞次郎　72
松井等　68
松島栄一　25, 139
松田寿男　8, 9, 61, 110, 144
松本純郎　143
松本新八郎　206
松本信廣　65
松本彦次郎　40, 68, 69
間野英二　41
マルクス，カール　99, 100, 102, 103, 207
丸山二郎　65
ミーゼス，L. von　87
三浦梅園　148
三浦周行　67, 68, 73
三上参次　5, 6
三上次男　113, 123
三木清　193
三品彰英　148
三島一　7-9, 12, 13, 26, 43, 58-61, 70, 71, 73, 111, 112, 114-116, 118, 120, 126, 128, 142
溝上瑛　27
蓑田胸喜　44
三宅雄二郎　55
宮崎市定　3, 27-46, 148
武藤智雄　69
村岡哲　72
村川堅固　5, 200
メール，マーガレット　53
メンガー，C.　87, 95, 96
モーロワ，アンドレ　173
本居宣長　148
モノー，ガブリエル　53
モムゼン，T.　88
森毅　27

や　行

矢内原忠雄　206

鈴木良一　210
セー，アンリ　101
関口尚志　94
ゾンバルト，W.　88, 95, 96, 153

た 行

高木早苗　80
高橋幸八郎　195
高橋是清　208
高橋碵一　65, 154, 209
高浜虚子　30
田口卯吉　54
竹越與三郎　37
伊達研次　80, 81
田名網宏　143
田中彰　6
田中秀央　34
田中正義　8, 209
田保橋潔　199, 205
田山信郎　65
チェンバレン，J.　98
長寿吉　69
千代田謙　68, 72
筑波藤麿（山階宮藤麿王）　5, 11, 12, 65
辻善之助　5, 14, 209, 210
津田左右吉　13, 37, 43, 69, 117, 202, 209
土屋喬雄　94, 206
テイラー，A. J. P.　191, 192
出口勇蔵　71, 72
デュルケーム，エミール　119, 167
トインビー，アーノルド　97, 169, 207
藤間生大　206
トーニー，R. H.　90, 91
遠山茂樹　3, 59, 194, 203
戸坂潤　8
礪波護　33
戸邉秀明　2, 3, 9
トマ，アルベール　177
豊田武　80, 81, 143, 146
鳥巣通明　143
トレヴェリアン，G. M.　192
ドロイゼン，ヨハン・グスタフ　190

な 行

内藤湖南　29, 33, 37, 39, 40, 45, 117
永井三明　28, 29
中野昌　80
永原慶二　1, 3, 7, 52, 73, 94, 99, 110, 139
中村吉治　8, 71, 72
中村孝也　209
中村寅一　136
中村光　80, 81
中屋健弌　61, 196
奈須恵子　126, 128
那波利貞　30
奈良武次　6
成田龍一　3
仁井田陞　35
ニーチェ，フリードリヒ　207
西岡虎之助　201
西川長夫　4
西田幾多郎　29
西田直二郎　37, 68, 69, 147-149
西海太郎　25, 200
ねずまさし（禰津正志）　43, 147, 188, 194
ネフスキー，ニコライ　29
野原四郎　iii, 8, 10, 71, 72, 113, 114, 116, 118-120, 123, 128, 209
野村兼太郎　102

は 行

バーカー，T. C.　91
バーク，ピーター　163
バイイェール，ジェルメ　53
バウアー，S.　87, 88
バウマー，フランクリン　207
長谷部恭男　18
旗田巍　8, 25, 43, 62, 113-116, 118, 119, 122
服部之総　iv, 40, 188, 197-199, 202-208
塙作楽　188
羽仁五郎（森五郎）　ii, iv, 5, 8, 11-13, 40, 46, 65, 120, 143, 149, 188, 192-194, 197-205, 207-210
羽田亨　29-31
濱田耕作　31
早亀岩治　136
林健太郎　iv, 8, 12, 14-16, 25, 72, 112, 195, 199, 208-210
林泰輔　33
原勝郎　37, 39, 40, 159

小野壽人　145, 146
オバン，H.　89

か　行

貝塚茂樹　27, 28
郭湛波　72
ガクソット，ピエール　173
郭沫若　33
風間泰男　16-18
鹿島守之助　159
粕谷一希　27
桂太郎　13
加藤繁　44, 118, 119
カニンガム，W.　88, 97
狩野亨吉　37
狩野直喜　29, 39
神川彦松　189
神谷正男　71, 72
河合栄治郎　202, 208
河上肇　29
川上秀正　80, 81
川崎庸之　8
菅野修助　80
菊池謙一　199-201
菊池英夫　128
喜田新六　65
北山茂夫　40, 148, 201, 209
城戸幡太郎　115, 127
紀平正美　155
清沢洌　205
久米誠　135
グラス，N. S. B.　91
クラッパム，J. H.　90, 91, 98
倉橋文雄　209, 210
グリュンベルク，C.　87
黒板勝美　5, 11, 14, 62, 63, 65, 66, 68, 193, 210
クローチェ，ベネディット　11
黒田省三　80
桑原隲蔵　29, 30, 39, 117
桑原武夫　27, 37, 41, 46
ゲイ，E. F.　91
ケインズ，J. N.　97
ケインズ，J. M.　90
ケーア，エッカート　191
五井直弘　117, 118, 123, 128
幸田成友　210
コール，G. D. H.　90
黒正巌　92, 98, 202
小路田泰直　4
小谷浩蔵　80
小谷仲男　41
小谷汪之　1
児玉幸多　80, 81
後藤新平　13
小西四郎　194
小葉田淳　148
小林元　9, 144
小宮一夫　80, 82

さ　行

斉藤孝　203
斎藤忠　80
榊亮三郎　34, 39, 40, 42
坂口昂　34, 40, 68, 72
坂本太郎　5, 65, 66, 73
佐治芳雄　80
佐藤信淵　148, 149
サルヴィオリ，G.　89
三瓶孝子　26
四海民蔵　58
志田不動麿　8, 43, 44, 58, 61, 111, 113-116, 118-128, 142
信夫清三郎　188, 195, 201, 205, 206
清水博　66
下村冨士男　80, 81
シャネ，ジャン＝フランソワ　176
シャント，E.　87
シュペングラー，オズワルト　169
シュモラー，G. von　86, 87, 95, 97, 98, 101, 103
白鳥庫吉　5, 13, 36, 37, 55, 117, 118, 121-123
ジルソン，エティエンヌ　168
末松保和　5, 65
杉本勲　9, 80, 81, 144
杉山昌三　80, 81, 143
スコット，W. R.　91
鈴木成高　44
鈴木俊　iii, 8, 14, 43, 44, 62, 111, 115, 116, 118, 120
鈴木正四　13, 199, 201

人名索引

あ　行

青木富太郎　137
赤松俊秀　148
秋山謙蔵　ii, iii, 8, 52, 58, 61–65, 70, 71, 139, 140, 142, 149, 153, 154
浅野長武　65
アシュリー，ウィリアム　91, 97, 98
阿部真琴　8, 136, 143
荒井信一　3
新井白石　148
アルヴァックス，モーリス　168
アンドリューズ，C. M.　89
池内宏　5, 118, 119
石井孝　111, 112, 115, 116, 143, 149, 188, 194
井料薫　80
石原道博　115
石母田正　26, 73, 81, 206, 210
石原莞爾　30
伊豆公夫　68, 109
磯貝正　80, 81
磯部譲　18, 209
板澤武雄　155
市村瓚次郎　5, 118
伊東多三郎　143, 151, 152, 187
伊藤博文　7
伊藤世美　144
イナマ＝シュテルネック，K. T. von　86
井上円了　55
井上清　2, 3, 13, 194, 199, 201, 203
井上久米雄　5
井上幸治　203
井上哲次郎　55
井野辺茂雄　194
今井穀積　136
今井清一　3
今井登志喜　3, 5, 200, 208–210
今谷明　44
ヴァルガ，リュシー　175, 176
ヴァレリー，ポール　169–174
ヴィノグラドフ，P.　89
ヴェーバー，マックス　iii, 88, 95, 96, 102, 103
上原専禄　72, 209
ウェルズ，H. G.　192
魚澄惣五郎　210
宇佐美誠次郎　195
内海秀夫　145
内田銀蔵　72, 98
内田吟風　148
宇都宮清吉　124, 148
梅田俊一　65
ウルフ，ヴァージニア　192
江口朴郎　iv, 3, 184, 188, 191, 195, 196, 198–201, 203, 204, 206, 207, 209
エスピナス，G.　89
江副敏生　126
エッジワース，F. Y.　90
エリザベス一世　192
遠藤元男　9, 10, 61, 143, 144
遠藤隷兒　9
大門正克　2, 3
大久保利謙　5, 6, 12, 52, 65, 66, 71, 72, 194
大隈重信　199
大塚武松　199
大塚久雄　3, 100–103, 206
大野真弓　209
大牟田章　28
大類伸　5
岡田章雄　80
岡田与好　102
小川銀次郎　55
小倉芳彦　120, 121, 128
小此木真三郎　199–201, 208
小澤弘明　3, 4
オゼール，アンリ　165
小野武夫　93, 100

昆野伸幸　（こんの　のぶゆき）
神戸大学大学院国際文化学研究科教授，日本近代思想史．1973 年生まれ．『増補改訂 近代日本の国体論――〈皇国史観〉再考』（ぺりかん社，2019 年），『ハンドブック近代日本政治思想史――幕末から昭和まで』（共編著，ミネルヴァ書房，2021 年），『神道の近代――アクチュアリティを問う』（共著，勉誠出版，2023 年）

三澤拓弥　（みさわ　たくや）
明治大学文学部助手・明治大学大学院文学研究科博士後期課程，日本近現代史．1993 年生まれ．「宇垣軍縮における下士官と軍馬の処遇問題――部隊廃止・転営の諸相」（『文学研究論集』54 号，2021 年），「宇垣軍縮下の部隊廃止・転営に伴う各種式典の様相と部隊の「歴史化」――地域社会との関わりを中心に」（『駿台史学』172 号，2021 年），「宇垣軍縮における第一戦車隊の新設」（『文学研究論集』58 号，2023 年）

舘　葉月　（たて　はづき）
慶應義塾大学文学部西洋史専攻准教授，フランス近現代史，国際関係史．Out of Line, Out of Place: A Global and Local History of World War I Internments（Rotem Kowner, Iris Rachamimov, eds., Cornell University Press, 2022），『人文学のレッスン――文学・芸術・歴史』（共著，水声社，2021 年），単訳『ショコラ――歴史から消し去られたある黒人芸人の数奇な生涯』（ジェラール・ノワリエル著，集英社インターナショナル，2017 年）

十川雅浩　（とがわ　まさひろ）
東京大学大学院人文社会系研究科博士課程，古代ローマ史．1993 年生まれ．

前田亮介　（まえだ　りょうすけ）
北海道大学大学院法学研究科准教授，日本政治外交史．1985 年生まれ．『全国政治の始動――帝国議会開設後の明治国家』（東京大学出版会，2016 年），「「制度」と「友敵」――坂野潤治『明治憲法体制の確立』の歴史叙述」（『日本史研究』708 号，2021 年），『戦後日本の学知と想像力――〈政治学を読み破った〉先に』（編著，吉田書店，2022 年）

下村周太郎　（しもむら　しゅうたろう）
早稲田大学文学学術院准教授，日本中世史．1981 年生まれ．「鎌倉幕府の歴史意識・自己認識と政治社会動向」（『歴史学研究』924 号，2014 年），「前近代史研究の立場性を求めて」（『歴史学研究』934 号，2015 年）

執筆者紹介　（掲載順）

加藤陽子　（かとう　ようこ）
東京大学大学院人文社会系研究科教授，日本近代史．1960年生まれ．『天皇と軍隊の近代史』（勁草書房，2018年），『昭和天皇と戦争の世紀』（講談社学術文庫，2018年），『この国のかたちを見つめなおす』（毎日新聞出版，2021年）

戸邉秀明　（とべ　ひであき）
東京経済大学全学共通教育センター教授，沖縄近現代史．1974年生まれ．「マルクス主義と戦後日本史学」（『岩波講座　日本歴史22　歴史学の現在』岩波書店，2016年），『触発する歴史学——鹿野思想史と向き合う』（共編，日本経済評論社，2017年）

井上文則　（いのうえ　ふみのり）
早稲田大学文学学術院教授，古代ローマ史．1973年生まれ．『天を相手にする——評伝宮崎市定』（国書刊行会，2018年），『シルクロードとローマ帝国の興亡』（文藝春秋，2021年），『軍と兵士のローマ帝国』（岩波書店，2023年）

佐藤雄基　（さとう　ゆうき）
立教大学文学部教授，日本中世史，史学史．1981年生まれ．『日本中世初期の文書と訴訟』（山川出版社，2012年），『明治が歴史になったとき——史学史としての大久保利謙』（編著，勉誠出版，2020年），『史学科の比較史——歴史学の制度化と近代日本』（共編，勉誠出版，2022年）

木下竜馬　（きのした　りょうま）
東京大学史料編纂所助教，日本中世史．1987年生まれ．「鎌倉幕府による裁許の本所申入」（『日本歴史』832号，2017年），「武家への挙状，武家の挙状」（『史学雑誌』128編1号，2019年）

馬場　哲　（ばば　さとし）
武蔵野大学経済学部教授・東京大学名誉教授，西洋経済史．1955年生まれ．『ドイツ農村工業史——プロト工業化・地域・世界市場』（東京大学出版会，1993年），『西洋経済史学』（共編，東京大学出版会，2001年），『ドイツ都市計画の社会経済史』（東京大学出版会，2016年）

小嶋茂稔　（こじま　しげとし）
東京学芸大学教育学部教授，中国古代史・近代日本の史学史ならびにアジア認識研究．1968年生まれ．『漢代国家統治の構造と展開——後漢国家論研究序説』（汲古書院，2009年），『内藤湖南とアジア認識——日本近代思想史からみる』（共著，勉誠出版，2013年），「「共同体」論争」の意義と課題」（『歴史評論』837号，2020年）

古畑侑亮　（ふるはた　ゆうすけ）
親鸞仏教センター嘱託研究員，19世紀史学史．1990年生まれ．「刊行物にみる金沢甚衛の横顔——社会事業の実践と歴史研究を中心に」（『大倉山論集』66輯，2020年），「明治初期の旧旗本領におけるネットワークと歴史意識——佐久間家の旧知行所を事例として」（『人民の歴史学』230号，2021年），「幕末における国学者の文献考証と遺跡認識——色川三中『黒坂命墳墓考』稿本の比較から」（『土浦市立博物館紀要』33号，2023年）

「戦前歴史学」のアリーナ
——歴史家たちの一九三〇年代

2023 年 5 月 29 日　初　版

［検印廃止］

編　者　歴史学研究会《れきしがくけんきゅうかい》

責任編集　加藤陽子《かとうようこ》

発行所　一般財団法人　東京大学出版会
代表者　吉見俊哉
153-0041 東京都目黒区駒場4-5-29
http://www.utp.or.jp/
電話 03-6407-1069　Fax 03-6407-1991
振替 00160-6-59964

組　版　有限会社プログレス
印刷所　株式会社ヒライ
製本所　誠製本株式会社

ISBN 978-4-13-023082-7　Printed in Japan